ENTRE MONJES Y MUSULMANES

EL CONFLICTO QUE FUE ESPAÑA

ASESORÍA LITERARIA

NICASIO SALVADOR MIGUEL
SANTOS SANZ VILLANUEVA

Vicente Cantarino

Entre monjes y musulmanes
El conflicto que fue España

Alhambra

Primera edición, 1978

Reimpresión, 1986

© EDITORIAL ALHAMBRA, S.A., para la presente edición
R.E. 182
28001 Madrid. Claudio Coello, 76

Delegaciones:
08008 Barcelona. Enrique Granados, 61
48014 Bilbao. Iruña, 12
18009 Granada. Pza. de las Descalzas, 2
15005 La Coruña. Pasadizo de Pernas, 13
28002 Madrid. Saturnino Calleja, 1
33006 Oviedo. Avda. del Cristo, 9
38004 Santa Cruz de Tenerife. General Porlier, 14
41012 Sevilla. Reina Mercedes, 35
46003 Valencia. Cabillers, 5
47014 Valladolid. Gavilla, 3
50005 Zaragoza. Concepción Arenal, 25

México
    Editorial Alhambra Mexicana, S.A. de C.V.
    Calle Amores, 2027
    Colonia del Valle
    03100 México, D.F.

Argentina
    EDICLE, S.A.
    Calle Juncal, 4649/51
    1425 Buenos Aires

Colombia
    Editorial Alhambra Colombiana, Ltda.
    Calle 117 n° 11, A-65. Piso 3°
    Bogotá, D.E.

nc 13010055

ISBN 84-205-0393-2

Depósito legal: M. 19968-1986

946.02
C229e
1978

Cubierta: Editorial Alhambra, S. A.
Composición: Tordesillas, O. G.
Impresión: Selecciones Gráficas
Papel: Generalife (Pamesa)
Encuadernación: Gómez-Pinto, S. A.

Impreso en España - Printed in Spain

Selecciones Gráficas - Carretera de Irún, km. 11,500 - Madrid (1986)

ÍNDICE

Capítulos	Páginas

Introducción 1

I La polémica de España 3

Lo hispánico como problema 3
Lo islámico como problema 10

II Árabes y musulmanes 17

Arabismo musulmán 17
Ummah musulmana e imperio árabe 19
Religión y Estado 27
Militancia religiosa *ad extra* 28

III Hispanos 40

Hispania independiente 40
Hispania sometida 54
Conflicto de dos mundos 74
Doctrina 76
Ética 77
Cultura 83
Conflicto 92

IV Los mozárabes 96

Hispania musulmana 96
Hispania liberada 109
Mozárabes 112
Reconquista 116
Hispania frente a Europa 128
Emigrados 131
Herejes 134
Teoría política 138

Capítulos   *Páginas*

V Los monjes 148

   Los monjes y la polémica 148
   Cluny 152
   Espiritualidad cluniacense 156
   Teoría política cluniacense 160
   Res publica hispana 165
   Renovatio Imperii 171
   Guerra santa hispana 177
   Cruzada y nación 191
   Nación e Iglesia 201
   Císter 207
   Órdenes militares 214
   Orden de Predicadores 218

VI España y el Islam 225

   El mestizaje como problema 225
   Sí hay mestizaje 232
   No hay mestizaje 237

VII España y Europa 250

   Cultura alfonsina 250
   Instituciones y enseñanza 268
   Educación cristiana y eclesiástica 270
   Las universidades hispanas 278

VIII España frente al Islam 293

   Nación de cristianos 293
   Nación sin compromiso 302

INTRODUCCIÓN

Historia, en sentido externo, no es más que información sobre gestas guerreras, dinastías y eventos que tuvieron lugar en tiempos ya pasados [...]; ahora bien, en su sentido más íntimo, historia consiste en reflexión y agudo rastreo de la verdad, estudio de causas y orígenes de los hechos y profundo conocimiento del cómo y del por qué de los acontecimientos (Prolegómenos, Ibn Khaldún, m. 1402).

Según las palabras del famoso historiador árabe Ibn Khaldún, hay libros llamados de historia que enseñan a su lector y le enriquecen con los datos y noticias que ofrecen en sus páginas. Hay otros, en cambio, que quieren abrir caminos a la evaluación razonada de los hechos históricos y al estudio de sentidos y valores de conocimientos que el lector informado quizá ya posea. A esta clase pertenece este mío.

El presente estudio es, en consecuencia, un ensayo sobre un capítulo de la historia de España, no una simple presentación de un capítulo de su historia. Si omite detalles que parecerían necesarios para una presentación histórica ordenada, su omisión responde, precisamente, a la naturaleza de este estudio. En la historia de los pueblos, como en la biografía de los individuos, todas las acciones, incluso las más insignificantes y rutinarias, son datos históricos y biográficos, pero no todas tienen el mismo valor humano y social ni adquieren igual importancia en la experiencia vital de pueblos e individuos. Por esta razón, dentro de los límites geográficos y cronológicos que nos hemos impuesto —desde el Oriente musulmán al Occidente cristiano, durante los siglos de la llamada invasión islámica y reconquista cristiana de la Península Ibérica—, prestamos especial atención a las líneas

1

*esenciales del conflicto que hizo y fue España. Y en él aten-
demos a sus causas, a su naturaleza y a las consecuencias que
este conflicto tuvo en la cristalización de las peculiaridades
espirituales que se achacan a los españoles, y que se dicen
constituir esa realidad y ese enigma de la historia de España
a que, con tanta frecuencia, se ha hecho referencia durante
este último medio siglo.*

    *Aunque de los siglos medios se trata, no creemos que sea
este estudio inerte contemplación de un capítulo de la historia de España, musulmana y cristiana, un simple goce de
ineficaz «arqueología del pensamiento», según la expresión de
Santayana. Por el contrario, conclusiones de este estudio debieran ser aplicadas como premisas al análisis de conceptos
básicos en la historia de España, incluso de nuestros días.
Y, aunque a lo largo de nuestra presentación, referencias críticas a conceptos históricos y juicios sobre la historia de España, vigentes todavía, son inevitables, no pretende esta mía
ser una contribución a la ya tan larga y con frecuencia vehemente polémica sobre España. Tampoco pretende atacar is-
mos de postura intelectual ni desprestigiar edades pasadas
de instituciones, que fueron y son, de alguna manera, parte
esencial de la historia de los españoles. Que nadie agrede su
propia efigie por verla con defecto en el espejo.*

    *El tema y la tesis de este estudio han ido tomando forma
en una serie de seminarios sobre la cultura medieval islámica y cristiana, hispánica y europea, dirigidos en las universidades norteamericanas de los Estados de Indiana y Texas.
Este libro ha llegado a ser, ni más ni menos, porque aquellos
estudiantes, algunos de ellos ya inmersos en tareas docentes,
me lo han pedido repetidas veces. Es, por ello, deber de justicia y de amistad que sea a ellos a quienes vaya dedicado.*

I. LA POLÉMICA DE ESPAÑA

Lo hispánico como problema

Entre los problemas suscitados por la llamada invasión árabe de la Península Ibérica, pocos hay tan fecundos en consecuencias para el estudioso como el fundamental y básico de la presencia misma del Islam en el suelo peninsular y la influencia que éste pudo tener en la creación del «enigma» o «realidad» de esa idiosincrasia particular de que los españoles, tanto los de ayer como los de hoy, somos tan penosamente conscientes.

En este sentido, las corrientes más notables de la historiografía española durante el último medio siglo han cristalizado en torno a las posturas opuestas adoptadas, con frecuencia antitéticamente, por dos nombres insignes de la cultura española contemporánea, Claudio Sánchez Albornoz y Américo Castro.

Ambos, con la autoridad que merecidamente les presta una cuantiosa y larga labor de investigación, han propuesto con tonos de aserción definitiva su análisis de la historia española y del ser de los españoles. Ambos también, al enfrentarse con el problema de la presencia del Islam en la Península, han rendido sentencia, al parecer inapelable, sobre su influencia en esa realidad enigmática del modo de ser del español.

No es este el lugar, ni el intento de estas páginas, de hacer crítica o evaluación de unas divergencias de opinión que han tomado con mucha frecuencia el tono vehemente de una irreconciliable polémica [1].

---

[1] Sobre la historia de la polémica, *vid.* José Luis Gómez Mar-

Hace ya casi medio siglo Claudio Sánchez Albornoz proclamó por vez primera su evaluación del Islam de España:

> Sin el Islam, España hubiese seguido los mismos derroteros que Francia, Alemania, Italia e Inglaterra, y a juzgar por lo que, a pesar del Islam, hemos hecho a través de los siglos, acaso hubiéramos marchado a su cabeza. Pero no ocurrió así, el Islam conquistó toda la península, torció los destinos de Iberia y le señaló un papel diferente en la tragicomedia de la historia, un papel... que costó muy caro a España [2];

y con el mismo tono de tremenda acusación añadía:

> Mas el Islam, Mahoma, la necesidad de combatir a diario contra los musulmanes impidieron de manera trágica a la España europea seguir un proceso de desenvolvimiento parejo al de los otros pueblos hermanos de Occidente [...].
> Pero no sólo se extendió la influencia fatal de la dominación sarracena a la vida económica y la organización política. Hasta en las más íntimas fibras del alma española produjo reacciones preñadas de tristes corolarios [3].

Para el insigne historiador, la invasión árabe y su presencia en la Península a través de los siglos llamados de Reconquista son a una cataclismo externo y drama interior. Es tragedia total que malogra el destino de Iberia en la comunidad de naciones del Occidente cristiano y, a la vez, toca las fibras más íntimas del ser social e individual del español.

Sánchez Albornoz llega a estos juicios como lógica conclusión derivada de unas premisas históricas a cuyo estudio ha dedicado una gran parte de su vida y una copiosa labor de investigación. Estas premisas se basan en el hecho, en su opinión indiscutible, de «la perduración en la España posterior al año 700 de muchos rasgos de la España anterior a Cris-

---

tínez, *Américo Castro y el origen de los españoles. Historia de una polémica*, Madrid, 1976.

[2] C. Sánchez Albornoz, «España y el Islam», *Revista de Occidente*, XXIV, 1929, p. 4. Este artículo se publicó, años más tarde, junto con otros estudios, en forma de libro con el título *España y el Islam*, Buenos Aires, 1943.

[3] C. Sánchez Albornoz, «España y el Islam», art. cit., pp. 8, 21.

to [4]», lo cual le lleva a la conclusión de que, ya con anterioridad a la conquista musulmana, «la estructura funcional de los españoles estaba firmemente acuñada [5]». En consecuencia, en las consideraciones sobre la historia española no se puede prescindir sin grave error, como, según él, Américo Castro hace

> de todos los miles de años que preceden a la hora difícil de la invasión árabe de España: miles de años en que se labró el cauce de la vida del pueblo que, por ser como era y hallarse donde se hallaba, se irguió y luchó para «seguir existiendo a todo trance» [6].

Desde este punto de vista, la historia española toma una continuidad de río, que llega hasta el español moderno desde «el español de los primeros tiempos de la historia [7]». Consiguientemente, la aventura o, por mejor decir, desventura de la presencia árabe y musulmana en la Península o tiene que ser considerada como una trágica quiebra en la tradición del *homo hispanus* o un eslabón nefasto «en la cadena que va de Séneca a Unamuno [8]».

La presencia del Islam en España representa, en todo caso, un trágico torcimiento en la proyección de desarrollo de la sociedad española que va a acarrear irreparables consecuencias para el pueblo hispano. Por ello, la entrada de los musulmanes puede ser llamada, con toda justicia, invasión; y la reconquista, un intento de restauración de destinos malogrados o ya irremediablemente perdidos.

Con semejante evaluación de este capítulo de la historia de España, Claudio Sánchez Albornoz aporta el prestigio de toda su ingente y meritísima labor de historiador a una condena del Islam español, de vieja alcurnia en los estudios hispánicos. Como nos recuerda Américo Castro, en las postrimerías de los siglos de reconquista Fernán Pérez de Guzmán

---

[4] C. Sánchez Albornoz, *España, un enigma histórico*, Buenos Aires, 1962², I, p. 104. Citado en adelante, *Enigma*.
[5] C. Sánchez Albornoz, *Enigma*, I, p. 189.
[6] C. Sánchez Albornoz, *Enigma*, I, p. 103.
[7] C. Sánchez Albornoz, *Enigma*, I, p. 112.
[8] C. Sánchez Albornoz, «Islam de España», en el colectivo *L'Occidente e l'Islam nell' alto medioevo*, Spoleto, 1965, I, p. 219.

6 VICENTE CANTARINO

ya juzga y condena la presencia musulmana en España como «historia triste y llorosa, indigna de metro y prosa [9]».

Frente a estas conclusiones, la evaluación que de las mismas premisas hace Américo Castro parecen conducir a un juicio antitético:

> Nunca habría surgido un nuevo tipo de hombre español, si los habitantes del norte de la Península hubieran seguido asentados sobre el fondo inmóvil de su «intrahistoria» henchida de tradiciones visigodas, romanas y aun más antiguas. Todo ello fue utilizado como base para un hacer que, como tal, era algo sin precedente en Hispania [10].

Para el insigne escritor, es bien sabido, España nace sobre la base del problema socioeconómico y religioso-cultural de las tres castas. Esto es, en su opinión, «la clave historial de los auténticos españoles [11]». Con toda justicia, el Islam de España, al-Andalus como tal, debe ser considerado como un momento en la gestación de España, «una circunstancia constitutiva de la vida española [12]».

La evaluación que Américo Castro, aquí y a través de toda su obra, nos ofrece del Islam de España está basada, evidentemente, más en un concepto filosófico de historiografía que en un análisis positivista de las realidades y acontecimientos históricos, tal como el que nos ofrece Sánchez Albornoz. Más que por lo que ocurre, por sus causas y efectos, Américo Castro se interesa por la ocurrencia como tal y su participación en la génesis histórica de un pueblo.

En consecuencia, no hay en su consideración de la historia de España una evaluación posible de la llamada invasión musulmana de la Península, como tampoco la puede haber de la monarquía visigoda o, incluso, de la dominación roma-

---

[9] A. Castro, *La realidad histórica de España*, México, 1962, p. XVIII; citado en adelante, *Realidad histórica*. Hay ediciones posteriores.
[10] A. Castro, *Origen, ser y existir de los españoles*, Madrid, 1959, p. 12. Citaremos, desde ahora, *Origen, ser y existir*.
[11] A. Castro, *Los españoles: cómo llegaron a serlo*, Madrid, 1965, p. 32; desde ahora, *Los españoles*.
[12] A. Castro, *Realidad histórica*, p. 176.

na. Todos ellos son aspectos a considerar, momentos históricos que han acontecido y contribuido no a ejercer influencia fasta o nefasta en los destinos de una España eterna, sino, simplemente, a formar el ser de aquellos que Américo Castro llama a través de toda su obra «auténticos españoles». Pero auténticos españoles no son ni éstos ni aquéllos, sino todos, y no tanto como simples individuos, sino como grupo social, como miembros «de una tribu, de una región o de una nación [13]».

La realidad o el enigma histórico de España y el problema de cómo los españoles llegaron a ser, se centra, así, en dos consideraciones básicas, aunque antitéticas, de un mismo momento de la historia de España. Sin embargo, y por paradójico que pueda aparecer a primera vista, estas consideraciones no se excluyen sino que, por el contrario, se complementan al responder ambas a aspectos muy reales de la conciencia española durante la Reconquista y aún después. Por una parte, la oposición a lo árabe-musulmán, su religión y sus formas de vida como algo extraño a la Península y opuesto, de manera irreconciliable, a las formas y al espíritu de la cultura occidental y cristiana, tal como sostiene Sánchez Albornoz. Por otra parte, el hecho de una asimilación progresiva, en proceso de siglos, cuya importancia en la forja de los españoles, según afirma Américo Castro, es evidencia histórica, aunque no exista mayor acuerdo ni sobre su intensidad ni sobre su evaluación. De aquí la polémica, tanto más difícil cuanto más ha sido entendida y explicada como dilema insoluble.

Sin embargo, un análisis despacioso y atento de ambas posturas en el estudio de la historia española y de los argumentos que propugnan tan insignes maestros nos puede llevar fácilmente a la conclusión de que es, precisamente, en estas antítesis y síntesis vitales de elementos contrarios donde está la clave de esa «realidad» y de ese «enigma» de la historia de España y del ser de los españoles. Como antes la dominación romana y la invasión visigoda, también es factor decisivo en la historia del llegar a ser de los españoles, tal como son, la presencia del Islam en la Península con la acción y reacción

---

[13] A. Castro, *Realidad histórica*, p. 7.

que causará en el sentir de sus habitantes, se les pueda o no
considerar ya españoles.

Cuando Sánchez Albornoz atribuye al Islam de España una
«nefasta influencia» en el desarrollo de lo español y así le
acusa de haber torcido, atrofiado o malogrado un destino
que España pudo haber tenido, pero nunca consiguió, no expresa el problema con propiedad ni lo evalúa con justicia.
Pues no cabe elegir en la vida de los seres humanos, como
tampoco en la historia de los pueblos, los hechos genéticos
constituyentes de su ser. Y si, al hablar de un hombre, hace-
mos referencia a la influencia nefasta de un abuelo o bisabue-
lo, solo nos podemos referir a lo periférico, a lo externo y
accidental, a su ser y obrar, nunca al hecho en sí de su participación en lo genético y vital. Por ello, si de esto se habla,
o se aceptan los hechos que fueron y se analizan como fueron,
así sin más, o se entra en el mundo fantasmagórico de los
futuribles, es decir, de las cosas que quizá hubieran podido
ser, pero nunca fueron ni serán. Ya que si Juan de la Calle hubiera tenido otros abuelos mejores que los que tuvo, no hubiera nacido un Juan mejor, sino otro totalmente distinto,
Antonio o Pedro quizá, pero no Juan. Juan de la Calle es
suma de las cosas que fueron. Así también con los pueblos
y su historia.

En el caso español, sin el Islam de España y sin su influencia, mucha o poca, nefasta o no, España y los españoles no
hubieran sido mejores, ni su destino más glorioso. Hubieran
sido otros. Y como con el Islam de España, así también con
los visigodos y aun los romanos. Desde este punto de vista, la
evaluación del Islam español y del papel que éste desempeñó
en la génesis de los españoles tal como llegaron a ser, tiene
que basarse, como Américo Castro propugna, en la simple
aceptación de su realidad histórica. En consecuencia, y desde
este punto de vista, la presencia del Islam en la Península no
fue ni buena ni mala, simplemente fue.

Ello no obstante, una evaluación del Islam de España
tiene sentido cuando, con ella, intentemos un análisis de
cómo y con qué resultados para la historia de España y de los
españoles una aventura, que comenzara periférica y accidental
al ser histórico de la Península, se convierte en parte vital
del proceso genético de España. En este sentido, el Islam de
Arabia, convertido en Islam de España y al-Andalus, es un

trauma que alcanza las fibras más íntimas del ser español y cuyo análisis se impone.

A este análisis Claudio Sánchez Albornoz ha dado, hace casi ya diez años, una formulación definitiva, que es, a la vez, conclusión derivada de sus cuantiosos trabajos de investigación. Para el insigne historiador,

> el multisecular contacto pugnaz entre cristianos e islamitas en la Península española, al romper la unidad hispana e interrumpir su normal proceso evolutivo, y al afirmar las más de las veces la herencia temperamental de los primitivos hispanos, ha hecho a España como es y ha acentuado sus singularidades frente a Europa [14].

En acuerdo fundamental con este juicio, Américo Castro también atribuye a la presencia del Islam en la Península Ibérica, aunque más por un proceso de asimilación que por un contacto pugnaz, una influencia capaz de crear un ser español diferente del europeo. Para ambos, en tortuosa coincidencia, el Islam español es causa primera de las peculiaridades culturales y religiosas del ser español.

A pesar de la evidencia histórica que parece acompañar a esta conclusión y de la autoridad formidable de sus propugnadores, creemos que es inaceptable si se la propone así, aisladamente. En realidad, es respuesta a una sola pregunta, a saber: ¿qué consecuencias tuvo la invasión musulmana para la historia de España y el ser de los españoles? Como si la responsabilidad toda y entera debiera recaer solamente sobre ese Islam extraño e invasor, y como si solo él hubiera sido, de una manera u otra, por antagonismo bélico o asimilación profunda, la única causa agente y formal en la constitución de acciones y reacciones.

En realidad, la atención exclusiva a este aspecto de la historia del llegar a ser de los españoles hace que perdamos de vista el aspecto más profundo de ese «contacto pugnaz entre cristianos e islamitas» que propone Sánchez Albornoz y de esa «circunstancia constitutiva» del ser español de que nos habla Américo Castro, o sea, el estudio de las acciones

---

[14] C. Sánchez Albornoz: «Islam de España», en *L'Occidente e l'Islam...*, art. cit., I, p. 161.

y reacciones del cristiano peninsular frente al Islam. Desde este punto de vista, es tan necesario, o más por más olvidado, que nos hagamos otras preguntas, a saber: ¿qué consecuencia tuvo para el llegar a ser de España la restauración cristiana de la Reconquista tal como fue? Es decir, puesto que los cristianos terminaron vencedores sobre el Islam, ¿qué hizo la España cristiana con los valores inherentes a la cultura y a las formas de vivir del Islam español?

La falta de atención a este aspecto de la historia del origen y ser de los españoles tal como son hace que perdamos de vista una de las dimensiones más importantes y determinativas del desarrollo cultural y religioso de España durante el medioevo y aún más tarde, pues no fue el Islamismo sino las formas espirituales y culturales impuestas a la nueva sociedad por un cristianismo militante y reconquistador lo que hizo a España y a los españoles como fueron y son, y que, en consecuencia, perdieran de vista a Europa.

Lo islámico como problema

Al recordar, como hace Américo Castro, «lo islámico instalado en el siglo VIII en la Hispania romano-visigoda [15]» y al hablar de «la rápida islamización de una gran parte de la gente hispano-romano-goda [16]», nos enfrentamos con el primer gran problema que presenta la interpretación que el insigne maestro da a la realidad histórica de los árabes de España.

Para Américo Castro la intervención islámica en la historia del hacerse de España es tan clara como decisiva:

> aquella Hispania, la tan laudada por Isidoro de Híspalis, fue casi toda ella arrancada violenta y súbitamente de la Romania cristiana y convertida en extensión del Oriente musulmán, en cuanto a la religión, a la lengua, a modos de vida y a la civilización en general [17].

Es innegable evidencia que una de las características de la llamada civilización musulmana en todos sus aspectos

[15] A. Castro, *Realidad histórica*, p. 176.
[16] A. Castro, *Realidad histórica*, p. 176.
[17] A. Castro, *Realidad histórica*, p. 144.

—militar, político, social y cultural— es la rapidez con que ésta se impone y domina todas aquellas otras civilizaciones —persa, griega y latina— con las que entra en contacto. A esta rápida islamización de los pueblos se han referido, desde la Edad Media, los escritores eclesiásticos cristianos, para quienes la *numerositas saracenorum* y sus evidentes glorias constituían un verdadero conflicto espiritual[18]. A ella se refieren también, en tiempos más recientes, historiadores y estudiosos del Islam, quienes con frecuencia hablan del «milagro árabe»[19]. En este sentido, se puede afirmar que la tesis que Américo Castro nos propone aquí parece recibir la aprobación de numerosas autoridades.

Ahora bien, en la mayoría de los casos a lo que se referían ayer los escritores contemporáneos y se refieren hoy los modernos es al resultado, al *end product* de un proceso que, con toda razón, hay que llamar de islamización. Desde este punto de vista, la formulación que a sus observaciones dan estudiosos e historiadores está justificada y es aceptable. No así la de Américo Castro. Dado su interés por lo que acertadamente ha llamado «el proceso existencial en la vida de un pueblo[20]», es decir, no lo que un pueblo es, sino cómo llega a serlo, esa fácil proyección de la imagen social, religiosa y cultural de toda la historia del Islam ya a su primer siglo es sencillamente inaceptable por errónea. Error, en este presupuesto tan fundamental en la historiografía existencial del distinguido escritor, es nada menos que el uso que hace, o descuidadamente implica, de un concepto fijo y permanente de «lo árabe» y «lo islámico» sin prestar la debida atención a la realidad histórica de la llamada civilización islámica y a la identidad de los musulmanes y cómo ellos llegaron a serlo, cuando él mismo, tan cuidadosa como fundamentadamente, rechaza esa misma persistencia inmóvil, fija e invariable para «lo

---

[18] Norman Daniel, *Islam and the West. The Making of an Image*, Edimburgo, 1960, p. 128. La rapidez de la islamización, política y social, de los pueblos sometidos al Islam está confirmada por la insistencia con que los autores cristianos ven en ella la realización de las profecías sobre la llegada del Anticristo.

[19] La admiración es general y expresada de muchas maneras. Esta frase la usa Osvaldo A. Machado en su prólogo a Clement Huart, *Literatura árabe*, Buenos Aires, 1947, p. II.

[20] A. Castro, *Los españoles*, p. 38.

español» a través de los siglos de su historia, propugnada por Sánchez Albornoz. Es un hecho innegable que la magnificencia de los palacios granadinos fue expresión de la sensibilidad artística de los hispano-árabes. Pero sería evidente error pensar que la población hispana estuvo expuesta a semejantes expresiones de sensibilidad artística desde los primeros siglos de la invasión musulmana.

Con justicia, aunque con la acrimonia excesiva que caracteriza la polémica sobre España, enigma o realidad, Sánchez Albornoz rechaza «las fantasmagóricas teorías sobre la arabización u orientalización de España por artes de magia y en un abrir y cerrar de ojos [21]».

La imposición de una estructura político-militar sobre un pueblo vencido puede ser, sin duda, obra de gran rapidez, y es innegable que la expansión árabe, durante el siglo que sigue a su desbordamiento inicial desde las fronteras de la Arabia, ofrece momentos de una notable rapidez que los historiadores no han sido capaces de explicar satisfactoriamente. Pero no se puede decir lo mismo del proceso de asimilación cultural de los pueblos sometidos a esa estructura militar. Según Sánchez Albornoz, son bien conocidas «la lentitud y las limitaciones del proceso de islamización de la Península [22]».

Es cierto, como sostiene Américo Castro, que

> quienes adoptan la lengua, la religión y el sistema de jerarquías político-administrativas de una agrupación humana, se convierten en parte de ella, sea cual fuese la condición de sus abuelos [23].

El posible sofisma argumentativo, del que nos tenemos que guardar aquí y contra el que Sánchez Albornoz, con toda razón histórica, aunque no siempre con los mejores argumentos, arguye, está precisamente en la aplicación de esos conceptos al caso del Islam en general y al del Islam de España en particular.

Visto así, el problema adquiere una gran complejidad. Por

---

[21] C. Sánchez Albornoz: «Islam de España», en *L'Occidente e l'Islam...*, art. cit., I, p. 169.
[22] C. Sánchez Albornoz, *ibíd.*, I, p. 171.
[23] A. Castro, *Realidad histórica*, p. 192.

una parte, incluye la consideración de la rapidez o lentitud con que las bandas guerreras, tras su embestida inicial, fueron capaces de establecer un orden social y político estable y distinto de aquel que habían derrotado. Por otra parte, contiene también la consideración del proceso de un crecimiento de formas de vida, que eran nuevas no solo para las poblaciones dominadas por los árabes, sino para los árabes mismos, a quienes su victoria inicial había expuesto a una vida social, cultural y económica que, hasta entonces, habían ignorado totalmente o habían visto solamente desde la periferia de sus fronteras. En conclusión, debiera además incluir la consideración de la rapidez o lentitud con que las nuevas formas de vida adquieren un sentido ecuménico capaz de influir en el desarrollo de una sociedad musulmana, incluso en las provincias más distantes del nuevo imperio.

Gustav E. von Grunebaum, uno de los mejores conocedores de la cultura islámica y agudo observador, define el proceso hacia «lo islámico» en los siguientes términos:

> El Islam de simple palabra de orden de una raza en ascenso se transformó en elemento catalizador de naciones y razas, de vencedores y vencidos, según la visión de Mahoma, árabe solitario de ciudad, que se impuso como centro del pensamiento y de sentimientos al fervoroso y al tibio, al negligente y al piadoso, al árabe y al no-árabe (*'ajam*), al convertido y al disidente: es decir, un preponderante triunfo de la vida interior sobre la exterior [24].

También el juicio de von Grunebaum es *a posteriori* y evalúa el proceso entero, visto desde sus resultados finales. Es, sin duda, cierto que el proceso de islamización de los pueblos, desde las primeras 'razzias' guerreras hasta las glorias de la llamada civilización musulmana, es un claro proceso hacia lo interior tanto en el individuo como en el ser social, y que, en este proceso, tanto el arabismo como la religión islámica sirven de elementos catalizadores. Pero sería erróneo deducir de estas observaciones que el proceso hacia lo interior, a que alude von Grunebaum, es uno y que se desarrolla en líneas

---

[24] G. von Grunebaum, «*L'espansione dell'Islam*», en *L'Occidente e l'Islam...*, ob. cit., I, p. 67.

homogéneas y uniformes de vencedor a vencido, de árabe musulmán a neófito, de una manera análoga a la hispanización y cristianización de los países, hoy latinos, del Nuevo Mundo.

En el Islam el camino hacia lo interior lo siguen ambos árabes vencedores y pueblos vencidos, y consiste en un zig-zag intrigante creado por la influencia recíproca de los unos sobre los otros. No solo es esto importante para el análisis de «lo árabe» o «lo islámico» en general, o «lo oriental» centrado en Damasco y Bagdad, sino también, y más, para el de las provincias, al-Andalus en nuestro caso, dependientes del mismo proceso y de sus resultados en esos centros *par excellence*, árabes y musulmanes.

Por ello, al acercarnos a la discusión de esas nociones de «lo árabe» y «lo musulmán», tan importantes para la polémica del hacerse de España, es elemental, pero necesario, comenzar con un *caveat lector*. Ambos, «lo árabe» y «lo musulmán», son términos con un perfil semántico preciso solamente cuando se los considera desde una distancia que impida su precisión. Pero si es precisión semántica la que se busca, ambos términos nos demuestran una esquivez apenas comprensible sin la inclusión del papel que ambos han desempeñado en la historia. Mientras que musulmán y, en consecuencia, lo musulmán se refiere claramente a lo contenido en la profesión religiosa llamada Islam, no ocurre ya así con este término. Al referirnos al Islam, nos referimos con frecuencia no solo a la profesión religiosa fundada por Mahoma, sino que incluimos además su interpretación árabe a través de los siglos. Es decir, Islam, por antonomasia, es la religión de la nación o de los pueblos árabes.

Más difícil todavía y esquivo en su determinación es el término *árabe*. Aunque la palabra ha conservado su sentido étnico-geográfico y así cabe siempre referirse con ella a un nativo de Arabia, no es éste ni su sentido más común, ni el más importante.

Bernard Lewis menciona, en la introducción a un excelente estudio sobre la historia árabe, a un grupo de árabes prominentes que definía a un árabe en los siguientes términos:

> Quien vive en nuestro país, habla nuestro idioma, ha sido educado en nuestra cultura y siente orgullo por nuestras glorias, es uno de nosotros [25].

Y cita, a continuación, al distinguido orientalista británico Hamilton Gibb, quien ha definido al árabe en términos semejantes:

> Son árabes aquellos para quienes la misión de Mahoma y el recuerdo del imperio árabe es hecho central de su historia, y quienes estiman la lengua árabe y su legado cultural como patrimonio común [26].

Ninguna de estas dos definiciones incluye el elemento étnico propiamente dicho o una referencia a la geografía, y tampoco se basan en conceptos sociales o políticos de sociedad y nación. Pero ambas hacen referencia, más o menos directamente, a la religión musulmana. Ambos autores requieren como base esencial la apropiación de una historia cultural y de su manifestación y expresión, a través de los siglos, en la lengua árabe. Es decir, en ambos casos, el término árabe debe ser entendido en un contexto histórico y en la medida que la lengua árabe se va haciendo capaz de expresar una cultura cuyo amalgamiento se debe al Islam.

El valor semántico de «árabe» o «musulmán» es así relativo y depende de la islamización y arabización de los pueblos y de sus culturas a lo largo de la historia. En pocos casos toma la historia semejante ascendiente sobre los hombres. Por ello, al aplicar los términos *lo árabe* y *lo musulmán* a *lo hispánico* y a *lo español*, ya formado al sentido de Sánchez Albornoz o apenas siquiera en gestación inicial, como nos dice Américo Castro, el problema se hace todavía más complejo. Porque no hay todavía, en un principio, cultura musulmana propiamente dicha y lo que más tarde se llamará arabización tiene muy poco en común con una rendición, con condiciones o sin ellas, ante el empuje de las primeras generaciones de guerreros.

Y aunque, al pasar de años y siglos, se podrá hablar también

---

[25] B. Lewis, *The Arabs in History*, Nueva York, 1960, p. 9.
[26] B. Lewis, *ibíd.*, p. 10.

en la Península de lo árabe y de lo musulmán, la evaluación
de sus valores políticos, culturales y religiosos más importante no será la objetiva de su realidad histórica, sino la subjetiva
y llena de prejuicios de su adversario cristiano, puesto que es
de la génesis de la España cristiana'de lo que se trata. No fue
el Islam, ni lo islámico, sino lo que los hispanos cristianos
pensaron del Islam lo que hizo la contienda.

Subrayar un tanto éste y otros aspectos de la historia de
España, tan descuidados todavía, merced a la humana fragili-
dad tan inclinada siempre a «echar las culpas al otro [27]»; defender así al Islam de España y a los islamitas de al-Andalus
de la acusación tremenda de haber ejercido «nefasta influencia» en los destinos de España y, en el proceso, elucidar unos
capítulos de esa realidad enigmática del ser histórico español
es el fin primero de estas páginas [28].

---

[27] No todos echan la culpa a alguien. No lo hace, por ejemplo, C. Pérez Bustamante en su *Compendio de historia de España*, Madrid, 1969[12], al afirmar: «Aun reaccionando contra la tendencia simplista que oponía en la Edad Media una España musulmana culta y refinada a una España cristiana, yacente en la bar-
barie, nuestro país ha sabido reconocer al Islam español sus títulos de nobleza y reivindicarle públicamente como bellísimo flo-
rón de nuestro patrimonio histórico e intelectual» (p. 125).
A pesar del peso que le presta la evidente popularidad de su
estudio, la evaluación que Pérez Bustamante hace del Islam español no tiene cabida en el nuestro, porque, según nos parece, solamente concede al Islam un valor arqueológico, externo y ajeno
a la historia de España. No se trata, creemos, de adornos, sino de
pedazos, carne y hueso, de la historia del pueblo que hoy llamamos español.
[28] En formulación tentativa aparecieron ya algunas páginas,
con el título «Sobre los españoles y sobre cómo llegaron a serlo»,
en la *Revista Hispánica Moderna*, XXXIV, 1968, pp. 212-226.

II. ÁRABES Y MUSULMANES

Arabismo musulmán

En la polémica sobre España, la participación, o falta de ella, de los musulmanes en el llegar a ser de los españoles parece apuntar siempre hacia el nivel cultural y grado de arabización alcanzado ya por los invasores de la Península.

«Llegaron a España muchos grupos humanos recién convertidos al Islam y todavía sin arabización [1]», nos advierte con toda razón Sánchez Albornoz. Nos hemos referido a ello en las páginas precedentes y tendremos necesidad de aludirlo de nuevo en las que siguen. Creemos que el insigne historiador pierde de vista que la rapidez de la arabización peninsular que Américo Castro postula es solo argumentativa y como para redondear su teoría, pero no es necesaria y muy bien «los novecientos años de entrelace cristiano islámico [2]» a que se refiere repetidamente pudieran quedar reducidos a seiscientos o quinientos sin perder gran cosa de su valor. El problema es otro muy distinto, a saber, el de la identidad cultural y espiritual de árabes y musulmanes a través de los siglos. Si los bereberes que entraron en la Península hubieran estado ya totalmente arabizados e islamizados nada hubiera cambiado, o no mucho, puesto que el concepto del arabismo e islamismo se transforma fundamentalmente durante este período.

Tampoco vio bien el problema Amador de los Ríos cuando, en referencia a Juan Francisco de Masdeu, afirma

---

[1] C. Sánchez Albornoz, *Enigma*, I, p. 189.
[2] A. Castro, *España en su historia: cristianos, moros y judíos*, Buenos Aires, 1948, p. 99; íd., *Realidad histórica*, p. 241.

> que no pudieron los árabes ejercer la influencia que se
> ha pretendido atribuirles durante los siglos VIII y IX,
> fundándose en la índole y estado de los musulmanes
> que pasaron a España: «Si quisiese moverse cuestión
> acerca del primer influjo literario o de los árabes so-
> bre los españoles o de estos segundos sobre los primeros,
> debiera rigorosamente concederse la gloria a los natura-
> les de España, porque nuestra nación por sí misma era
> culta y letrada, y los árabes que la conquistaron, no lo
> eran, ni dieron prueba de literatura hasta después de dos
> siglos» (*Hist. crít. de Esp.*, tomo XII, núm. CIX) [...]
> nos parece de mucho peso la observación relativa a la
> falta de cultura de los verdaderos conquistadores de Es-
> paña[3].

Puesto que, estuvieran o no arabizados los invasores y pose-
yeran, o todavía no, un nivel literario elevado, la cultura
árabe y musulmana se basa en las formas que ésta irá adop-
tando en Damasco y, más tarde, en Bagdad. Con todas las sal-
vedades a que nos referiremos más adelante, los peninsulares
se «arabizan», y no al contrario.

Pero tampoco es exacto presentar el problema con una
base geográfica y racial como, al parecer, lo hace L. von
Hertling:

> Que de un país tan extremadamente mísero en recur-
> sos naturales [como es Arabia] haya podido salir un
> movimiento cultural que conquistó la mitad del mun-
> do conocido es algo que no puede basarse en leyes geo-
> gráficas[4].

Sí y no. El arabismo e islamismo religioso y cultural que salió de Arabia salió y pudo basarse en leyes sociales, culturales
y geográficas. Lo que siglos más tarde será civilización árabe
y a lo que generalmente nos referimos con ese nombre, es,
claro está, una cosa totalmente distinta.

En efecto, cuando hablamos de «medicina árabe» o «filosofía árabe» o «matemática árabe», no nos referimos a una

---

[3] José Amador de los Ríos, *Historia crítica de la literatura
española*, Madrid, 1861-1865, II, pp. 33 s.
[4] Ludwig von Hertling en Félix Pareja *et alii, Islamología*,
Madrid, 1952-54, I, p. 39.

ciencia médica, matemática o filosófica que sea necesariamente producto del genio árabe o haya sido desarrollada por los habitantes de la Península arábiga, sino, más bien, a ese cuerpo de conocimientos que ha sido preservado en libros escritos en árabe por hombres que vivieron principalmente durante el período califal y que eran persas, sirios, egipcios, hispanos o árabes y cristianos, judíos o musulmanes y pudieron tomar, y de hecho tomaron, gran parte de su material del griego, arameo, indo-persa u otras fuentes [5]. Entre el arabismo primitivo y el califal hay tanta diferencia y más que entre el concepto cristiano de los discípulos primitivos de Palestina y el de los teólogos carolingios.

'Ummah musulmana e imperio árabe

Los primeros pasos del Islam al cruzar el umbral de la historia, sean cuales fueran los resultados posteriores, no parecían conducir hacia nuevas formas de ser y de sentir, más allá de una institucionalización de nuevas lealtades religiosas.

Aunque los comienzos de la nueva religión hay que situarlos en la predicación de Mahoma en Meca, su ciudad natal, las características más fundamentales de la nueva religión fueron desarrolladas con la emigración del Profeta a Medina el año 622. La especial importancia de esta emigración fue ya reconocida por las primeras generaciones de musulmanes quienes, por ello, tomaron el año 622, el de la llamada Hégira, como el primero de una nueva era. En la Meca la predicación de Mahoma había sido reflejo, principalmente, de unos sentimientos religiosos que afectaban, directamente, la fe del individuo e, indirectamente, su ética personal. Con la emigración del Profeta de su ciudad natal, Meca, a Medina, la ciudad del Profeta, los creyentes se asocian y organizan sobre las bases de la nueva religión. La comunidad que así nace, la 'ummah musulmana, era en realidad una adaptación del con-

---

[5] Philip K. Hitti, *History of the Arabs*, Nueva York, 1963[8], p. 241. Según este mismo criterio, por lo demás general, divide Carl Brockelmann la literatura árabe en «nacional» y «musulmana en lengua árabe», en su *Geschichte der arabischen Literatur*, Liden, 1949[2], I, pp. 9, 70.

cepto social preislámico[6]. En el orden interno, reconocía y reafirmaba la organización fundamentalmente tribal del individuo, con sus costumbres, obligaciones y derechos tradicionales. Solamente en las relaciones entre miembros de la *'ummah*, derechos y obligaciones tribales se subordinan a los que impone la nueva comunidad y toda disputa debía ser sometida al arbitrio del Profeta. Ahora bien, aunque la nueva comunidad está concebida en términos que responden y se adaptan al mundo social y cultural árabe, fundamentalmente tribal y beduino, el concepto de *'ummah* musulmana introduce cambios cargados de consecuencias para la historia de los árabes y del Islam. El primer cambio es la aceptación del Islam como el vínculo más sagrado entre los miembros de la comunidad, en lugar de los lazos de sangre tan profundamente enraigados en la sociedad árabe. De no menos importancia es el cambio que representa el nuevo concepto de autoridad[7]. La autoridad tradicional del *shaikh*, más o menos democráticamente elegido por la tribu y más o menos voluntariamente reconocido y aceptado por sus miembros y siempre revocable, se encuentra, en la nueva comunidad, subordinada a la autoridad del *shaikh* de la *'ummah*, es decir, Mahoma, y después a su vicario, *khalīfa*, cuya autoridad es una prerrogativa religiosa. El origen de la autoridad ya no es la opinión y asentimiento del pueblo, sino Dios mismo que la concedió a Mahoma como su apóstol.

La *'ummah* tuvo desde su principio un doble carácter. Es, esencialmente, una comunidad religiosa con un gobierno teocrático. Pero es también un organismo político, una especie de nueva tribu, más tarde una «super-tribu» con Mahoma como su *shaikh*.

A pesar de esta nueva concepción política de un arabismo tribal unido en sus creencias religiosas, una aceptación del Islam y de Mahoma como Apóstol de Dios fue, durante las primeras décadas, la única característica que distinguía a los nuevos musulmanes. Los nuevos creyentes, al admitir la nueva fe y los lazos con la nueva comunidad, se sometían a

---

[6] *'ummah* en *Encyclopaedia of Islam*, Leiden, 1913-42, *s. v.* Sobre el concepto social y político tradicional, vid. Henri Lammens, *Le Berceau de l'Islam*, Roma, 1914, pp. 213-238.

[7] B. Lewis, *The Arabs in History*, ob. cit., p. 43.

lo que bien pudiéramos llamar un proceso de islamización, pero éste incluye tan solo nociones políticas y lealtades religiosas en su sentido más general. No cambia formas de vida ni llega a las fibras íntimas del hombre. Como antes con el judaísmo y el cristianismo de los árabes, tampoco ahora el Islam apunta cambios en la manera de ser de sus convertidos. Por ello, cuando las guerras internas que siguen a la muerte de Mahoma se convirtieron en guerras de expansión fueron árabes, étnica y culturalmente, sus protagonistas[8].

El proceso histórico del Islam cambia radicalmente con aquella aventura inverosímil a que, generalmente, nos referimos con los apelativos de expansión o conquista de los árabes. Todos los historiadores, al hablar de ellas, se sienten obligados a dar una explicación a lo que es, en realidad, un resultado histórico sin proporción con sus causas. No se explica fácilmente que unas bandas de combatientes, beduinos en su mayoría, pudiesen realizar las conquistas que se les atribuye y que, una vez realizadas, pudieran mantener al menos una apariencia de dominio efectivo, mientras lenta o apresuradamente se ponían en acción nuevas formas de gobierno y se desarrollaba un nuevo sentido de sociedad.

El primer siglo de la historia musulmana comienza y acaba con derrotas de las tropas árabes frente al adversario. La primera tuvo lugar, todavía en vida del Profeta, cuando una expedición de combatientes árabes fue vencida por las tropas del emperador Heraclio, el año 629, junto a Mu'tah, al sureste del Mar Muerto. La segunda ocurrió cuando, en 732, las tropas de 'Abd al-Rahman, emir en la Península Ibérica, fueron derrotadas, entre Tours y Poitiers, por las tropas francas de Carlos Martel. Entre ambos acontecimientos, el hori-

---

[8] Por ello, se refieren los historiadores a este período con el nombre de *das arabische Reich* [Carl Brockelmann, *Geschichte der islamischen Völker und Staaten*, Munich, 1943, p. 1], y *the Arab Kingdom* [B. Lewis, *The Arabs in History*, ob. cit., p. 64], y denominan *the Arab Period* a la cultura que se irá desarrollando durante este tiempo [De Lacy O'Leary, *Arabic Thought and its Place in History*, Londres, 1939², pp. 55-88]. Los mismos historiadores árabes se refieren al período con el nombre de *al-mulk*, el reino; así, Ignaz Goldziher, «Ueber die Entwickelung des Hadith», en *Muhammedanische Studien*, Halle, 1889 [reproducción fotomecánica, Hildesheim, 1961], II,' pp. 31-34.

zonte guerrero y político de los árabes se había extendido desde el concepto de 'razzia', más o menos organizada en consonancia con un espíritu beduino y en busca de ventajas materiales inmediatas, hasta convertirse en expedición de una voluntad de expansión militar y política, al parecer, sin límites.

A la muerte de Mahoma, la autoridad de Abu Bakr, primer califa del Islam, se extendía solamente y de manera muy precaria sobre las tribus más cercanas a Meca y Medina; un siglo más tarde, los límites del territorio sometido, al menos oficialmente, a la autoridad del Califa se extendían desde el Indus y el Ganges, frontera del continente indio, en el este, hasta Francia continental, en el oeste, donde los árabes, a pesar de la derrota de Tours, se pudieron mantener todavía más de un cuarto de siglo.

Si es preciso aceptar la evidencia histórica de una expansión militar árabe de extraordinaria rapidez, no ocurre así con el desarrollo social y cultural de la que, más tarde, será llamada civilización árabe o musulmana. Desde este punto de vista, la estructura de la nueva sociedad, y con ella las formas de vida de los nuevos ciudadanos, continúa durante muchos años como había sido antes de la dominación árabe. Solo poco a poco la superestructura militar se convierte en administrativa y comienza a intervenir en la vida de la población indígena. También ésta, a medida que las nuevas estructuras militares de la primera conquista se van manifestando como base de una nueva sociedad, comienza un proceso de aproximación social, religiosa y cultural hacia las formas de los vencedores árabes y musulmanes. Ahora bien, ya desde los comienzos de la nueva sociedad, se inició, a la vez, un cambio en las actitudes primeras hacia el arabismo y la religión que resultó el rasgo más característico del Islam, a saber, su arabización. En contraste total con la tendencia del Cristianismo a acomodarse a la cultura en torno, aunque semejante a la latinización de los pueblos occidentales al convertirse a la religión cristiana durante la Edad Media, el Islam se hace árabe y arabiza a sus conversos.

Es evidente que la estructura del nuevo imperio, creada sobre victorias fácilmente atribuíbles a los contingentes árabes y a los varios núcleos indígenas que con ellos se aliaron, hacen del árabe una clase de especial distinción, dotada de unos privilgios que solo siglos más tarde irá perdiendo. Contra lo que generalmente se cree, el aspecto religioso no es el predominante en las primeras décadas que siguen a la conquista de los pueblos.

Los escritores «ortodoxos» musulmanes y sus adversarios, los escritores eclesiásticos cristianos, desde la Edad Media han insistido en dar un sentido predominante, si no exclusivamente, religioso a la expansión árabe-musulmana. Contra esta interpretación romántica en unos, denigrante y polémica en otros, han·hablado los historiadores del Islam de los últimos tiempos. No una dedicación religiosa, o fanatismo ciego y violento, sino, como propone Philip Hitti,

> necesidad económica fue lo que empujó a las bandas beduinas —la mayor parte de los ejércitos de conquista estuvieron formados por beduinos— más allá de los confines de sus áridas tierras hacia las zonas fértiles del norte. El deseo de ir al cielo en la vida futura pudo haber influido en algunos, pero el deseo de los lujos y comodidades de las regiones civilizadas de la fértil Mesopotamia era, al menos, tan fuerte [9].

No es nueva esta interpretación ni producto de escepticismo o malevolencia [10]. Los motivos económicos de la contienda encuentran su justificación en·el Corán: «Combatid a los que no creen en Dios y el día del juicio final... Combatidles hasta que paguen el tributo directamente y sean del todo sometidos» (IX, 29). Y a ellos ya se refiere, entre otros, al-Baladhuri (m. 892), aunque de origen persa, uno de los historiadores que con mayor objetividad relata las conquistas [11]. La importancia de estas observaciones es grande, pues presenta un aspecto, con frecuencia descuidado, pero no por ello menos real, del espíritu que animaba a las primeras generaciones de

---

[9] Ph. Hitti, *History of the Arabs*, ob. cit., p. 144.
[10] Los factores y móviles económicos de la contienda han sido ya estudiados, entre otros, por L. Caetani, *Annali dell'Islam*, Milán, 1905, II, pp. 831 ss.; C. H. Becker, «The Expansion of the Saracens: The East», en *The Cambridge Medieval History*, Cambridge, 1913, II, pp. 329 ss.; H. Lammens, *Le Berceau de l'Islam* ob. cit., pp. 114 ss.
[11] Ph. Hitti, *History of the Arabs*, ob. cit., p. 144.

conquistadores árabes. Sus contiendas parecen haber sido, en efecto, menos islámicas y más árabes de lo que generalmente se dice.

Para la naciente civilización musulmana y la influencia que ésta iría ejerciendo sobre los pueblos dominados, más importante aún que el carácter religioso o político de las primeras contiendas es el papel, político, social y religioso, tan visible y central que desempeña el árabe desde los primeros años de su expansión conquistadora. Ya con anterioridad a que se pueda hablar, con justicia, de una nueva sociedad, el árabe aparece como su principio y base. Y al no haber otro modelo para el nuevo orden musulmán que el impuesto por la presencia del árabe conquistador se convierte éste en medida y pauta del islamismo naciente.

A esto se debe que los neófitos, en su gran mayoría de familias y pueblos no árabes, al aceptar el Islam, por convicción religiosa o cómodo pragmatismo de vencido, no solo abrazaran la nueva religión, fe y preceptos, sino también su forma e interpretación árabes. Se habla tanto de una revelación divina como de un Corán árabe. Y el árabe no es ya solamente la lengua de los conquistadores, sino el idioma del Islam. El árabe auténtico, *al-lugha l-fuṣḥā* se convierte así en un elemento integral de la nueva religión y determinante de sus manifestaciones culturales a través de los siglos [12].

Ya insistió en ello hace años el distinguido arabista Gustav von Grunebaum. Según él, para la mayoría de los guerreros árabes la adhesión a la nueva fe era tanto, si no más, una profesión de lealtad a la comunidad de lengua árabe como una profesión de lealtad al Dios de los Mundos [13].

Las consecuencias de todo ello para la arabización de la Península son evidentes. Como en el Este, también en la Península Ibérica cuando los grupos guerreros, árabes y bereberes, atraviesan el estrecho en el año 711, se inicia un proceso histórico en total desproporción con la humildad de sus comienzos. De una serie de escaramuzas bélicas, en sí, ajenas a

---

[12] Johann Fück, `Arabiyya. Untersuchungen zur arabischen Sprach und Stilgeschichte*, Berlín, 1950, pp. 1 ss.; Vicente Cantarino, *Arabic Poetics in the Golden Age*, Leiden, 1975, pp. 9 ss.

[13] G. von Grunebaum, «L'espansione dell'Islam», en *L'Occidente e l'Islam*, ob. cit., I, p. 66.

la vida de la sociedad hispánica, surgió muy pronto un régimen político que, si bien se sostiene en los grupos guerreros árabes y bereberes, parece incluir desde muy pronto la cooperación activa de elementos indígenas. Para éstos la lealtal al nuevo orden es estrictamente militar y su adhesión, de conveniencia. Se acepta el nuevo orden por necesidad o por deseo de escape del orden antiguo, considerado como peor. Pero eso es todo; para ellos ni se trata de conversión ni de acercamiento a un mundo del que apenas tenían noticia alguna. Semejante, si no igual, es el problema de los contingentes bereberes que participaron en la conquista y ocupación primitiva de la Península. Desde el punto de vista político-social, lingüístico y cultural en su sentido más lato, son todavía elementos extraños en una sociedad que, incluso en el norte de África, apenas había comenzado a existir. Recientemente derrotados y solo por fuerza sometidos a un orden político, basado todavía en las condiciones creadas por la cruenta derrota militar sufrida, los bereberes no son musulmanes; en su gran mayoría, desconocían completamente la lengua árabe y su adhesión al nuevo sistema se basa tan solo en las formas más rudimentarias impuestas por la capitulación [14].

El problema de los contingentes árabes es, claro está, muy distinto y a ellos hay que aplicar el juicio de von Grunebaum. Su lealtad a la lengua y, en general, a sus formas árabes de ser y vivir es profunda, y también lo es a su sentido comunitario, aunque éste está basado todavía, sobre toda otra consideración, en un sentir étnico y tribal. Su sentimiento religioso, en las fronteras más lejanas de campaña, era, como en los años primeros de la expansión, expresión de su conciencia árabe.

A pesar de la arabización del Islam y la consiguiente idealización de Arabia y del beduino como representante genuino

---

[14] Ph. Hitti, *History of the Arabs*, ob. cit., pp. 213 ss.; E. Levi-Provençal, «España musulmana hasta la caída del califato de Córdoba (711-1031)», en *Historia de España*, dirigida por Ramón Menéndez Pidal, Madrid, IV, 1950, pp. 6 ss. A mediados del siglo IX, nos encontramos todavía en la tribu de Barghawata con el nombre de *Bacach*, conocido ya por las inscripciones romanas, en lugar de *Allah;* cf. C. Brockelmann, *Geschichte der islamischen Völker und Staaten*, ob. cit., pp. 183 ss.

del arabismo, la nueva sociedad se urbaniza, se hace sedentaria y mercantil [15] y, al establecerse en torno a ciudades de base cultural helénica y persa, crea formas de vida profundamente distintas de aquellas idealizadas de un desierto más y más distante y de unas épocas hechas siglo de oro.

Si la arabización del Islam hay que entenderla como una influencia de vencedor a vencido, de arriba abajo, el resultado total de las formas de vivir musulmanas ofrece, a la vez, una decidida influencia de abajo.arriba, de vencido a vencedor. Así se explica, además de la arabización primera del Islam, la helenización y orientalización de sentido persa de la llamada civilización musulmana.

Cuando más tarde, ya durante la dinastía abasida, la preponderancia cultural y social de los neófitos musulmanes de distinto origen que el árabe se manifiesta en el movimiento conocido con el nombre de *shu 'ubiyya*, la situación se hace todavía más evidente [16]. No se arguye a favor de una desarabización del Islam o de la cultura árabo-musulmana, sino a favor de los méritos que se debieran reconocer a los no-árabes, incluso en la civilización y cultura árabe. Se ataca el predominio racial del árabe, no la cultura árabe ya existente.

En la diáspora de las provincias el problema no es muy distinto, aunque sí más complicado, puesto que a los dos términos de referencia, árabe y nativo, hay que añadir, además, el peso de la interpretación árabe-musulmán tal como se va desarrollando en Damasco y Bagdad. Cuando, al pasar los años, se pueda hablar de neófitos hispanos y de establecimiento de formas propias de la sociedad musulmana, éste será el proceso a seguir: arabización de lo nativo según los patrones helenistas y persas adoptados en el Este.

La cronología de estos momentos de la historia social y cultural del Islam es necesariamente vaga y tanto más difícil

---

[15] Vid. Salomon D. Goitein, «The Rise of the Middle Eastern Bourgeoisie in Early Islamic Times», en *Journal of World History*, III, 1957, pp. 583-604.
[16] *shu'ubiyya* en *Encyclopaedia of Islam*, ob. cit., *s. v.* Cf., también, I. Goldziher, «Die Shu'ubiyya», en *Muhammedanische Studien*, ob. cit., I, pp. 147-176; Hamilton A. R. Gibb, «The Social Significance of the *Shu'ubiyya*», en *Studies on the Civilization of Islam*, Boston, 1962, pp. 62-73.

de precisar cuanto es clara en su perfil general. Pero bien se puede afirmar que, durante las décadas que siguieron a la conquista árabe de las antiguas provincias bizantinas y persas, no tiene sentido hablar de formas de vivir típicamente islámicas, más allá de las que externamente impone su orden de estructuras militares y políticas o de unas prácticas religiosas y jurídicas. El factor religioso, tan esencial a la sociedad musulmana, es, en realidad, el elemento catalizador de una unidad interna todavía inexistente. Vista la historia desde su término y comparado éste con sus comienzos, el proceso constitutivo del Islam y de la islamización de los pueblos sometidos es, ya los hemos indicado, un camino hacio lo interior, hacia la creación de unas formas de ser y de vivir que, aunque características más tarde en la perspectiva del tiempo, no existieron desde el principio.

Religión y Estado

Américo Castro y Claudio Sánchez Albornoz, en rara coincidencia, subrayan la importancia en la historia de España de esa hipersensibilidad religiosa característica de los peninsulares, que ambos creen atribuible, en ocasión y causa, al Islam de España. Pero el acuerdo concluye también aquí, apenas comenzado. Mientras que, para Sánchez Albornoz, es una consecuencia de la militancia religiosa del Islam y la consiguiente «pugna contra el moro»[17], también de sentido religioso, Américo Castro cree que «la religión española... ha de ser referida a los novecientos años de entrelace cristiano-islámico»[18]. Es decir, que mientras para el uno es la militancia del Islam *ad extra*, contra sus adversarios, ocasión y causa de la hipersensibilidad religiosa de los peninsulares, para el otro son las relaciones y formas religiosas *ad intra*, es decir, el sentido absoluto que del Islam tienen sus seguidores, sentido absorbido por los cristianos hispanos.

---

[17] C. Sánchez Albornoz, *Enigma*, I, p. 247.
[18] A. Castro, *España en su Historia...*, ob. cit., p. 99.

Militancia religiosa ad extra

Muchos y poderosos son los argumentos que parecen demostrar la existencia de una especial militancia religiosa en la comunidad musulmana, que generalmente es atribuida, como causa o efecto, a la identificación de la autoridad religiosa y política en el Islam. Es esta identificación la que causa o demuestra la confusión de valores espirituales y políticos, sociales y guerreros, en la sociedad musulmana.

El error en que los historiadores han incurrido, desde la Edad Media, consiste en analizar la sociedad musulmana y su concepto de autoridad desde el punto de vista de la realidad política latino-cristiana. Ya algunos escritores eclesiásticos medievales creían poder establecer un paralelismo entre los oficios del Califa musulmán y el del Papa de los cristianos, al aproximar la combinación de funciones en la sociedad musulmana a la *quasi*-teocracia del occidente latino; el Califa es, por ello, *sicut papa eorum* [19], y los musulmanes le veneran en Bagdad como los cristianos al Papa en Roma. Para ellos, el Islam aparecía tanto más temible cuanto que parecía haber realizado la idea de un Imperio en el que la Iglesia había asumido, de una manera absoluta, el ejercicio del doble poder religioso y político. No debiera ser preciso apuntar que ello representa, en efecto, la teoría político-eclesiástica latina y no la realidad de la estructura política de la sociedad musulmana [20].

No es el Califa «como el papa de ellos» puesto que las funciones de su oficio son puramente administrativas y en nada tocan el depósito de la revelación coránica ni la interpretación de su contenido, mientras que las del Papado son, primordialmente, si no exclusivamente, teológicas y morales, con una autoridad moral y religiosa sin igual en el Islam. Tampoco es el Califa un Emperador de musulmanes puesto que su función

---

[19] N. Daniel, *Islam and the West...*, ob. cit., p. 225; Thomas W. Arnold, *The Caliphate*, Oxford, 1925, pp. 167 ss.

[20] La importancia de este punto radica en el hecho de que las acusaciones cristianas son, en realidad, más reveladoras de los conceptos políticos cristianos que de los defendidos por los musulmanes.

es exclusivamente la de un administrador de la nación de musulmanes sin ninguna de las atribuciones políticas y religiosas que los teólogos carolingios asignaban al Emperador [21].

No es el imperio musulmán una sociedad en la que el doble poder —político y religioso— del Occidente cristiano se identifica en uno solo que ejerce ambos. Se trata más bien de una estructuración distinta del concepto de autoridad en una sociedad cuyo origen es también distinto. No hay dos poderes porque no hay dos autoridades, ya que el Islam nunca desarrolló un concepto social y jurídico análogo al de *ecclesia* en la cristiandad, ni la sociedad musulmana, como tal, existe aparte del Islam como religión.

En su estructura interna, la nueva comunidad musulmana nace, como ya hemos visto en páginas precedentes, como una institución política de una agrupación religiosa. En ella hay solamente una autoridad, que tiene su origen en Dios. Los califas sucesores de Mahoma son sus representantes en la administración política de la comunidad, carentes de todo carácter religioso o sagrado, aunque en un principio sí era pastoral y conllevaba una responsabilidad sobre la comunidad que incluía tanto los aspectos sociales y políticos como los religiosos [22]. Ahora bien, la comunidad árabe y el Islam naciente tuvieron que sufrir, como precio del milagro de su expansión, cambios radicales en estas formas primitivas de la organización ideal.

En efecto, solo durante el califato de los tres primeros sucesores los califas «ortodoxos» Abu Bakr, Omar y Uthman, el sentido pastoral es lo más importante en su administración [23]. La dinastía de los omeyas sube ya al poder, en 661, como resultado de una rivalidad contra el califa Alí que tiene menos de religiosa que de conflicto tribal árabe [24]. Los príncipes omeyas, aunque, por ser árabes, mantuvieron muchas tradiciones árabes, no respondían ya al ideal primitivo musulmán y ejercieron una autoridad que era ya, predominante

[21] Gustave E. von Grunebaum, *Medieval Islam. A Study in Cultural Orientation*, Chicago, 1953², p. 11.

[22] G. von Grunebaum, *Medieval Islam...*, ibíd., p. 154.

[23] Ph. Hitti, *History of the Arabs*, ob. cit., pp. 175-177.

[24] Ph. Hitti, *ibíd.*, pp. 189 ss.; cf. también C. Brockelmann, *Geschichte der islamischen Völker und Staaten*, ob. cit., p. 62.

si no exclusivamente, política[25]. Las guerras de expansión que tienen lugar durante el califato omeya son guerras árabes, como ya hemos visto, en las que el concepto religioso es, más que nada, expresión de su arabismo.

Con la subida de los abasidas al poder, en 750, hecha posible principalmente con la ayuda de los conversos persas, se desarrolla el poder califal según las líneas del concepto de rey tradicional en la antigua Persia[26].

Sobre las bases de esta *praxis* escribió al-Mawardi (974-1058) la teoría política que sirve de base a su famoso *Libro sobre los principios de Gobierno*[27]. Según él, el Califato es de

---

[25] Habría que distinguir entre autoridad y el ejercicio de la autoridad. La autoridad fundamental del Califa como institución musulmana mantuvo siempre su sentido religioso y, aunque, en general, fue menos importante que el político, jugó con frecuencia un papel decisivo en la historia musulmana. No así el ejercicio de la autoridad califal, que, ya desde los primeros califas omeyas, era asumido sin pretensión de especiales derechos religiosos; cf. B. Lewis, *The Arabs in History*, ob. cit., pp. 64 ss.; I. Goldziher, «Umejjaden und 'Abbasiden», en *Muhammedanische Studien*, ob. cit., II, pp. 28-52.

[26] En reconocimiento de las nuevas direcciones políticas, sociales y culturales que predominan durante este período, se habla de la dinastía abasida como de un imperio musulmán, en vez de un reino árabe como se titula la dinastía omeya; cf. B. Lewis, *The Arabs in History*, ob. cit., pp. 80-98; Ph. Hitti, *History of the Arabs*, ob. cit., pp. 294 ss. y 317-362. I. Goldziher apunta, con razón, que, durante la dinastía abasida, los aspectos religiosos del gobierno se acentúan hasta el punto de tomar atributos teocráticos; cf. su estudio citado en nota anterior, pp. 52-66. Habría que apuntar también que, más que de una 'espiritualización' del gobierno y de la autoridad del Estado musulmán, se trata de un acercamiento a las tradiciones persas que adquieren una mayor preponderancia durante este período; cf. C. Brockelmann, *Geschichte der islamischen Völker und Staaten*, ob. cit., pp. 100 ss. Sobre el concepto de la monarquía persa durante la dinastía sasánida, cf. Hans Henning von der Osten, *Die Welt der Perser*, Stuttgart, 1956, pp. 123-147.

[27] G. von Grunebaum, *Medieval Islam. A Study in Cultural Orientation*, ob. cit., pp. 157 ss. Un análisis de la teoría política de al-Mawardi lo ofrece Hamilton A. R. Gibb, «Al-Mawardi's Theory of the Khalifa», en *Studies on the Civilization of Islam*, ob. cit., pp. 151-165.

origen divino, pero había sido instituido para sustituir el oficio de Profeta que había expirado con Mahoma. No se trata de un derecho divino del individuo ni de un carácter divino de su ejercicio de la autoridad, sino de la institución divina del oficio. El Corán exige obediencia «a los que entre vosotros tienen autoridad» (K. 4, 62). Pero a falta de un método claro y decisivo de sucesión a la dirección de la comunidad y con las complejidades políticas que acompañan al nacimiento del imperio, el Islam sufrió, desde el principio, cruentas rivalidades entre los aspirantes al Poder y, muy pronto, multiplicidad de autoridades. La 'ummah islamiyya[28], la comunidad de todos los creyentes musulmanes, es, en la unidad que ellos forman, un concepto espiritual y abstracto más próximo al de corpus mysticum de los cristianos que a su Sacro Imperio. Este es el caso de al-Andalus, primero con la rebeldía de sus emires y más tarde con la proclamación de un califato independiente. Su conflicto es puramente político y guerrero, pues en ningún momento se sintieron los musulmanes de la Península en conflicto con el Islam ni en secesión rebelde de su comunidad.

Es cierto que los musulmanes retuvieron a través de los siglos la división tradicional del mundo en dār al-Islām de las regiones sometidas y dār al-ḥarb de aquellas que todavía no lo habían sido[29]. Es también cierto que, gracias a esta división, los musulmanes podían dar, al menos en teoría, un cierto sentido religioso a todo combate contra los pueblos que, por una razón u otra, pudieran ser considerados como infieles[30].

Durante la edad heroica de las luchas contra las tribus, especialmente contra los quraishitas de Meca, Mahoma hace frecuente referencia al esfuerzo bélico en favor de la causa de Dios. La guerra contra los incrédulos e infieles y contra las tribus árabes en torno, concretamente la de Quraish, señora de Meca, es considerada como necesaria para la supervivencia

---

[28] G. von Grunebaum, «L'espansione dell'Islam», en L'Occidente e l'Islam..., ob. cit., pp. 67-69.
[29] Henri Lammens, L'Islam. Croyances et institutions, Beirut, 1945, pp. 82-84.
[30] Majid Khadduri, War and Peace in the Law of Islam, Baltimore, 1955, pp. 14-28.

de la comunidad naciente. El llamamiento a las armas que, con
frecuencia, aparece en el texto coránico tiene, unas veces, un
sentido específico y concreto (*K.* II, 186), pero, en otros casos, un valor más general (*K.* IV, 73-82). En la economía político-religiosa de Mahoma, durante el período medinense, el
mundo en torno está claramente dividido entre musulmanes,
sus seguidores, y los enemigos:

> Los que creen combaten en el camino de Dios, mien-
> tras que los infieles combaten en el camino de Tagut.
> Combatid contra los emisarios de Satán (*K.* IV, 78).

La muerte en las contiendas toma así un carácter religioso de testimonio supremo «en el camino de Dios» que merece los mayores premios en el Paraíso (*K.* XLVII, 5-7). Son
mártires (*K.* IV, 71) y viven después de la muerte:

> No creáis que han muerto aquellos que murieron en
> el camino de Dios. Por el contrario, ellos viven en la
> presencia de Dios, reciben su retribución y gozan del
> favor que Dios les ha concedido (*K.* III, 169).

De esta manera, el Islam llega a formular una doctrina
de testimonio martirial y de supervivencia bienaventurada
de los mártires, muy semejante a la tradicional ya en el
cristianismo y en el judaísmo de los Macabeos. De esta manera también, el «esfuerzo» religioso, *jihād*, toma un sentido
bélico de lucha por la causa de Dios, que tiende a considerar
como guerra santa toda contienda de musulmanes contra infieles [31], proyectando así sobre el Islam una idea distorsiona-
da de su beligerancia religiosa.

---

[31] *djihād*, en *Encyclopaedia of Islam*, ob. cit., *s. v.* Majid
Khadduri, en su *War and Peace in the Law of Islam*, ob. cit.,
pp. 57-62, equipara el *jihād* musulmán con el *bellum justum* de
los cristianos. Pero no es lo mismo, pues el *bellum justum* responde a un concepto estrictamente jurídico que, al menos en principio, nada tiene de religioso. En consecuencia, los moralistas
tratan de él como un aspecto de la justicia legal; Santo Tomás de
Aquino, *Summa Theologica*, IIa-IIae, q. 40; entre los contemporáneos, Benedikt H. Merkelbach, *Summa Theologiae Moralis*, París, 1946[5], II, pp. 275-282. *Jihād*, por el contrario, responde a un

Ahora bien, el desarrollo de una doctrina de *jihād* capaz de justificar las contiendas bélicas, e incluso hacerlas obligatorias para los musulmanes, es posterior a las conquistas. Durante la primera expansión, la religión musulmana es elemento catalizador de árabes y, más tarde, de la sumisión de vencidos y aliados al orden árabe, político y militar. Se la puede considerar, sí, una contienda religiosa, pero se trata de un uso pragmático que de la religión hacen los árabes. Prueba de ello es que la estructura que nace de la contienda primitiva es árabe y no musulmana. La religión es, más que otra cosa, reconocimiento y aceptación del dominio árabe. La doctrina del *jihād*, como guerra santa, es más teoría teológica que realidad política y responde más a un deseo de idealización exegética y coránica del pasado que a un propósito de formular una política religiosa para el futuro.

En sentido estricto, *guerra santa* es conclusión lógica de una teoría política que insista en la uniformidad religiosa por razón de estado [32]. No requiere una institución de religión en forma de cuerpo eclesiástico, tal como se da en el cristianismo, pero sí un sentido político de los valores religiosos. Contra lo que generalmente se cree, el proceso hacia la institucionalización política de las ideas religiosas es más característico del Cristianismo que del Islam. Es, incluso, más en aquél que en éste determinante de las direcciones político-religiosas de la sociedad.

En el Imperio Romano las persecuciones contra los cristianos habían tenido, con frecuencia, un sentido político de razón de Estado. El cambio de política respecto al Cristianismo expresado en el edicto de Constantino, en 313, es en teo-

---

concepto estrictamente religioso en el sentido de 'aplicación' y 'esfuerzo' y solo indirectamente es aplicable al esfuerzo bélico, aunque sea éste el significado más común.

[32] Sobre el desarrollo del concepto de *guerra santa* en el Cristianismo occidental, cf. Carl Erdmann, *Die Entstehung des Kreuzzugsgedankens*, Stuttgart, 1935, y la crítica de Ricardo García Villoslada, *Edad Media* (800-1303). *La Cristiandad en el mundo europeo y feudal*, en *Historia de la Iglesia católica*, por Llorca, García Villoslada, Montalbán, II, Madrid, 1955³, pp. 360-377. Cf., también, T. Ortolan, «guerre», *Dictionnaire de Théologie Catholique*, bajo la dirección de A. Vacant, E. Mangenot, E. Amann, París, 1909-1950, *s. v.*

ría un alejamiento de la politización de las religiones. La decisión principal fue, como es sabido, la libertad religiosa más absoluta:

Derecho libre de seguir la religión que cada uno escogiese [33].

En la práctica, la igualdad absoluta entre las religiones es el comienzo de cristianización política del Imperio. Los emperadores Joviniano (363-364), Valentiniano (364-375) y Graciano (375-383) establecen la idea de un imperio cristiano ortodoxo cuya misión es, en el sentido religioso, defender la religión cristiana y, en el político, la cultura romana.

Como es sabido este nuevo *ordo romanus* llega a su culminación con el emperador Teodosio el Grande (378-395), con quien el Imperio cristiano llega a su apogeo. La teoría político-religiosa de Teodosio se explicita en su decreto del año 380, en el que se declaraba que:

era su voluntad que todos los pueblos sometidos a su cetro abrazasen la fe que la Iglesia romana había recibido de San Pedro y que enseñaban entonces el papa Dámaso y Pedro de Alejandría [34].

El punto culminante de la legislación teodosiana lo constituye el decreto de 392, en que se considera todo culto pagano como crimen de lesa majestad que debe ser castigado como tal. Se considera a los herejes fuera de la ley y solo los cristianos ortodoxos tienen derecho a ser ciudadanos del Imperio. El antiguo título de ciudadanía romana que San Pablo orgullosamente reclama para sí al ser detenido por el tribuno romano de Jerusalén es estrictamente social y político [35]. Lo es todavía cuando el emperador Caracalla lo concede a todos los habitantes libres del Imperio, pero con el decreto teodosiano

[33] El texto completo del decreto está citado por Bernardino Llorca, *Edad antigua. La Iglesia en el mundo grecorromano*, en *Historia de la Iglesia católica*, dirigida por B. Llorca, R. García Villoslada y F. J. Montalbán, I, Madrid, 1955², pp. 388 ss.
[34] B. Llorca, *ibíd.*, p. 454.
[35] *Hechos de los Apóstoles*, XXII, 25-28.

se convierte en un título que es, a la vez que político, religioso [36].

La historia religioso-política del Imperio Romano, durante los siglos v y vi, da amplia evidencia de las consecuencias y derivaciones del concepto teodosiano de imperio. En el orden interno, los concilios adquieren resonancia política, y la declaración de ortodoxia, o falta de ella, tiene consecuencias políticas, puesto que se equipara a la defensa u oposición a la unidad del Imperio. En las relaciones exteriores, las campañas contra Persia toman también un sesgo político-religioso y las comunidades de Oriente medio se polarizan, más y más, en torno a lealtades religiosas. A fines del siglo vi y comienzos del vii, en vísperas de la llamada invasión árabe, las comunidades cristianas de Siria dan una vez más testimonio de ello, perseguidas como cristianos durante la invasión persa a principios del siglo vii, lo son más, por herejes, después de la victoria de las tropas bizantinas del emperador Heraclio (571-645) [37]. Con el mismo espíritu, siglos más tarde, Nicéforo Focas (963-969) pedía a los clérigos griegos que honrasen como mártires a los soldados cristianos que muriesen en combate contra los musulmanes [38].

El *jihād*, guerra político-religiosa, incluso guerra santa si se quiere, no es, en el siglo vii, un concepto nuevo ni exclusivo de los musulmanes; era, tanto y más, patrimonio del Imperio Romano cristiano, a cuya desintegración lo fueron heredando sus sucesores los reinos cristianos, entre ellos, como veremos, el de los visigodos hispanos. No es justo insistir en la militancia de la religiosidad de los musulmanes, atribuyéndoles además la culpa de la cristiana, cuando los cristianos hacen gala de ella.

---

[36] *Civitas,* en Oskar Seyffert, *Dictionary of Classical Antiquities,* corregido y aumentado por H. Nettleship y J. E. Sandys, Nueva York, 1959⁵, *s. v.*

[37] Ph. Hitti, *History of the Arabs,* ob. cit., pp. 142 ss.

[38] G. von Grunebaum, *Medieval Islam. A Study in Cultural Orientation,* ob. cit., p. 10.

Militancia ad intra

Podríamos denominar militancia religiosa *ad intra,* o sencillamente interna, a la mayor o menor urgencia con que una
doctrina y sus preceptos son impuestos a los miembros de la
comunidad. Es todavía opinión predominante entre los estudiosos que la militancia religiosa en la sociedad musulmana
es radical y absorbente de las formas de ser del individuo,
hasta el punto que es la religión el único polo alrededor del
cual giran las formas individuales y sociales del Islam. La observancia es importante y acarrea sus consecuencias al análisis de la espiritualidad hispana. Para Américo Castro,

> el carácter totalmente religioso de la vida musulmana
> impidió crear formas seculares de convivencia [39].

Según el distinguido escritor, al no poder desarrollar formas sociales y culturales seculares con las que pudiera con-
vivir con el cristiano, el musulmán en general, y el hispano en
particular, exuda religión y conflicto religioso consigo mismo
y una convivencia de militancia religiosa con los cristianos
quienes adoptan así, por contagio, ambos, conflicto y militancia.

Es también predominante la creencia en un Islam monolí-
tico y absorbente, que tiende a ordenar la sociedad que domina en un sistema que es más religioso que social, cuando lo
contrario pudiera decirse que refleja mejor la realidad musulmana. Para Henri Laoust,

> más allá de esta adhesión de ley fundamental (No hay
> más que un Dios y Mahoma es el enviado de Dios), el Is-
> lam, en contra de una opinión todavía muy general, no
> es uno [40].

El problema, aunque bien visto por Laoust, es más profundo y sus consecuencias van más lejos. Éste consiste, en
nuestra opinión, en la imposibilidad, teórica y práctica, en el

---

[39] A. Castro, *Realidad histórica,* p. 179.
[40] Henri Laoust, *Les schismes dans l'Islam,* París, 1965, p. 5.

Islam de establecer unas líneas divisorias y claras entre la revelación y las prácticas religiosas «ortodoxas».

No hay en el Islam un *Magisterio* oficial ni una autoridad reconocida que pueda definir e imponer los límites de la ortodoxia [41]. Todo doctor competente puede oponerse legítimamente a las interpretaciones doctrinales de los demás y proponer las suyas propias con tal que no se opongan a lo que está explícitamente definido en el Sagrado Texto [42]. Sin la posibilidad de establecer una línea divisoria entre ortodoxia y heterodoxia al estilo cristiano, el Islam tiene que aceptar, desde muy temprano, la idea de una convivencia, aunque no siempre pacífica, con otras aplicaciones de la ley fundamental [43].

Tampoco se debe olvidar que el Islam, religión sin clérigos ni misioneros, fue propagado por las rutas del comercio. Comerciantes musulmanes fueron, con frecuencia, los únicos lazos entre los países [44]. Y es grande también la diferencia que existe entre la expansión cultural árabe-musulmana y la cristiana. Los emisarios y propagadores de la cultura cristiana-latina son, en mayoría, evangelizadores y apóstoles que, al predicar la religión cristiana, contribuyeron a la expansión de la cultura latina en que la religión está formulada. No así en el Islam, en el que la cultura precede y una con-

[41] L. Gauthier, «Scolastique musulmane et scolastique chrétienne», en *Revue d'histoire de la Philosophie*, II, 1928, pp. 221-253, 333-365.

[42] *idjmā'*, en *Encyclopaedia of Islam*, ob. cit., s. v. Cf., también, H. Lammens, *L'Islam. Croyances et institutions*, ob. cit., pp. 124 ss.

[43] En contraste, recuérdese la importancia que la doctrina del *magisterium* eclesiástico tiene en la Iglesia cristiana. Cf. N. Jung, *Le magistere de l'Eglise*, París, 1935; I. Salaverri, «La triple potestad de la Iglesia», en *Miscellanea Comillensis*, XIV, 1950, pp. 7-84; Serapio de Iragui, «De magisterio Ecclesiae», en *Manuale Theologiae dogmaticae*, por Serapio de Iragui y Javier Abárzuza, Madrid, 1956-1959, I, *Theologia fundamentalis*, 1959, pp. 409-467; M. Jugie, «De Ecclesiae infallibili magisterio», en *Theologia christianorum orientalium*, París, 1930-1935, IV, pp. 464-484.

[44] Ph. Hitti, *History of the Arabs*, ob. cit., pp. 343-349. Sobre los comerciantes musulmanes como misioneros, cf. Thomas W. Arnold, *The Preaching of Islam. A History of the Propagation of the Muslim Faith*, Londres, 1913², pp. 408-427.

versión es, con frecuencia, un resultado de asimilación cultural que no se ha buscado directamente. «No hay monasticismo en el Islam» dice y determina, el dicho atribuido a Mahoma [45]. Ésta, y no la fusión de poderes políticos y religiosos, es la diferencia cultural más fundamental que existe entre el Cristianismo y el Islam. Posiblemente, como una consecuencia de esa primera fusión del sentido religioso y la organización política de la comunidad musulmana, no se siente la necesidad, ni hay posibilidad, de un desarrollo en el Islam semejante al que llamamos Iglesia cristiana con su propia estructura y jerarquía al margen de la sociedad política de los pueblos. Por esta razón, no se dio en el Islam el fenómeno de una cultura de un signo predominantemente eclesiástico, de clérigos y monjes, al servicio de unos intereses doctrinales y morales. La cultura islámica, por el contrario, propone desde sus comienzos un ideal humano que incluye la religión dentro de los límites del saber humano y de las formas de vivir del individuo en su sociedad.

Según Gustav von Grunebaum,

> la civilización musulmana es una civilización civil.
> Las formas civiles del desarrollo humano, tales como
> el estudioso, el santo o el literato han atraído siempre
> la mayor parte de la energía creadora del Islam [46].

Ha insistido en ello, refiriéndolo además al Islam de España, el distinguido arabista García Gómez, aunque parece darle un sentido peyorativo. Según él,

> el musulmán ciudadano —en el Islam español abundan
> los ejemplos— se inclinaba razonablemente al lujo y a
> la poltronería [47].

Cita, además, documentos contemporáneos que atestiguan que

---

[45] *lā rahbāniyya fi l'islām;* cf. Louis Massignon, *Essai sur les origines du lexique technique de la mystique musulmane*, París, 1954², pp. 145-153; Félix Pareja, *Islamología*, ob. cit., pp. 639 ss.

[46] G. von Grunebaum, *Medieval Islam. A Study in Cultural Orientation*, ob. cit., p. 239.

[47] En la introducción a E. Levi-Provençal, *España musulmana...*, en *Historia de España*, ob. cit., IV, p. XXVIII.

los súbditos de las tierras de al-Andalus se declararon
incapaces de participar en las campañas, haciendo va-
ler... que no se hallaban preparados para combatir y
que, por otra parte, su participación en la campaña les
impediría cultivar la tierra. No eran, en efecto, gente
de guerra [48].

En efecto, la civilización musulmana no es guerrera ni
militante, sino civil; es, sí, profundamente religiosa, puesto
que respeta y sigue los principios fundamentales del Islam,
pero es, a la vez, completamente secular porque no rechaza
los valores culturales de *este mundo* con los que, en oposición a la actitud cristiana, no ve conflicto alguno. No una
observancia ascética de formas religiosas, sino comercio, arte,
conocimiento y educación refinada son los polos de la vida
musulmana. Y, más que formas religiosas, son las seculares
las que caracterizan su civilización.

Sin embargo, tiene razón Américo Castro al afirmar que
los cristianos como tales no pudieron usar formas seculares
de convivencia con los musulmanes. Es cierto, y un aspecto
de gran interés en nuestro estudio del conflicto de España.
Pero, si no se llegó a dar una convivencia secular entre musulmanes y cristianos, no es porque aquellos no tuvieran formas seculares en que se pudiera establecer, sino porque los
cristianos, por sus razones, las rechazaron, como veremos
más adelante.

[48] La cita es de las «memorias» de ʿAbd Allah, último rey zirí
de Granada. No hemos podido ver el texto; seguimos aquí la cita
de Emilio García Gómez, *ibíd.*, p. XXVIII.

III. HISPANOS

Hispania independiente

Muy poca importancia parece dar Américo Castro a los visigodos, a los que casi solo ve como problema en el análisis de la realidad histórica de España. Reconoce «que sin los godos y cuantos antes de ellos vivieron en la Península, no hubiera habido españoles»[1], pero su mayor interés se centra en buscar y subrayar las diferencias y distinciones que hay que notar entre «quienes moraban en la Península en el año 700» y «quienes moraban en Castilla y Barcelona en el año 1100»[2]. Para Américo Castro, uno de los mayores «enredos» de la historia española se deriva de no tener presente que «los leoneses, los castellanos, los aragoneses y los catalanes eran nuevas y crecidas criaturas colectivas, no necesitadas ya de las nodrizas goda, íbera o celtíbera»[3]. Según parece, Américo Castro encuentra una supervivencia de las costumbres y formas de ser visigodas en el recuerdo y en «la añoranza de la idealizada monarquía visigoda que alimentó la creencia de haber poseído la España cristiana un pasado ilustre»[4].

La tesis del insigne maestro lleva a unas conclusiones cuya validez es evidente. Los catalanes no son visigodos, como no lo son los leoneses, castellanos y aragoneses. Pero ello es aceptable así, sin más complicación; el enredo lógico puede comenzar si olvidamos que esa añoranza que leoneses y cas-

---

[1] A. Castro, *Realidad histórica*, p. 149.
[2] A. Castro, *Realidad histórica*, p. 149.
[3] A. Castro, *Realidad histórica*, p. 149.
[4] A. Castro, *Realidad histórica*, p. 163.

tellanos mantenían no era más que una expresión de su propio deseo de continuar sosteniendo una conciencia de historia de realidades político-religiosas que la agresión árabe había reducido a ser tradicionales de un pasado glorioso frente a un presente de vencidos. Mayor será el enredo si olvidamos que, por entonces, esas formas de vida visigodas y tradicionales son las únicas en vigor, puesto que las que, más tarde, serán formas de vivir árabes y musulmanas estaban en gestación y no podían haber comenzado a desarrollarse y extenderse en la Península recién conquistada, extremo más lejano del todavía joven imperio.

En este sentido, más justa parece la evaluación que de los visigodos nos ofrece Sánchez Albornoz, para quien

> ni los romanos, ni los godos, ni los musulmanes fueron, naturalmente, españoles. Pero, de todos ellos, fueron los visigodos los únicos que se vertieron integralmente en el río de lo hispánico...
> No cabe... relegar como inoperantes para la acuñación de lo hispánico los siglos de señorío godo sobre la Península [5].

El error o, por mejor decir, el enredo lógico nace con la poca inclinación que el distinguido historiador siente por reconocer a lo islámico, en la Península, al correr de los siglos, la misma participación efectiva en la forja del hombre hispano que, tan de agrado y sin discusión concede a los visigodos y, antes, a los romanos: «No se arabiza —nos dice— la contextura vital hispana» [6]. A esta opinión se opone Américo Castro con justas razones, aunque, también, de exagerada exclusividad. Debiera ser más claro en la polémica que entre un *sí* y un *no* absolutos a la arabización de la contextura vital hispana cabe otra posibilidad. A saber, que la presencia islámica en la Península haya inducido a un proceso en el desarrollo histórico de los hispanos que, sin ser necesariamente copia de lo islámico, no hubiera tenido lugar sin el Islam de España. Este es el camino que estamos explorando.

Se puede afirmar, sin temor de exageración, que los si-

---

[5] C. Sánchez Albornoz, *Enigma*, ob. cit., I, pp. 131 y 136.
[6] C. Sánchez Albornoz, *Enigma*, I, p. 189.

glos que preceden a la llamada invasión musulmana son los
más oscuros de la historia de la Península y de Europa. Sin
una personalidad sobresaliente y definida que permita su fácil catalogación, la historia de los siglos v al viii sufre del
epíteto de desintegración caótica con que se cierra la Edad
Antigua o de la denominación de principio humilde, aunque
no menos caótico, de la Edad Media. El interés que este período despierta es, así, con frecuencia, relativo y, o bien
queda descuidado a la sombra del magnífico Imperio Romano, o bien es tratado apresuradamente en impaciente espera del llamado renacimiento carolingio, renacimiento que, por
otra parte, no llega a la Península, ya firmemente dominada
por el Islam.

En la Península, los siglos de historia hispano-romano-
visigoda tienen la importancia de ser testigos de la gestación
y nacimiento del concepto de Hispania como nación. Concebido como designación geográfica de una provincia del Imperio
Romano tiene, ya en el siglo v, un claro concepto de comunidad y territorio. Este es evidente ya en Pablo Orosio para
quien *Hispania*, *pars hispanorum* o, sencillamente, *hispani*
son términos intercambiables, con un contenido conscientemente histórico, social y humano[7]. Desde el punto de vista religioso, los siglos visigodos tienen, además, la importancia de
ser testigos de la creciente participación de la Iglesia en la
vida política, al ofrecer su apoyo a la institución de la monarquía y contribuir con sus famosos concilios a la organización
jurídica y religiosa de Hispania como nación. A pesar de la
aguda crisis que atraviesa la Iglesia durante este período,
debida, en gran parte, a la violencia de los invasores visigodos, pudo mantener y acrecentar el vigor de la ortodoxia, preparando así la unificación religiosa y política declarada en 589.

La España visigoda era una nación de características políticas, religiosas y culturales ya marcadas, cuando, a principios del siglo vii, recibe el impacto de la expansión del Islam. Como es sabido, las primeras bandas de guerreros bereberes atravesaron el estrecho desde África en 710 y en 711
y, unos siete años más tarde, en 717 ó 718, los invasores cru-

---

[7] José Antonio Maravall, *El concepto de España en la Edad
Media*, Madrid, 1964[2], p. 18.

zaban ya los Pirineos y el reino visigodo entraba a formar parte del Califato omeya de Damasco.

Como la conquista árabe del Oriente, también la rapidez de la conquista de la Península ha fascinado siempre a los historiadores, que no pueden evitar referirse a ella. Emilio García Gómez, al escribir una introducción a la historia de estos siglos, nos asegura que

> no hay, con efecto, en toda la accidentada historia española, cambiante más brusco ni mayor virazón en redondo que la invasión árabe [8].

El juicio del distinguido arabista es justo, si se refiere tan solo al cambio en la estructura política y militar de la Península. La magnitud de los resultados, en comparación con los escasos medios empleados en la conquista de la Península, es lo que mueve a algunos especialistas a definirlo como «milagro histórico» [9], y al insigne arabista e historiador Levi-Provençal a buscar además sus causas:

> Entre todas las conquistas que los árabes emprendieron y llevaron a cabo a fines del siglo VII y comienzos del VIII, la de España se distingue por su rapidez, su audacia y su facilidad. Las circunstancias que hicieron posible esta conquista relámpago, su espectacular carácter de 'razzia' gigantesca, han desconcertado siempre un poco a los historiadores de la Edad Media. Incluso hoy mismo... sigue apareciendo a algunos especialistas un acontecimiento tan insólito y un fenómeno tan fuera del orden natural de las cosas, que tienen que apelar para definirlo al «milagro histórico»... Su empresa es posible que hubiese estado condenada al fracaso o, por lo menos, resultado difícil e incierta, si desde varias generaciones, el reino de Toledo no hubiese dado primero pruebas de su decrepitud y después de su irremediable agotamiento [10].

---

[8] E. Levi-Provençal, *España musulmana...*, ob. cit., p. IX.

[9] «Milagro» llama a la conquista musulmana Levi-Provençal; «sorpresa» la llama García Gómez. En ambos casos, a lo que se alude es, sencillamente, a esa desproporción entre causa y efecto, entre asalto y resultados de la ocupación, entre conquista militar e islamización de la Península.

[10] E. Levi-Provençal, *España musulmana...*, ob. cit., p. 3.

Para Levi-Provençal, la virazón es política, y sus causas inmediatas, la decrepitud y agotamiento de que el reino de Toledo ya había dado pruebas. Aunque bien mirado, más que de agotamiento de una vitalidad nacional y política que se acaba, parece tratarse de una incapacidad de resolver los problemas políticos, sociales y religiosos que la constitución del reino de Toledo había producido y que la conversión a la ortodoxia romana no había logrado resolver.

Aunque la monarquía continuaba siendo privilegio exclusivo de los visigodos, se tendía claramente a considerarla como una institución nacional que debía recibir el apoyo eclesiástico [11]. Al rey se le rinde juramento de fidelidad que convierte en sagrada la persona real, y origina la obligación del cristiano súbdito a la obediencia y sumisión.

Por este motivo se lanzan los más terribles anatemas contra los que cometan el crimen del regicidio y usurpación. Dicen los padres del IV Concilio de Toledo:

> Cualquiera de nosotros o del pueblo de toda España que quebrantare con una conjuración o incitación a ella el juramento de fidelidad que prestó en bien de la patria, del linaje de los godos y conservación de la salud regia, o diere muerte al rey, o le privare del poder, o usurpare tiránicamente la corona, sea anatema ante Dios Padre y ante los ángeles del cielo, sea arrojado de la Iglesia católica a la que profanó con su perjurio, y echado de toda la comunidad de cristianos con todos los compañeros de su impiedad, pues es justo que sufran la misma pena todos los que estuvieron unidos en el mismo crimen [12].

A pesar de estos esfuerzos, la sucesión a la Corona y la lealtad al nuevo rey fueron siempre causa de las crisis más profundas de la historia visigoda. Una de ellas fue la causada

---

[11] Zacarías García Villada, *Historia eclesiástica de España*, Madrid, 1932, II, 1.ª parte, pp. 79-106.
[12] J. P. Migne, *Patrologia latina*, París, 1844-90, LXXXIV, cc. 364 ss. Citado por B. Llorca, «Edad Antigua. La Iglesia en el mundo grecorromano», en *Historia de la Iglesia católica*, ob. cit., I, p. 739.

por Atanagildo (554-567), quien, para asegurarse la victoria contra el rey Agila (549-554), solicitó ayuda de las tropas bizantinas del emperador Justiniano que ocupaban entonces el norte de África [13]. Y esas tropas bizantinas, una vez le aseguraron el trono, se reservaron una zona que se extiende desde el Búcar hasta el Guadalquivir, donde, con ayuda hispanoromana, se mantuvieron hasta el año 624. La última fue la causada por las aspiraciones a la Corona de Aquila, hijo del rey Witiza (m. 710), cuyos partidarios se negaron a reconocer a Rodrigo elegido rey por la asamblea de *primates palatii et sacerdotes Dei* y quienes también, para asegurarse la victoria, buscaron la alianza de los nuevos señores del África, árabes y bereberes [14].

La legislación visigoda, ya con un fondo tomado del derecho romano, civil y eclesiástico en el *Codex Euricianus*, redactado hacia 475, sigue su tendencia hacia la unificación con el *Codex revisus* de Leovigildo (572-586), que la convierte de personal en territorial, y culmina con Recesvinto (653-672), quien ordena la redacción del *Liber judicum*, más tarde llamado *Fuero Juzgo* [15]. Este documento, revisado en el VIII Concilio Toledano, presidido por San Braulio de Zaragoza, fue promulgado hacia 654, con apenas tiempo para constituirse en tradición antes de la llegada de los árabes medio siglo más tarde.

La unificación religiosa de la Península bajo un signo de ortodoxia hispano-romana, aceptada por Recaredo, en gran medida como una solución de conveniencia política, no había cesado aún de ser problema durante el siglo VII. Liciano

---

[13] Manuel Torres López, «Las invasiones y los reinos germánicos de España (años 409-711)», en *Historia de España*, dirigida por Ramón Menéndez Pidal, III, *España visigoda* (414-711), Madrid, 1963², pp. 95-97.

[14] E. Levi-Provençal, *España musulmana...*, ob. cit., pp. 5-13; M. Torres López, «Las invasianes y los reinos germánicos de España...», ob. cit., pp. 135 ss.

[15] Sobre las fuentes del derecho visigodo, cf. M. Torres López *et alii*, «Instituciones económicas, sociales y politicoadministrativas de la Península hispánica durante los siglos V, VI y VII», en *España visigoda*, ob. cit., pp. 267-280.

de Cartagena y Martín de Braga en sus escritos y los Concilios Toledanos de 589, 681, 695, en sus cánones, testimonian la importancia que se daba todavía a la supervivencia de costumbres paganas entre la población rural [16].

Lejos de ser la nación sin herejes que algunos quisieran ver, la Hispania visigoda abunda en resabios de herejías, arrianismo, nestorianismo, monofisitismo, entre otras, como nos atestigua San Leandro en sus polémicas contra los arrianos y San Isidoro en su famoso tratado *De haeresibus* contra toda clase de herejías [17]. Y, además, hay que añadir el problema judío, que se había ido exacerbando durante el siglo VII con medidas políticas de tinte persecutorio. Según decreto real dado en 612, los judíos quedaban obligados a bautizarse bajo pena de destierro y confiscación de propiedades. Aunque sin aprobar estas medidas, que en alguna ocasión criticó abiertamente, San Isidoro tomó parte en la polémica antijudía con un importante tratado, *De fide catholica contra judaeos* [18]. Todo ello tiende a explicar el hecho, subrayado por los historiadores de la llamada invasión árabe, de la ausencia de la población peninsular en la contienda. Son los visigodos, y no todos, los que luchan [19]. Para la mayoría de los peninsulares judíos, hispano-romanos e incluso algunos segmentos visigodos, las invasiones que terminaron con la ocupación de la

---

[16] S. Mac Kenna, *Paganism and Pagan Survivals in Spain up to the Fall of the Visigothic Kingdom*, The Catholic University of America Studies in Medieaeval History, New Series, I, Washington, 1938, pp. 84-107; Pierre Riché, *Éducation et culture dans l'Occident barbare, 6e-8e siècle*, París, 1962, pp. 531 ss.; B. Llorca, *Edad antigua. La Iglesia en el mundo grecorromano*, en *Historia de la Iglesia católica*, ob. cit., I, p. 765; Z. García Villada, *Historia eclesiástica de España*, ob. cit., II, 1.ª parte, pp. 163-171.

[17] Z. García Villada, *Historia eclesiástica de España*, ob. cit., II, 1.ª parte, pp. 141-162; M. Torres López *et alii*, «Instituciones económicas, sociales y politicoadministrativas...», en *España visigoda*, ob. cit., pp. 283-289.

[18] Z. García Villada, *Historia eclesiástica de España*, ob. cit., II, 1.ª parte, pp. 169-184; José Amador de los Ríos, *Historia social, política y religiosa de los judíos de España y Portugal*, Madrid, 1875 [repr. 1960], pp. 49-66.

[19] E. Levi-Provençal, *España musulmana...*, ob. cit., pp. 13 ss.

Península no pudieron parecer, al principio, comienzo de la tragedia histórica tal como nos la presentan cronistas e historiadores más tardíos.

Para ellos, se trataba, una vez más, de unas luchas políticas entre bandos de una aristocracia por la que sentían una lealtad muy relativa. Para muchos, incluso los contendientes, la presencia de los guerreros bereberes y árabes era más táctica militar y efeméride guerrera que suceso político de alguna transcendencia para la vida de la nación hispana.

Si el orden político puede ser llamado, con toda razón, caótico, quizá también decrépito, durante el siglo VII y comienzos del VIII, sería discutible y no tan fácilmente justificable la inclusión en este juicio de la vida religiosa y cultural del reino. Un estudio de las actividades culturales y religiosas demuestra un desarrollo no siempre ordenado, pero sí muy lejos de la decrepitud y agotamiento a que Levi-Provençal se refiere. La Iglesia hispana, tras las crisis de los siglos IV, V y parte del VI, debidas, en gran medida, a las violencias de los invasores y sus consecuencias, llega a una situación predominante en el siglo VI, que culmina, durante el siguiente, en verdadero siglo de oro hispano-visigodo y hace de Hispania una de las naciones más florecientes y fecundas de todo el Occidente cristiano. Si el *ordo visigothorum* llegó a constituir la estructura política de la nación, el Cristianismo constituía su base religiosa, cultural y social desde la caída del Imperio Romano. Cuando, al pasar los siglos, se habla de una supervivencia de lo romano en la Península se trata, con frecuencia, de un romanismo no solo hispano, sino muy infiltrado ya, además, por elementos religiosos y culturales cristianos.

Se acepta como hecho indiscutible la profunda romanización de la Península a la caída del Imperio Romano y se afirma que las numerosas ruinas que todavía salpican el solar hispano solo deben ser un pálido reflejo de las que con toda seguridad existieron hace más de milenio y medio. Y no es fácil creer en una desaparición general de las formas de vida romana en provincias que habían ofrecido a Roma nombres tan eminentes como Séneca, Lucano, Quintiliano, Marcial, Pomponio Mela, entre otros. Especialmente en la Bética, que había sufrido menos durante las guerras que plagaron la Península durante el siglo v, las tradiciones romanas bien pudieron conservarse sin notables cambios [20].

Sin embargo, todos los indicios parecen apuntar que, a la caída del Imperio Romano, las instituciones que fomentaban el desarrollo de su cultura se atrofian y desaparecen y, si sobreviven, lo hacen apoyadas en la estructura de la Iglesia, cuya cultura, aunque cristiana, es ya profundamente romana. Como en el resto del Occidente romano-cristiano, tampoco la Iglesia hispana puede aislar fácilmente los elementos romanos de los cristianos y, al ser propagadora de éstos, se convierte por necesidad en defensora de aquéllos. Si antes, frente a la Roma imperial, la Iglesia condenaba su cultura pagana, ahora, frente al paganismo y la herejía de los bárbaros, la Iglesia la defiende como estructura en la que se apoya la cultura cristiana. Ya no se trata de Roma pagana, sino de Roma cristiana y santa, centro y símbolo de la Cristiandad. Así, el hispano Pablo Orosio es consciente y celebra con entusiasmo la unidad universalista creada por Roma y el Cristianismo:

> Soy entre los romanos, romano, cristiano entre los cristianos, entre los hombres hombre... *Ubique patria, ubique lex et religio mea est* [21].

Y, cuando, a fines del siglo VI, el senador Casiodoro (m. 570), contemplando desde un monasterio la historia política de la que él había sido parte, expresa su famoso juicio: *Gothorum laus est civilitas custodita*, no hace ya distinción entre Roma y el Cristianismo. Se trata de una sola 'civilización' (en italiano *civiltà*) que es ya profundamente romano-cristiana [22].

Ahora bien, el papel que la Iglesia cristiana juega en la formación de los pueblos, aunque innegable, es muy comple-

---

[20] P. Riché, *Éducation et culture dans l'Occident barbare, 6e-8e siècle*, ob. cit., p. 75.

[21] Pablo Orosio, *Historiae adversus paganos*, V, 2. Citado por José Madoz, «Literatura latinocristiana. Escritores de la época visigótica», en *Historia general de las literaturas hispánicas*, dirigida por Guillermo Díaz-Plaja, I, *Desde los orígenes hasta 1400*, Barcelona, 1949, p. 109.

[22] Friedrich Heer, *The Intellectual History of Europe*, Nueva York, 1966, p. 31.

jo. La Iglesia siente muy claramente su misión apostólica y educadora, pero la educación que imparte ni pretende ni llega a ser una continuación de la educación romana, cuyos fines no acepta, a pesar de su profunda romanización. La *urbanitas romana* consiste en el refinamiento, cortesía, afabilidad, elegancia en las maneras, elocuencia y gracia en el hablar[23]. Todos ellos son valores sociales que mejoran al hombre con relación al hombre, como miembro de una sociedad que solo reconoce valores y relaciones humanos y sociales.

Nada hay, en realidad, más lejos de esta *urbanitas* y *civilitas* romana que el ideal humano propuesto por el cristianismo en que los valores internos y espirituales predominan sobre los sociales. Nada hay tampoco más lejos del espíritu de Roma que las emociones y la preocupación espiritual de San Agustín en sus *Confesiones*. Es posible que rechazara Roma en parte por ser un bereber, una de las razas que Roma no reconocía, pero su sentencia final se basa no en actitudes políticas, sino espirituales: «Solo Dios y mi alma me interesan, nada más»[24]. No obstante lo cual, San Agustín era por su educación un romano y, aunque con su conversión cambió su espiritualidad, no así su romanización, que permanece siendo la base de su pensamiento.

La Iglesia educa, es cierto, pero educa para el cristianismo, y es para ella secundario solamente que se mantengan las formas romanas ya tradicionales. Por ello, a medida que desaparecen las escuelas romanas, la Iglesia expresa un creciente interés por el establecimiento de escuelas eclesiásticas, dependientes de monasterios o iglesias catedrales, pero el ideal no es ya la *urbanitas romana*, sino una educación catequética, o simplemente de preparación de los jóvenes para el servicio de la Iglesia. Es así como hay que entender la preocupación educativa de los concilios reunidos en Tarragona

---

[23] Véase el tratamiento, no exento de admiración, de «cuáles fueron las costumbres de los antiguos romanos con que merecieron que el verdadero Dios, aunque no le adorasen, les acrecentase su imperio», en San Agustín, *De Civitate Dei*, l. V, c. XII; Migne, *Patrologia latina*, XLI, cc. 154 ss.
[24] San Agustín, *Soliloquia*, l. I, c. II; Migne, *Patrologia latina*, XXXII, c. 872.

el año 516; en Gerona el año 517; en Lérida el año 524; en Toledo el año 527[25].

Con la conversión de Recaredo a la ortodoxia romana y, en el año 589 durante el III Concilio Toledano, su reconocimiento oficial de la doctrina de Roma, el triunfo de la Iglesia es completo. No solo exhorta el rey Recaredo a los obispos arrianos a que abandonen su confesión y acepten la fe romana, sino que para conseguirlo hizo uso de la fuerza que le daba su cargo[26]. Los concilios, hasta entonces sólo de carácter religioso, se convierten en asambleas del reino. Los decretos conciliares junto con los decretales de los romanos pontífices son reunidos en el *Codex canonum*. Se redacta el *Liber sacramentorum* y se organiza un ritual litúrgico propio, el gótico, que tendrá gran importancia siglos más tarde como expresión de la religión mózarabe[27]. La cultura de la época está representada por San Fructuoso, los hermanos Juan y San Braulio de Zaragoza, Fulgencio de Écija y sus hermanos San Leandro y San Isidoro de Sevilla, San Ildefonso y San Julián de Toledo.

Se trata de una cultura esencialmente cristiana y eclesiástica, pero que, desde el triunfo de la ortodoxia en 589, se siente más segura. Es cierto que se escribe todavía literatura polémica contra herejes y judíos, pero eso ya no es todo ni lo más importante de la producción literaria. Los escritores de esta época son fundadores de monasterios, para los que escriben sus reglas de dirección espiritual, son, además, teólogos, moralistas, exégetas, enciclopedistas, poetas, músicos y literatos[28].

Con relación a la cultura de San Isidoro y los discípulos reunidos en torno suyo, se habla con frecuencia de un renaci-

[25] P. Riché, *Éducation et culture dans l'Occident barbare, 6e-8e siècle*, ob. cit., p. 168.
[26] Z. García Villada, *Historia eclesiástica de España*, ob. cit., II, 1.ª parte, pp. 756 ss.
[27] Z. García Villada, *Historia eclesiástica de España*, ob. cit., II, 2.ª parte, pp. 29-38.
[28] P. Riché, *Éducation et culture dans l'Occident barbare, 6e-8e siècle*, ob. cit., pp. 323 ss.; J. Madoz, «Literatura latinocristiana. Escritores de la época visigótica», en *Historia general de las literaturas hispánicas*, ob. cit., I, pp. 114-133.

miento isidoriano. Con este título se quiere reconocer el extraordinario esfuerzo realizado por San Isidoro en el desarrollo de la cultura y de la educación en la Hispania visigoda y, al propio tiempo, su gran dependencia de la cultura romana, para la que él representa, en Hispania, un verdadero renacimiento. La dependencia de San Isidoro de conocimientos anteriores y su labor compiladora es conocida de antiguo [29]. Ya, al decir de su discípulo San Braulio,

Dios lo suscitó en estos últimos tiempos... sin duda para restaurar los antiguos monumentos y para impedir que la rusticidad nos arrastrara a la decrepitud [30].

Pero se trata de una dependencia de datos solamente, su espíritu es nuevo e independiente. En efecto, la Iglesia, y San Isidoro es su mejor exponente, parece, ya a fines del siglo VI, haber conseguido establecer un reino cristiano y una doctrina cristiana no exenta, es cierto, de las formas del clasicismo de Roma, pero independiente de su espíritu pagano. Es notable, aunque, al mismo tiempo, característico el tono de displicente distancia con que, a veces, se habla de la «rusticidad» de los paganos y su cultura.

Pero no se trata de un amor de la cultura *qua* cultura, sino como medio tan solo hacia un fin. En las reglas para sus monjes, San Isidoro escribe:

Guárdese el monje de leer los libros de los paganos y herejes. Más vale ignorar sus perniciosas sentencias que caer, por conocerlas, en los lazos del error [31].

Y en otro pasaje, éste de sus *Sentencias*, añade:

Los gramáticos son preferibles a los herejes. Pues los herejes brindan a los hombres, al tratar de persuadir-

[29] Z. García Villada, *Historia eclesiástica de España*, ob. cit., II, 2.ª parte, pp. 202-217.
[30] San Braulio, *Praenotatio divi Isidori*; Migne, *Patrologia latina*, LXXXI, cc. 16 ss. Cf. J. Madoz, «Literatura latinocristiana. Escritores de la época visigótica», en *Historia general de las literaturas hispánicas*, ob. cit., I, p. 119.
[31] San Isidoro, *Regula monachorum*, c. VIII; Migne, *Patrologia latina*, LXXXIII, c. 877. Cf. P. Riché, *Éducation et culture dans l'Occident barbare, 6e-8e siècle*, ob. cit., p. 342.

les, un sorbo de jugo mortífero; en cambio, las enseñanzas de los gramáticos pueden incluso ser útiles para la
vida, si se reservan para usos mejores [32].

La única justificación para el uso del saber romano es la
posible utilidad que éste puede tener para la educación del
cristiano, una vez ha sido depurado de su contenido pagano.
El argumento de San Isidoro, ya usado por San Jerónimo,
entre otros, antes que él, es el de la cautiva idólatra y pagana
cuyo matrimonio con israelitas está permitido, según el
Deuteronomio, cuando han sido afeitados todos los cabellos
del cuerpo de la cautiva [33]. La subordinación del saber, como
también del uso de las cosas y objetos de este mundo, a la
vida ordenada del cristiano es un pragmatismo espiritual que
determina los límites de la cultura cristiana.

Los manuales isidorianos estaban dirigidos a una *élite*
espiritual y cultural a la que la mayoría de los monjes y clérigos no pertenecían. Solamente sus amigos y discípulos, Braulio e Ildefonso, nos han dejado amplio testimonio de sus enseñanzas. Con ellos, la cultura isidoriana se desplaza de Sevilla y hace de Zaragoza y Toledo sus centros principales, durante la segunda mitad del siglo VII [34].

Sin que se pueda afirmar que la Iglesia visigoda estuviera en plena decadencia en los decenios que precedieron a la
conquista árabe, hay que reconocer que los ideales del renacimiento isidoriano no se hicieron generales y que la mayor
parte del clero estaba excesivamente ocupada con el ejercicio de cargos políticos o compartía la ignorancia general
de la sociedad hispano-visigoda durante estos siglos. La igno

[32] San Isidoro, *Sententiae*, l. III, c. 13, n. 11; Migne, *Patrologia latina*, LXXX, c. 688. Cf. P. Riché, *Éducation et culture dans l'Occident barbare, 6e-8e siècle*, p. 343.
[33] San Isidoro, *In Deuteronomium*, 18, 6, 71; Migne, *Patrologia latina*, LXXXIII, 368. Cf. San Jerónimo, «*Epistola ad magnum oratorem romanum*», en *Sancti Hieronimi Epistolae*, ed. Antonio Monescillo, Valencia, 1890, p. 285.
[34] P. Riché, *Éducation et culture dans l'Occident barbare, 6e-8e siècle*, ob. cit., p. 341; Z. García Villada, *Historia eclesiástica de España*, ob. cit., II, 2.ª parte, pp. 97 ss.

rancia de los clérigos e incluso obispos es tema constante de los concilios de la segunda mitad del siglo VII [35].

Sería posible ver una protesta contra ambos en el interés que los cristianos hispano-visigodos muestran por el ascetismo monástico y la importancia que el monasticismo va adquiriendo en la vida de la Iglesia visigoda. Además de los monasterios junto a las ciudades, de donde salen los prelados más cultos, hay una tendencia a buscar refugio en las zonas montañosas del norte de la Península, que se convirtieron así en una nueva Tebaida [36].

Uno de sus más importantes promotores es el noble visigodo Fructuoso (m. 667), fundador de monasterios en el Bierzo y, aunque culto, de marcada inclinación a un ascetismo austero, pero «no sin discreción» como añade Enrique Flórez en su España Sagrada [37].

A fines del siglo VII, esta tradición de cultura ascética está continuada por un monje de personalidad extraña, San Valerio de Bierzo (m. 695) [38]. Como Fructuoso, hombre de sólida cultura, Valerio quiso huir de «la vana sabiduría del mundo» [39] y se hizo anacoreta cerca de su ciudad natal, Astorga. Más tarde, Valerio entró en el monasterio de Compluto (o Compludo), fundado junto al río Duero por San Fructuoso, para terminar como abad del monasterio de San Pedro de Montes, donde muere rodeado de discípulos. Para ellos escribe San Valerio sus numerosas obras.

Aunque la cultura de San Valerio es notable, nada hay más alejado de la serenidad de los escritos isidorianos o del estilo digno y los intereses culturales de su contemporáneo

---

[35] Concilios VIII de Toledo (653), c. 1; XI (675), c. 2; XIII (683), c. 7; XVI (693), cc. 3 y 10; XVII (694), c. 4. Cf. P. Riché, Éducation et culture dans l'Occident barbare, 6e-8e siècle, ob. cit.. p. 405.

[36] Z. García Villada, Historia eclesiástica de España, ob. cit., II, 1.ª parte, pp. 313-326.

[37] Enrique Flórez, España sagrada, Madrid, 1745-75, XV, p. 140.

[38] Consuelo M. Aherne, Valerio of Bierzo. An Ascetic of the Late Visigothic Period, The Catholic University of America Studies in Mediaeval History, New Series, XI, Washington, 1949.

[39] San Valerio relata los motivos de su conversión en interesantes líneas introductorias a su Ordo querimoniae. Vid. C. M. Aherne, Valerio of Bierzo, ob. cit., pp. 68-109.

Julián de Toledo. Asceta riguroso y espíritu atormentado, escribe, con frecuencia, sobre luchas contra el diablo, visiones y viajes escatológicos que lo aproximan notablemente a la espiritualidad irlandesa y anglo-sajona de su tiempo [40].

La espiritualidad de signo monástico y ascético, predominante en la Península a partir de la segunda mitad del siglo VII, tiene gran importancia en el análisis del conflicto de España por ser ella la medida que usaron los cristianos peninsulares en su condenación del Islam. También la creación de los centros monásticos del norte, con su espiritualidad particular, adquirirá gran importancia, años más tarde, al servir éstos de refugio a los monjes del resto de la Península en su huida del invasor musulmán. En sus modestas escuelas y *scriptoria*, se organizará la nueva cultura mozárabe [41].

Hispania sometida

La conquista de la Península, se ha dicho muchas veces, es no solo rápida sino muy superficial. Como ya había ocurrido repetidamente, siglos antes, con otras agresiones, solamente las ciudades fueron víctimas de las vicisitudes de las campañas guerreras.

La presencia física de los invasores, durante los años de la conquista, estuvo, con toda seguridad, restringida a la proximidad de algunas guarniciones, sin carácter permanente todavía, desde las que se ejercía una autoridad carente de contactos humanos. Los árabes en la Península no eran lo bastante numerosos para convertir sus inmensas conquistas en territorios que ellos mismos pudiesen controlar directamente y, mucho menos, poblar. Poco sabemos de la manera en que ejercían el control de los territorios conquistados. Podemos pensar que, de momento, se limitaron a suplir el cuadro político necesario para el dominio de la población sometida y que más tarde, mientras ellos vivían en la ciudad ocu-

[40] P. Riché, *Education et culture dans l'Occident barbare, 6e-8e siècle*, ob. cit., pp. 408 ss.
[41] P. Riché, *Education et culture dans l'Occident barbare, 6e-8e siècle*, ob. cit., p. 409.

pados en el ejercicio de sus cargos, confiaban el trabajo de administrar y cultivar sus tierras a nativos, cristianos todavía o ya conversos [42]. Los habitantes del campo, reunidos o no en comunidades de menor importancia, apenas percibieron, durante muchos años, la presencia musulmana [43].

Si podemos dar crédito a las crónicas árabes de la conquista, el tratamiento otorgado a la población peninsular es, en general, semejante al aplicado en otras zonas de expansión. Es decir, varía en lo político y militar entre derechos de guerra y concesiones de capitulación; en lo religioso, entre el reconocimiento de las «gentes del Libro», los cristianos y los judíos, como seguidores de religiones aceptables para una convivencia con los musulmanes, y el aborrecimiento explícito del paganismo al que se ofrecía la conversión como única forma aceptable de ingreso en la nueva sociedad [44]. Como en otros territorios conquistados por los árabes, también en la Península debió ser el sustrato pagano de la población el más inclinado a aceptar, sin mayor reparo, las formas religiosas del vencedor.

Para las comunidades judías que, según parece, no regatearon su apoyo al invasor musulmán, su política religiosa de tolerancia benigna debió representar un gran cambio e incluso mejora tras la política de unificación religiosa cristiana de los visigodos y tras las persecuciones sufridas durante el último siglo [45].

---

[42] E. Levi-Provençal, *España musulmana...*, ob. cit., pp. 50 ss.

[43] E. Levi-Provençal, *España musulmana...*, ob. cit., p. 15. Ciudades como Granada y Málaga, incluso regiones enteras, como Murcia, no fueron ocupadas hasta bastante más tarde. La situación política de los conquistadores, tan amorfa y dividida, no les permitía el despliegue de sus tropas.

[44] Como es sabido, la postura intransigente del Islam concierne tan solo a paganos idólatras, no a los seguidores de las religiones positivas, judaísmo y cristianismo. Éstos, llamados *Gentes del Libro* por sus Escrituras Sagradas, que los musulmanes reconocían como inspiradas, podían vivir, mediante pago de un impuesto, en la sociedad musulmana; aquéllos, no. Como consecuencia, son los núcleos paganos de los pueblos conquistados los que proveen al Islam conquistador de sus primeros prosélitos. Judíos y cristianos, por el contrario, aceptaban el Islam como fin de un proceso de arabización e islamización, más cultural que religioso.

[45] A ello se atribuye generalmente que los judíos se convir-

Las relaciones de los conquistadores musulmanes con la mayoría de la población cristiana son todavía enjuiciadas de manera muy diversa. Estudiosos de la historia árabe se inclinan a ver, por regla general, los aspectos de ocupación política y lenta transformación social como los más importantes y característicos de la llamada invasión árabe, y más de acuerdo con la realidad histórica que la visión romántica de una ola devastadora. Otros, en cambio, insisten en los aspectos destructivos que acompañan a las contiendas y los extienden a la consideración del trato musulmán a los cristianos, que califican de odio religioso y persecución. Característico, aunque extremo, es el juicio de García Villoslada:

> Los modernos simpatizantes de los árabes se empeñan en borrar las tintas negras del cuadro, pero el Anónimo de Córdoba, fuente primordial para estos sucesos, pues su crónica alcanza hasta 754, nos describe las ruinas, incendios, asesinatos que seguían el paso de los ejércitos [46].

Madoz nos habla de «polvareda de desastre» y «desbandada consiguiente a la catástrofe, en los primeros decenios del siglo VIII» [47].

En general, una lectura despaciosa y atenta de estas opiniones y otras semejantes revela, claramente, que la diversidad de opiniones, o con frase de Américo Castro «el enredo lógico», comienza con la confusión en uno solo de los varios aspectos políticos, religiosos y aun sociales de la contienda. Debiera ya ser evidente que la mayoría de la población pagana, judía e incluso cristiana, como tal, es decir, como sustrato de la estructura social y política hispano-visigoda sufrió muy poco con el cambio. Sí sufrió a veces, aunque de manera

---

tieran en colaboradores de los árabes desde los primeros momentos de la conquista; cf. J. Amador de los Ríos, *Historia social, política y religiosa de los Judíos de España y Portugal*, ob. cit., pp. 65 ss.

[46] R. García Villoslada, *Edad Media (800-1303). La cristiandad en el mundo europeo y feudal*, en *Historia de la Iglesia católica*, ob. cit., II, p. 166.

[47] José Madoz, «La literatura en la época mozárabe», en *Historia general de las literaturas hispánicas*, ob. cit., I, p. 259.

transitoria, las vicisitudes de unas campañas en las que tuvieron que participar, más o menos activamente, más o menos de grado.

Desde el punto de vista militar y de las efemérides guerreras de la contienda, la confrontación, es cierto, produjo ruina, incendios y polvareda de desastre a que éstos y otros autores se refieren. Aunque no se debiera olvidar que, si bien la polarización de los contendientes y su división entre árabes y bereberes musulmanes, por una parte, y cristianos peninsulares, por la otra, está justificada en muchos sentidos por el desarrollo posterior de la contienda, ésta, en sus comienzos, tuvo más bien un carácter interno y dinástico en la que los invasores desempeñan solo el papel secundario de aliados, todavía no el de protagonistas [48]. No cambia esta consideración el resultado de la contienda, pero sí la actitud inicial de muchos peninsulares ante unos guerreros extranjeros, pero todavía no invasores.

Por esta razón y desde la perspectiva histórica del hacerse de los españoles, más que las ruinas iniciales y las instituciones visigodas que perecieron, al menos por el momento y en su forma original, es importante examinar aquellas otras que de un modo u otro sobrevivieron, concretamente la Iglesia visigoda-hispano-romana. Ella es el mejor testimonio de una sociedad en transición.

Al considerar la historia de estos siglos y aún más tarde, no se suele hacer distinción entre cristianos e Iglesia. Creemos que debiera hacerse y que es, además, de gran importancia. Es posible que, teológicamente hablando, no esté justificado hacer tal distinción; pero en lo externo, social y político creemos que sí.

La Iglesia como organización externa, *corpus ecclesiasticum*, jerarquía y administración de un cuerpo jurídico, actúa ya desde la antigüedad con la misma efectividad o más y, frecuentemente, con la misma independencia de sus miembros que toda otra institución. En el caso de la llamada invasión musulmana de la Península, es tanto más importante, cuanto más olvidado, que hagamos una distinción entre la

---

[48] M. Gómez Moreno, «Las primeras crónicas de la Reconquista. El ciclo de Alfonso III», en *Boletín de la Real Academia de la Historia*, C, 1932, p. 577.

población cristiana y su representación institucionalizada, que, a falta de mejor término, llamaremos jerarquía eclesiástica o simplemente Iglesia.

En el Este, en 655, la rendición de Damasco, una vez la guarnición bizantina abandona la ciudad, es negociada por las autoridades civiles y eclesiásticas en representación de la población local[49]. Pocos años más tarde, el llamado Tratado de Alejandría es firmado por el obispo copto que espera, con su rendición a los árabes, evitar los horrores de la guerra y, a la vez, conseguir para sus comunidades la independencia de Constantinopla. Según nos informa el historiador Ibn'Abd al-Hakam, es el obispo copto de Alejandría quien instruye a sus fieles para no oponer resistencia al invasor[50].

En la Península el caso es totalmente distinto. La Iglesia no hace causa común con los fieles para mantenerse al margen de la contienda, sino que, por el contrario, acepta la causa de la monarquía visigoda a uno u otro lado de la discusión y pelea dinástica. Así, el obispo Opas participa activamente en ella y el metropolitano de Toledo y primado de Hispania, Sinderedo, huyó de la ciudad con sus familiares al acercarse Tariq[51]. Nada se oye de una alianza de eclesiásticos con la población tal como se ve en el Oriente.

Una vez calmados los vientos de la guerra de los primeros años, y hecha evidente la voluntad de los árabes de completar y hacer permanente su dominio sobre la Península, y de imponerse sobre la estructura política visigoda, solo la Iglesia y su jerarquía continúan, pero continúan gracias tan solo a su función religiosa, única base del reconocimiento musulmán[52].

Para los eclesiásticos en general, especialmente para aquellos que desempeñaban cargos políticos y militares, la desaparición repentina de una estructura política de la que ellos

---

[49] Ph. Hitti, *History of the Arabs*, ob. cit., p. 150.
[50] Ph. Hitti, *History of the Arabs*, ob. cit., p. 164.
[51] E. Levi-Provençal, *España musulmana...*, ob. cit., pp. 13-15.
[52] Sobre el estado legal de los cristianos en territorios musulmanes, cf. Majid Khadduri, *War and Peace in the Law of Islam*, ob. cit., pp. 175-201; Francisco J. Simonet, *Historia de los mozárabes de España*, Madrid, 1897 [reproducción fotomecánica, Amsterdam, 1967], I, pp. 69-103.

eran parte integral, y de unos privilegios políticos, religiosos y económicos, de que eran beneficiarios privilegiados, debió de tener sin duda sentido de persecución. Y debemos confesar que, en cierta manera, lo era. Una vez aceptada la teoría política de una unidad nacional basada en la uniformidad religiosa, tal como lo fue en el tercer Concilio toledano, era imposible que esa misma Iglesia, así sin más, pudiera aceptar, de grado o con paciente conformidad, un orden político, religioso y social en desacuerdo con la ortodoxia cristiana que tan solo reconocía a la Iglesia un papel secundario.

Con seguridad podemos afirmar que, durante el primer medio siglo y aun más tarde, los obispos y monjes apenas podían soñar que el dominio militar a que estaban sometidos iba a desarrollar un nivel cultural hasta entonces desconocido. Ya hemos avanzado anteriormente las razones para ello. Pero sí es posible, incluso verosímil, que, ya desde un principio, previeran las consecuencias nefastas para el desarrollo y mantenimiento de la religión cristiana que necesariamente se derivarían de un orden económico, social y político establecido por unos vencedores no cristianos. En este sentido, la conquista y el dominio árabe fue para ellos desde el principio persecución de infieles y castigo de Dios.

La respuesta de la jerarquía eclesiástica al cambio político no es uniforme. Mientras para unos una actitud acomodaticia es útil y reconciliable con los principios religiosos cristianos, otros ven en ella un peligroso alejamiento de la pureza religiosa y propugnan una actitud de resistencia a toda costa, cuya naturaleza y consecuencia analizaremos más tarde.

La aceptación del Islam por grupos cada vez más numerosos de la población indígena peninsular es, según todos los indicios, rápida, como es pronta también la aparición de estratos muladíes en la nueva sociedad [53]. Pero tiene, en un prin-

---

[53] En el bajo latín de la Edad Media y en el incipiente idioma castellano, el nombre muladí adquiere diversas formas: maulidines, muzlitas, mulados. Así, Álvaro de Córdoba y el presbítero Leovigildo distinguen a los mozlemitas de los ismaelitas, o árabes puros, y, bastante después, Ambrosio de Morales nos dice que «los moros llamaban entonces mozlemitas y, corrompida la palabra, mollitas a los cristianos que habían, ellos o sus pasados, re-

cipio, una razón política y social y solo en ese sentido se puede hablar de nuevas formas. Se obra, incluso se ora, de forma distinta, pero todavía es prematuro hablar, durante el siglo VIII, de formas vitales distintas de las tradicionales. Y, cuando tales formas existan, no serán ellas una simple sustitución de lo indígena, cristiano, hispano-romano o visigodo, por lo árabe musulmán, puesto que la llamada civilización musulmana, tanto en el orden político y social como en el cultural e incluso en el religioso, crea sus propias formas con el uso y la transformación que hace de las formas de vivir que encuentra en los países bajo su dominio. No se olvide que la característica más notable de la denominada civilización musulmana no es la de imponer formas de vivir originales, es decir extrañas, a los pueblos que domina, sino, precisamente, una extraordinaria capacidad de absorción y amalgamiento de las formas de vida y de cultura que va encontrando.

Y, así, tanto en al-Andalus como en el Este del imperio musulmán, esas formas, que conocemos como civilización musulmana, surgen como expansión imitativa y adaptación de aquellas formas de vida de la clase dominadora. Pero, entonces, esta clase ya no es de puro sentir árabe sino producto, a su vez, de aculturación y amalgamiento.

La islamización, arabización o, sencillamente, la consciente imitación del vencedor es solo un resultado de actitudes humanas, quizá no de las más admirables, pero sí de las más elementales [54]. Con mayor razón, a medida que estas formas acomodaticias se hacían mayoritarias, se añadió el instinto tan común de no diferenciarse de los demás, a no ser que se den razones de peso mayor. Como en el Este, también en al-Andalus, una vez claro que el de los árabes y musulmanes era un orden permanente, se hizo el Islam atractivo por ser religión de vencedores y porque se iba haciendo también la religión de las masas.

---

negado de la fe católica». El abad Samson, por su parte, menciona incluso «la raza mulada»; cf. Isidro de las Cagigas, *Los mozárabes*, en *Minorías étnico-religiosas de la Edad Media española*, Madrid, 1947, I, pp. 55 ss.

[54] Norman Daniel, *Islam, Europe and Empire*, Edimburgo, 1966, pp. 3 ss.

Para los cristianos, la conversión a la religión del Islam es, claro está, inaceptable apostasía. Ahora bien, apostasía se refiere, en principio, a la aceptación de una nueva profesión religiosa y rechazo de la antigua. Teóricamente al menos, un credo religioso y su profesión dan sentido a las formas de vida, no las crean, posiblemente las transforman, pero no tienen por qué cambiarlas. Ésta ha sido tradicionalmente la actitud judía ante la cultura y ésta fue, también, la actitud adoptada por las primeras generaciones de cristianos que retuvieron su ser romano, sirio, palestino, etíope, etc., aun después de aceptar el bautismo. No es ésta la actitud de los cristianos peninsulares ante la invasión musulmana. Pero por ser las formas de la cultura tradicional visigodo-romana expresión de su cristianismo y lazo natural que mantenía en las comunidades cristianas conciencia de su fe, se mira con desconfianza cualquier aproximación a las formas de vivir de los musulmanes. Por ello frente a la displicente tolerancia del musulmán con la gente de la *dhimmah* [55], el mozárabe estricto adopta una forma de existencia basada en una intransigencia que va mucho más allá de los preceptos doctrinales y éticos requeridos por su religión.

En la polémica de España, enigma o realidad, y de cómo los españoles llegaron a ser, se ha hecho problema central la cuestión de si hay, o no, un Islam de España. Aunque no se expresa explícitamente sobre el tema, Américo Castro parece inclinarse por la negativa. En su justo ataque a lo que llama «panhispanismo de los orientalistas españoles» [56], con una, en su juicio, excesiva identificación entre españoles y musulmanes, Américo Castro insiste en el sentido oriental del Islam de España. No lo creemos esencial a su tesis del ser del español, pero, sin duda, el orientalismo de los musulmanes españoles —mejor, andalusíes— da un perfil más marcado a al-Andalus como «una circunstancia constitutiva de la vida

---

[55] Ph. Hitti, *History of the Arabs*, ob. cit., pp. 233, 352 ss.; T. W. Arnold, *The Preaching of Islam...*, ob. cit., pp. 57-61; E. Levi-Provençal, *España musulmana...*, ob. cit., pp. 46, 48; F. J. Simonet, *Historia de los mozárabes*, ob. cit., pp. 69 ss.
[56] A. Castro, *Realidad histórica*, p. 8. El término «panhispanismo» se encuentra en el índice, *s. v.* «orientalistas» (p. 465).

española» [57], y a la nueva vida hispana como distinta de la anterior.

Claudio Sánchez Albornoz, en su análisis del enigma histórico que es España, hace una distinción entre un Islam oriental, invasor y frustrador de los destinos de España, y el Islam de España. Ésta es la interpretación hispana del Islam y, en general, poco más que una aproximación occidental a las formas de vida orientales y un superficial alejamiento de las tradicionales [58]. Recientemente, la tesis de Sánchez Albornoz ha encontrado un aliado en Ignacio Olagüe, para quien «los árabes nunca invadieron España» y para quien la llamada civilización musulmana de al-Andalus es, de hecho, un desarrollo de formas culturales visigodas y aun más antiguas con poco más que un garbo agareno [59].

Tampoco los orientalistas, incluso los más distinguidos, parecen estar en mayor acuerdo. Mientras el eximio arabista e historiador francés Levi-Provençal afirma escuetamente «No hay un Islam andaluz» [60], el no menos famoso arabista español Asín Palacios asevera no menos tajantemente que:

> El fenómeno de asimilación de la cultura oriental, que entre los musulmanes españoles se realizaba, no quebranta la ley eterna de la continuidad del pensamiento ibérico. Si los pensadores independientes iban a buscar, fuera de la patria, satisfacción a los anhelos ideales de su espíritu, era cabalmente porque en este espíritu circulaban todavía, por debajo de la superficie postiza y artificiosa de la religión nueva, los instintos, las tendencias, las aptitudes étnicas de un pueblo que, antes de someterse al islam, había pensado y sentido otros dogmas [61].

[57] A. Castro, *Realidad histórica*, p. 175. Es el título que da al capítulo VI.
[58] C. Sánchez Albornoz, *Enigma*, I, pp. 140 ss.; *íd.*, «Islam de España», en *L'Occidente e l'Islam nell'Alto Medioevo*, ob. cit., I, pp. 172 ss.
[59] Ignacio Olagüe, *Les Arabes n'ont jamais envahi l'Espagne*, París, 1969.
[60] E. Levi-Provençal, *España musulmana. Instituciones y vida social e intelectual*, en *Historia de España*, dirigida por Ramón Menéndez Pidal, Madrid, V, 1965², p. 295.
[61] Miguel Asín Palacios, «Ibn Masarra y su escuela. Orígenes

Entre ambos extremos encontramos fácilmente un número no reducido de referencias a peculiaridades de un Islam español o, si se quiere, particularidades españolas en el Islam, que tendremos oportunidad de analizar más adelante. De momento, baste decir, si se nos permite una comparación elemental, que el problema de si hay o no en al-Andalus un Islam distinto en aspectos básicos del oriental se podría comparar al de la diferenciación de seres e individuos de otras razas, incluso las humanas. Cuanto más consciente se es de la diferencia racial menos capaz se es de percibir la diferencia entre sus individuos. Por ello, oímos decir que a un europeo todos los chinos le parecen igual. Y por la misma razón que un chino, digamos, es capaz de una diferenciación individual entre los seres de su raza que el blanco, desde fuera, no percibe, así también el musulmán puede apreciar unas características en la expresión individual del Islam de cada provincia, incluso nación, que no notan los que viven fuera. Desde este punto de vista, tanto o más importante que la individualización real de un Islam español es la opinión que del Islam tenían los de fuera, es decir, los cristianos. Creemos, en efecto, muy problemático que los cristianos, sus contemporáneos, percibieran o dieran importancia alguna a las diferencias existentes en el seno del Islam. Para ellos, todos los musulmanes eran igual y el Islam provenía del Oriente. Lo cual, en cierto sentido, es cierto.

En la Hispania visigoda, ya bajo el dominio árabe, la aceptación del Islam por núcleos cada vez más numerosos de la población se da por necesidad o voluntariamente, por convicción o simple conveniencia, y su rechazo se hace siempre por razones de lealtad a la tradición visigoda-hispano-romana y cristiana. En ambos casos, la intención es, en principio, absoluta de aceptar o no el Islam. Las peculiaridades que se podrán ir observando a medida que se desarrollen las formas de vivir del Islam en España o son conscientes y conscientemente concebidas y aceptadas dentro del marco de islamización, o son inconscientes y se introducen apenas ob-

de la filosofía hispanomusulmana», en *Obras escogidas,* Madrid, 1946, I, p. 38. Citado, en parte, por C. Sánchez Albornoz, «Islam de España», en *L'Occidente e l'Islam nell'Alto Medioevo,* ob. cit., I, p. 188.

servadas por sus propios agentes y, así, son de menor importancia para el concepto y sentimiento de comunidad islámica en la mayoría o para el rechazo y oposición de las ya minorías cristianas.

El problema de la islamización de al-Andalus es peculiar y sin apenas semejanza con el proceso de arabización e islamización de Siria o del Iraq, al que ya nos hemos referido páginas más arriba. En Damasco, como, más tarde, en Bagdad, el llamado proceso hacia lo interior del Islam tiene un perfil más determinado del que éste toma en la Península.

En el Este, la influencia de las culturas nativas, especialmente helénica y persa, no solo es cada vez mayor durante los primeros siglos de historia árabe-musulmana, sino conscientemente aceptada como parte del proceso de islamización cultural a que nos hemos referido. No es éste el caso en al-Andalus. Por una parte, la falta de una cultura tan floreciente y vigorosa como la helénica y persa, en el momento de la invasión, hace que solo se establezcan contactos modestos con el pasado cultural peninsular. Por otra parte, los árabes, ya desde su llegada a la Península, se consideran como una avanzada del imperio árabe-musulmán y sienten una dependencia espiritual del Oriente que va a determinar el proceso de islamización de los hispano-árabes [62]. No requiere esta dependencia formas de vivir ya establecidas, y no las había en un principio; basta la voluntad de aceptar como propias las formas tal como vayan desarrollándose.

No es coincidencia, ni deja de tener importancia, que la poesía árabe en al-Andalus comience con un sentimiento de destierro y nostalgia de las tierras sirias o del desierto árabe. Baste aquí recordar los primeros versos que se conservan de

---

[62]   En toda la discusión, y en las notas que apuntamos en las páginas siguientes, debiera tenerse en cuenta que son dos problemas distintos el de la voluntad de 'arabizarse' y 'orientalizarse' de los hispano-árabes y el de la existencia, o no, de un Islam andaluz. El primero depende de una conciencia, más o menos conscientemente sentida y más o menos voluntariamente aceptada, de una dependencia cultural, mientras que el segundo depende exclusivamente de los resultados. Éstos, por aquel dicho escolástico «quidquid recipitur, ad modum recipientis recipitur», pueden ser, y con frecuencia son, muy distintos de los conscientemente buscados.

la poesía árabe peninsular, atribuidos al fundador de la dinastía omeya en al-Andalus, el emir ʿAbd al-Rahman I (755-788):

> Tú eres, palma, como yo,
> extranjera en occidente, alejada
> de tu patria [63].

Este sentimiento es, en su principio, evidentemente minoritario y restringido a los árabes, que eran los únicos que podían asociarse con un Oriente del que tenían una experiencia próxima, aun cuando no ya siempre directa.

A medida que el Islam oriental sigue el proceso de arabización, a que nos hemos referido más arriba, éste se hace más profundo, y se hará también más profunda la dependencia que del Oriente árabe sentirán los nuevos países conquistados para el Islam. Y, así, no se trata ya de aceptar la religión musulmana solamente, sino, al mismo tiempo, su interpretación árabe y la lengua árabe como su medio de expresión y medida lingüística de su civilización. Como en el Este, también en la Península la aceptación del Islam incluye la voluntad de «arabizarse [64]». Evidencia de ello nos la ofrece ya la literatura hispano-árabe más temprana y se continúa percibiendo a lo largo de su historia. En ella, si la religión es la musulmana, la lengua y el mundo es el árabe, y el Oriente la medida e interpretación del arabismo. Así, por ejemplo, Yahya al-Ghazal (770-864), nacido ya en al-Andalus, de quien se dice, como mayor elogio, que sus versos fueron atribuidos al famoso poeta de Bagdad, Abú Nuwás [65]; e Ibn ʿAbd Rabbih (860-939), cliente de los omeyas cordobeses, cuya obra al-ʿIqd

---

[63] Angel González Palencia, *Historia de la literatura arábigo-española*, Barcelona, 1945², p. 47.

[64] Podría considerarse prueba del interés de los hispano-árabes por una arabización lingüística el temprano y rápido desarrollo de los estudios gramáticos y lexicográficos en la Península. Cf. A. González Palencia, *Literatura arábigo-española*, ob. cit., pp. 136-140; Anwar G. Chejne, *Muslim Spain. Its Culture and History*, Minneápolis, 1974. pp. 182-195.

[65] Alois R. Nykl, *Hispano-Arabic Poetry and its Relations with the Old Provençal Troubadours*, Baltimore, 1946, p. 24; A. González Palencia, *Historia de la literatura arábigo-española*, ob. cit., p. 51.

al-farīd (*El collar único*) trata, casi exclusivamente, de temas orientales y al modo oriental[66].

De interés especial son las razones que algunos antologistas hispano-árabes alegán para su selección exclusiva de poetas de al-Andalus. 'Ali ibn Bassam de Santarem (m. 1147?) comenta en la introducción a su famosa antología:

> Los que en este país escribieron de historia literaria no se propusieron otra cosa que seguir e imitar a los escritores de Oriente... de tal modo, que si en aquellas regiones grazna un cuervo, o en la más lejana comarca de la Siria o del Iraq susurra una mosca, doblan su rodilla ante esto, cual si fuese un ídolo, y leen estas cosas como si se tratase de un libro notable[67].

Sobre los orígenes de la filosofía hispano-árabe ya lo afirmó tajantemente Miguel Asín:

> La historia del pensamiento filosófico-teológico en la España musulmana es un trasunto fiel de la cultura islámica oriental, sin nexo alguno, positivo y demostrado, con las tradiciones indígenas[68].

Aunque, como ya observaremos más adelante, no es aceptable que el pensamiento filosófico hispano-árabe sea solamente «un trasunto fiel, de la cultura islámica oriental», es innegable su dependencia, hecho atribuible a la voluntad de «orientalizarse» de que venimos hablando, tanto como a la pobreza del pensamiento hispano-visigodo[69].

La misma voluntad de orientalizar las formas de vida se descubre en la vida hispano-árabe, aún más allá de lo que requiere la religión, pues no es con la Sevilla romana o con la

---

[66] Alois R. Nykl, *Hispano-Arabic Poetry*..., ob. cit., p. 35; Anwar Chejne, *Muslim Spain*, ob. cit., pp. 202 ss.

[67] Citado por A. González Palencia, *Historia de la literatura arábigo-española*, ob. cit., p. 201.

[68] M. Asín Palacios, «Ibn Masarra y su escuela...», en *Obras escogidas*, ob. cit., I, p. 21.

[69] La tan recantada pobreza cultural de los hispano-visigodos debiera referirse, sobre todo, a la falta de una producción literaria y científica secular, es decir, al margen de los intereses y fines eclesiásticos.

Toledo visigoda con quien se quiere competir, sino con Damasco y Bagdad, ambas convertidas pronto en ideal de civilización. Prueba de ello es también la historia entera de la literatura y del saber hispano-árabe, sobre todo a partir del siglo IX. El caso más notable es el de Ziryab, «el Pájaro Negro». A su caída en desgracia, en la corte del califa Harun al-Rashíd, este elegante de Bagdad fue invitado por 'Abd al-Rahman II (821-52) para que entrara a su servicio. Además de su influencia en el desarrollo y orientalización de la música, canto y baile en la Córdoba cortesana, sus prácticas fueron aceptadas como reglas de conducta social y urbana y llegó a ser el árbitro de la moda (peinado con flequillo, vestidos, perfumes, comidas, vajillas, etc.) [70].

Si es fácil percibir esta inclinación de los árabes y musulmanes hispanos por las «cosas orientales» y su voluntad de orientalizarse, no lo es tanto determinar si ello se debe a la necesidad de llenar el vacío que descubrían en las tradiciones culturales de la sociedad peninsular o, sencillamente, a una dependencia espiritual, política y cultural, de las formas del Islam oriental que les cegaba a toda otra cultura.

Américo Castro se inclina por creer en el vacío de las tradiciones culturales y defiende su teoría con argumentos tomados de un aliado formidable. Dice Américo Castro, citando a Asín Palacios:

> Según la mayor autoridad en filosofía hispano-musulmana, «la historia del pensamiento filosófico-teológico en la España musulmana es un trasunto fiel de la cultura islámica oriental sin nexo alguno, positivo y demostrado, con las tradiciones indígenas». Cuanto se ha declamado en pro de la supervivencia y transmisión de la ciencia visigótica al Islam español carece de base documental. Al toledano Said, historiador sereno de las ciencias y de la filosofía..., los nombres de Séneca o de San Isidoro, glorias de la España (?) anteislámica, le son en absoluto desconocidos, cuando tan al pormenor conocía, no sólo los nombres, sino las obras y las ideas de los sabios griegos, persas o cristianos, extraños a su

---

[70] «Ziryab», en *Encyclopaedia of Islam*, ob. cit., *Supplement*, p. 266; Anwar Chejne, *Muslim Spain*, ob. cit., p. 372; A. González Palencia, *Historia de la literatura arábigo-española*, ob. cit., p. 49.

patria y a su religión. El cordabés Abenhazm, erudití-
simo historiador de las regiones..., sólo cita una vez a
San Julián, y la falsedad de la cita denuncia que no co-
nocía su obra... *La tradición indígena se había roto sin
empalmar con el Islam.*» Esto demuestra una vez más
que la vida de al-Andalus gravitaba hacia el oriente, aunque parece que no hacía falta demostrarlo [71].

Otro argumento a favor de esta teoría, poderoso también
al parecer, nos lo ofrece la contribución hispano-musulmana
a la polémica conocida con el nombre de *shuʻūbiyya,* de la
que ya hemos hablado más arriba.
A fines del siglo pasado el distinguido orientalista húngaro Ignacio Goldziher, después de haber estudiado el movimiento de la *shuʻūbiyya* en Iraq y Persia, investigó sus ecos en la
Península. Todo lo que Goldziher pudo encontrar se redujo
a unos jueces de Huesca que, a principios del siglo X, defen-
dieron «apasionadamente» la causa de los muladíes, y una
epístola literaria de mediados del siglo XI, que repetía tan solo
argumentos ya usados en la polémica oriental. Su conclusión
es que, aunque los muladíes hispanos se resistían a admitir
la doctrina de una superioridad de los árabes, no encontraban
razones ni tenían conciencia de una tradición cultural que
ofrecer como argumento en contra [72]. Los documentos recientemente publicados por James Monroe, relacionados con la
shuʻūbiyya en al-Andalus [73], tienden, en cierto sentido, a confirmar las conclusiones de Goldziher y también, al parecer,
las de Castro.
Decimos en cierto sentido y al parecer, puesto que una lectura detenida de la famosa epístola de Ibn García y de sus
refutaciones demuestra que no se trata de una polémica social, política o religiosa en torno a los árabes en comparación

---

[71] A. Castro, *Origen, ser y existir de los españoles,* ob. cit.,
pp. 25 ss. La cita es de M. Asín Palacios, «Ibn Masarra y su escuela...», en *Obras escogidas,* ob. cit., I, p. 17; la interrogación y
la cursiva de A. Castro.
[72] Ignaz Goldziher, «Die Shuʻubijja unter den Muhammedaner
in Spanien», en *Zeitschrift der deutschen morgenländischen Ge-
sellschaft,* LIII, 1899, pp. 601-620.
[73] James T. Monroe, *The Shuʻubiyya in al-Andalus. The Risala
of Ibn Garcia and Five Refutations,* Berkeley, 1970.

con los mozárabes y muladíes hispanos, tampoco de los problemas sociales, políticos, religiosos y culturales de la *shu 'ūbiyya* real. El árabe del que habla es el del desierto preislámico, el de las luchas entre las tribus y las proezas épicas de los *ayyām al-'arab*, período heroico de las tribus, y todo ello con la estilización que separa las convenciones literarias árabes de la historia de problemas reales. El problema de los muladíes hispanos es uno muy real —ya nos hemos referido a él más arriba—, pero no habla de ese Ibn García en su epístola, sino de un tema, ya convención literaria, que nada tiene que ver con los problemas de la sociedad andalusí[74]. Notable y de interés, en su epístola, es el hecho de que el «arabismo» sea todavía un tema vigente, del que se pueda hablar a favor o en contra.

En resumen, podemos afirmar que la cultura hispano-musulmana no incluye, con todas las transformaciones que hubieran sido necesarias, la tradición cultural hispano-visigoda, al modo que, en Damasco y en Bagdad, la cultura musulmana incluye y, a su manera, continúa las tradiciones culturales helenistas y persas.

Ahora bien, si es cierto que en el sentido cultural, como en el político, al-Andalus es una provincia de la llamada civilización árabe-musulmana, no lo es menos que al-Andalus es una provincia autónoma que no siempre, ni en todo, se adapta y que con mucha frecuencia da clara prueba de sus características especiales.

Las referencias a peculiaridades hispano-musulmanas, andalusíes, son muy numerosas y se refieren a aspectos muy varios de la vida cultural en la Península. Indicios de lo que puede ser entendido como expresión de una división cultural entre el Este y el Occidente árabe, a pesar de su deseo de orientalizarse, se encuentran también muy temprano. La decepción sufrida por los orientales tras la lectura de *al-'Iqd alfarīd* (*El collar único*), de Ibn 'Abd Rabbih, pudiera entenderse en este sentido, es decir, una curiosidad por las peculiaridades hispano-árabes no satisfecha en esta obra demasiado

---

[74] James T. Monroe, *The Shu'ubiyya in al-Andalus...*, ob. cit., pp. 31-101; Fernando de la Granja, «Ibn García, cadí de los califas Hammudíes», en *Al-Andalus*, XXX, 1965, pp. 63-78.

«oriental», para su gusto [75]. Datos de mayor valor argumentativo, para demostrar la existencia de esas peculiaridades andalusíes, se encuentran, cada vez más numerosos, en la cultura hispano-árabe a medida, sin duda, que crece la participación en ella de los conversos de origen hispano. Su estudio
sistemático sería una contribución notable a nuestro conocimiento y comprensión de la civilización árabe-musulmana en
al-Andalus. Por el momento, baste citar solo algunos aspectos que, de una manera general, podríamos dividir en aspectos conscientes e inconscientes.

Entre los primeros, el más notable nos lo ofrece la poesía
hispano-árabe con sus formas típicamente andaluzas, la *muwashshaha* y el *zéjel*. Su creación es atribuida ya por Averroes (1126-1198) a los hispano-árabes y fueron siempre reconocidas como tales [76]. De interés también es la enseñanza
según «el método andalusí» del que nos habla *in extenso* Ibn
Khaldún, basando su información en el juez sevillano Abu
Bakr ibn al-'Arabi (1076-1092) [77]. Reveladores de una conciencia de peculiaridades hispano-árabes, causas éstas de conflictos, son los famosos versos de Ibn Hazm (994-1063):

> Yo soy un sol que brilla en el cielo del saber,
> mas mi defecto es que mi oriente es el occidente [78].

---

[75] Alois R. Nykl, *Hispano-Arabic Poetry...*, ob. cit., p. 36. Su
dependencia de fuentes y modelos orientales queda ampliamente
demostrada por la frecuencia de citas que el autor mismo hace;
cf. Anwar Chejne, *Muslim Spain*, ob. cit., p. 203.

[76] Vicente Cantarino, «Averroes on Poetry», en *Islam and its
Cultural Divergence*, ed. Girhardi Tikku, Urbana-Chicago, 1971,
p. 26. Cf. Ramón Menéndez Pidal, *Poesía árabe y poesía europea*,
Madrid, 1955⁴, pp. 13-78; íd., *España, eslabón entre la Cristiandad
y el Islam*, Madrid, 1956, pp. 61-153; Emilio García Gómez, «La
lírica hispano-árabe y la aparición de la lírica románica», en *Al-
Andalus*, XXI, 1956, pp. 303-338.

[77] Henri Pérès, *La poésie andalouse en arabe classique au
XIᵉ siècle. Ses aspects généraux, ses principaux thèmes et sa va
leur documentaire*, París, 1953², p. 24.

[78] Son citados con frecuencia: aquí los damos en la versión
de E. García Gómez; cf. E. Levi-Provençal, *España musulmana...*,
ob. cit., p. XXXIV.

Frente a estos versos, tan llenos de una amarga soberbia, encontramos la aserción positiva del propio valor ante el Oriente árabe que nos da la historia literaria hispano-árabe con su interés por los poetas del al-Andalus. En este género, el más notable es 'Ali ibn Bassam de Santarem (m. h. 1147), cuya antología de poetas hispano-árabes, a la que debe su fama, lleva el título de *Dhakhīra fī maḥāsin ahl al-Jazīra* (*Tesoro de las hermosas cualidades de la gente de la Península*). En su introducción, tras las invectivas ya citadas más arriba, afirma que «los habitantes de esta Península fueron príncipes de la elocuencia y varones eminentes de la poesía y composición de epístolas» [79]. También la *risāla* de al-Secundi (m. 1231-1232), «Elogio del Islam español», aunque escrita contra los africanos, merece recordarse por ser, en palabras de E. García Gómez, «homenaje a la pura esencia del Islam español» [80]. Cabría citar aquí las caracterizaciones tan del gusto árabe. Para Ibn Hazm, la gente de al-Andalus reúne las virtudes características de los chinos y los turcos. Para el genealogista andaluz del siglo XII, Ibn Ghalib, el árabe andaluz reúne las virtudes de árabes, indios, persas y griegos [81].

Los aspectos inconscientes de las peculiaridades o características hispano-árabes son más difíciles de determinar y solo se pueden rastrear tras un profundo estudio de la literatura y la cultura hispano-árabe en sí y en comparación con la oriental. Henri Pérès concluye su estudio sobre la poesía hispano-árabe en los términos siguientes:

> Si los poetas (hispano-árabes) se han expresado en árabe, y si es mucho lo que han tomado a los escritores árabes del Oriente, no se han limitado a transmitir el legado de imágenes y de ideas, tal como lo habían recibido; por el contrario, lo han transformado siguiendo las tendencias internas de su temperamento y, en el proceso, lo han adaptado al punto de vista occidental...

---

[79] A. González Palencia, *Historia de la literatura arábigo-española*, ob. cit., p. 202.

[80] Emilio García Gómez, *Elogio del Islam español*, Madrid, 1934.

[81] H. Pérès, *La poésie andalouse en arabe classique au XI⁰ siècle*, ob. cit., pp. 17 ss.

Las disciplinas árabes han suministrado la técnica, pero es España quien les da el genio[82].

Este punto de vista occidental a que Pérès, con tanta autoridad y conocimiento de causa como agudeza crítica, se refiere se podría percibir también en otros ramos de la cultura musulmana. Casos quizá más evidentes sean la diferente interpretación que a un mismo tema, el de Hayy ibn Yaqzan, da Ibn Sina (980-1037) en el Este y el granadino Ibn Tufail (m. 1185) en al-Andalus[83]; o las interpretaciones y derivaciones que hacen los místicos orientales a las doctrinas del murciano Ibn 'Arabí (1165-1240)[84].

El tema de las peculiaridades culturales de los hispanomusulmanes ha sido tratado por Claudio Sánchez Albornoz, con su acostumbrada erudición, repetidas veces e *in extenso*. Las numerosas peculiaridades. de la cultura doctrinal y literaria de los árabes de al-Andalus, que el distinguido medievalista es capaz de enumerar, van apoyadas y sostenidas con la autoridad formidable de los más notables arabistas, Levi-Provençal, Asín Palacios, Pérès, Cruz Hernández, García Gómez[85]. Las conclusiones inmediatas resultan incontrovertibles. Parecen, además, confirmar los datos conocidos que nos llevan a concluir que en la Península, como en el Oriente, las formas de la civilización llamada musulmana nacen, precisamente, como resultado de una mezcla de lo nativo con lo importado.

---

[82] H. Pérès, *La poésie andalouse en arabe classique au XIe siècle*, ob. cit., pp. 477 ss.

[83] Henri Corbin, *Avicenne et le recit visionnaire*, Department d'Iranologie de l'Institut franco-iranien, Teherán, 1954.

[84] Reynold A. Nicholson, *Studies in Islamic Mysticism*, Cambridge, 1923, pp. 77-142; *íd.*, *A Literary History of the Arabs*, Cambridge, 1907 [reproducción fotomecánica, 1956], pp. 399-404.

[85] C. Sánchez Albornoz, *Enigma*, I, «Lo premuslim en la España musulmana», pp. 140-157, y «Lo islámico oriental y lo islámico español», pp. 157-175; *íd.*, «Islam de España», en *L'Occidente e l'Islam nell'Alto Medioevo*, ob. cit., I, pp. 173-218. Se debería incluir también, Ignaz Goldziher, «The Spanish Arabs and Islam. The Place of the Spanish Arabs in the Evolution of Islam Compared with the Eastern Arabs», publicado en húngaro en 1877, traducción inglesa en *Gesammelte Schriften*, Hildesheim, 1967, I, pp. 370-423.

Ahora bien, no se reduce el interés de Sánchez Albornoz al análisis de la realidad hispano-andaluza en sí o en comparación con la cultura árabe oriental. A la búsqueda de explicaciones que eluciden el enigma histórico de España, subraya esas peculiaridades y ve en ellas manifestación de un sustrato «premuslim» al que los hispano-árabes solo habían renunciado muy paulatinamente y aun entonces con imperfecta superficialidad. El análisis que el ilustre historiador hace de la cultura hispano-árabe lleva así a unas conclusiones de gran interés. Según ellas, aquello que árabes y arabistas llaman peculiaridades, es decir formas accidentales de la civilización musulmana en al-Andalus, es para Sánchez Albornoz, por el contrario, esencia tradicional de una cultura que a pesar de sus manifestaciones árabes permanece, incluso durante el siglo de oro andalusí, más hispana que árabe.

Frente a la vaguedad e inexactitud de los términos «islámico» e «islamización», tal como los usa Américo Castro, la argumentación de Sánchez Albornoz, con sus razones y autoridades, da la impresión final de un (por usar la expresión inglesa tan intraducible) *overkill*, o de un «*nimis probat*» latino. Pues, si bien es inexacto considerar a los escritores hispano-árabes, sin más, orientales, como los califica Américo Castro, también lo es afirmar, así sin más, que «detrás de su figura literaria y humana (de Ibn Quzman) asoma la del celtíbero Marcial» [86].

Estos aspectos y otros que un estudio sistemático del problema podría aducir son evidencia de que la cultura árabe y musulmana de al-Andalus si no es, como insiste Sánchez Albornoz, igual ni semejante a la occidental europea con solo un garbo agareno, tampoco es, como afirma Américo Castro, una parte indiferenciable de «lo musulmán»; y, así Ibn Hazm, como otros escritores, poetas, filósofos y místicos hispano-árabes no fueron simplemente «un eslabón moro en la cadena que va de Séneca a Unamuno» como los juzga Sánchez Albornoz [87].

Cuántas de éstas que hemos llamado peculiaridades del Islam español lo son en la realidad y no solo variantes ac-

[86] C. Sánchez Albornoz, *Enigma*, I, p. 150.

[87] C. Sánchez Albornoz, «Islam de España», en *L'Occidente e l'Islam nell'Alto Medioevo*, ob. cit., I, p. 219.

cidentales sin trascendencia cultural es difícil de determinar.
También lo sería concretar cuántas de ellas se podrían o deberían atribuir a una influencia directa del llamado sustrato
cultural visigodo e hispano-romano, es decir, a una consciente o inconsciente resistencia o incapacidad de aceptar las
nuevas formas de vida musulmana. Por una parte, el nivel
cultural de visigodos e hispano-romanos, en franco declive
en la España musulmana, parece prestar importancia a su
cultura como factor en el desarrollo peculiar de la hispano-
árabe. Esto parece recibir confirmación en la falta de atención que los escritores árabes prestan a las contribuciones
de los hispano-romanos. Por otra parte, sería erróneo pensar que solo una cultura de escritores es capaz de crear las
peculiaridades a que nos hemos referido anteriormente.

La conclusión, compromiso si se quiere, debiera ser que
no hay Islam andaluz, como no hay un Islam sirio, según nos
dice Levi-Provençal [88], y como tampoco se puede hablar hoy
de un cristianismo portugués o francés, a pesar de sutiles e
incluso obvias diferencias. Pero, de la misma manera y en el
mismo sentido que se puede hablar y se habla de esas diferencias, cabe hablar también de un Islam andaluz y de una
cultura hispano-árabe en la que influyen, más o menos, las
circunstancias geográficas y climatológicas, económicas y políticas y, aún más, las sociales y culturales de la vida de los
peninsulares.

Conflicto de dos mundos

El proceso islámico de desarrollo interior, de que nos habla Gustave von Grunebaum [89] o el de formas de ser y sentir

---

[88] E. Levi-Provençal, *España musulmana. Instituciones y vida
social e intelectual*, ob. cit., afirma: «No hay un Islam andaluz,
de la misma manera que no hay un Islam sirio o iraquí. Mejor
dicho: no hay un Islam andaluz más que en la medida en que
este Islam, aun sin querer en absoluto adoptar una posición independiente o sufrir la menor alteración en su esencia, ha adquirido —dentro de su cuadro geográfico e histórico— una fisono-
mía peculiar y un aspecto deliberadamente conservador y hasta
arcaizante» (p. 295).
[89] G. von Grunebaum, «L'espansione dell'Islam», en *L'Occidente e l'Islam nell'Alto Medioevo*, ob. cit., I, p. 67.

a que se refiere Américo Castro [90], no responde sencillamente, como ya hemos visto, a una conquista política y cultural
del mundo entorno, helénico y persa, pues, si los árabes conquistadores proporcionan con sus victorias la necesaria estructura político-militar del nuevo mundo, no eran capaces de
dar a este mundo un sentido social y cultural más allá del
arabismo al que nos hemos referido más arriba. Ahora bien,
importante en extremo como es el estudio de las peculiaridades de los árabes y musulmanes hispánicos, por servir ellas de
medida del grado de islamización en la Península, no debiera éste hacernos olvidar el aspecto más importante del conflicto entre musulmanes y cristianos que fue España desde
la llamada invasión árabe, a saber, la reacción de los cristianos peninsulares ante la cultura andalusí, fuera ésta esencialmente oriental y musulmana con modalidades hispanas o, por
el contrario, fundamentalmente premuslim y cristiana con
solo una apariencia árabe.

En efecto, no debiera ignorarse, y con frecuencia se ha
hecho, que, para un estudio del llegar a ser de los españoles,
más importante todavía que estudiar el Islam español tal
como fue, es prestar atención a lo que los cristianos de entonces creían que el Islam hispánico era, aunque éste no fuera
en realidad tal como ellos creían. La razón es clara. Es esta
creencia, estuviera o no de acuerdo con la realidad, la que les
movió a reaccionar como lo hicieron. Y, en definitiva, el punto de vista cristiano, hecho acción, es lo que explica el enigma
y aclara la realidad histórica de España.

Tomando éste como punto de partida, hay que afirmar, en
aproximación a la tesis del «orientalismo» del Islam andaluz
que Américo Castro defiende, que los datos históricos nos
llevan por otro camino muy distinto del que nos proponen
Sánchez Albornoz y los que con él insisten en ver en el Islam
español una derivación accidental del sustrato premuslim y
de otros aún más antiguos. En efecto, los cristianos, los todavía sometidos al dominio árabe y los ya libres en los nacientes reinos del norte, todos, reaccionan igual ante el Islam hispánico. No ven ellos en la cultura hispano-musulmana una
aproximación o derivación de lo premuslim, visigodo y roma-

---

[90] A. Castro, *Realidad histórica*, p. 175.

no, ni algo que, aunque condicionalmente, pudiera ser aceptable. Por el contrario, la división que parecen ver entre ambas
bas posturas islámica y cristiana no tiene puente y la oposición que en ellas observan no admite compromiso. Según su
sentir, que de sentimientos se trata más que de otra cosa, los
árabes, su religión, su lengua y su cultura son orientales y
totalmente irreconciliables con el cristianismo o con aquellas
formas visigodo-romanas que, por alianza de siglos, se habían
convertido ya en cristianas.

La pregunta de si los hispanos cristianos en contacto con
el Islam estaban justificados o no en adoptar semejante postura y si tenían razón en tales juicios debería recibir un sí
absoluto y sin restricciones, mientras se aplique, claro está,
a la circunstancia cultural y religiosa de los cristianos hispano-romanos y visigodos.

Para el pagano, expuesto a la proselitización cristiana, y
para el cristiano, ferviente o no en sus convicciones religiosas, el Islam, aparte del papel siempre fascinante de sus victorias guerreras, debió ir presentando, con el pasar de los
años, una serie de contrastes totalmente insólitos a su experiencia [91].

Doctrina

Desde el punto de vista religioso, el Islam ofrecía una simplicidad doctrinal inigualable. Su *shahāda*, profesión de fe,
única piedra angular de la religión musulmana, tiene una claridad cristalina: «No hay más que un Dios y Mahoma es su
profeta». Y es tanto más atractiva cuanto más profundas habían sido las luchas causadas por los tecnicismos de la teología trinitaria y cristológica que habían dividido a la cristiandad en numerosos grupos totalmente irreconciliables y por
razones incomprensibles a la inmensa mayoría de cristia-

---

[91] Norman Daniel, *The Arabs and Medieval Europe*, Londres,
1975, p. 250, encuentra extraña la vehemencia del conflicto entre
dos religiones tan semejantes como, dice, son el Islam y el Cristianismo. La semejanza es superficial. En realidad, los escritores
eclesiásticos medievales se dieron buena cuenta de la oposición,
frecuentemente antitética, entre las dos religiones.

nos [92]. Sin sacramentos y sin ministerios, el Islam primitivo exigía para la conversión una expresión de aceptación de la religión que solo dependía de la voluntad humana. Sin un concepto de gracia tal como se había desarrollado en torno de la teología agustiniana, el Islam reconocía al hombre la responsabilidad entera y el mérito de sus acciones. El concepto de pecado y de perfección humana y, en general, las relaciones del hombre con Dios son aspectos que también dividían radicalmente la psicología religiosa de ambas religiones.

Ética

Desde el punto de vista ético, con su falta de un concepto de pecado original al modo cristiano [93], el Islam naciente ofrecía contrastes con el ideal de perfección ética cristiana que alcanzaban a las actitudes más elementales de la vida religiosa y moral del hombre.

En el Cristianismo, el ideal de perfección moral y religiosa estaba representado, desde hacía siglos, por el estado de ascetismo monástico, norma ideal, a la vez, de las relaciones del individuo con el *mundo*, cultura, lujo, comodidades, etcétera [94]. El ideal ético va acompañado de una renuncia al pla-

---

[92] Se debería insistir más en esto. Se afirma, por ejemplo, que el arrianismo niega la Trinidad, que el nestorianismo rechaza la divina maternidad de la Virgen y que el adopcionismo no admite la divinidad de Jesucristo. Estos puntos los entiende hoy, como los entendía entonces, el pueblo cristiano. Pero, aunque usados por los «ortodoxos» contra los «heterodoxos», como base para su condena, no representan la realidad de las cosas, pues ninguno de los tres grupos niega o rechaza nada; solamente intentan explicar estos temas de otra manera más o menos acertada y «razonable». Por qué razón una explicación es ortodoxa y la otra no era el problema que la mayoría de los cristianos no entendían.

[93] A explicar este tema, central en la teología doctrinal y moral del Cristianismo, dedica San Agustín el libro XIV de su *Ciudad de Dios;* cf. Migne, *Patrologia latina,* XLI, cc. 403-436.

[94] La importancia del estado monástico en el cristianismo hispano-visigodo se puede medir por el número e importancia de los escritores que nos han dejado sus *Regulae* para monjes: San Leandro, San Isidoro, San Fructuoso, entre otros.

cer sensual, en la que las relaciones sexuales humanas toman un lugar preeminente. Aunque éstas son excusables dentro de los límites del matrimonio únicamente por la necesidad de procreación humana, la perfección ideal radica en la abstención total, incluso para aquellos cristianos unidos en matrimonio. Entre la cuantiosa literatura que sobre el tema podría citar, recordemos solamente las palabras del visigodo Leandro a su hermana:

> Es lícito a la virgen casarse, pero la que no se casa se ha agregado a los coros de los ángeles... Considera, virgen, que la que no se casa se equipara a los ángeles. Pues está permitido engendrar hijos, pero las que rechazaron esta exigencia pueden escuchar las palabras de Cristo: Dichosas las estériles que no engendraron y los pechos que nunca amamantaron (*Lucas* 23, 29) y, por el contrario, en este mismo pasaje se dice a las casadas: ¡Ay de las que estén encintas y criando en aquel tiempo! (*Mateo* 24, 19) [95].

Las diferencias que separan la ética musulmana de la cristiana son fundamentales e irreconciliables. Como el Cristianismo, también el Islam acepta la historicidad literal de la narración bíblica del pecado de Adán y Eva en el Paraíso del que se hace referencia frecuente en el Corán [96]. Pero, al no creer en la terrible perversión de la naturaleza humana que según la doctrina cristiana es consecuencia de ese llamado «pecado original», el Islam sigue unas rutas éticas muy distintas de las cristianas. El Cristianismo parte de una oposición irreconciliable a la naturaleza humana corrompida. En todo ser humano, pagano o cristiano, el cuerpo es lastre y el alma capaz de un ascenso espiritual solo cuando contraría las inclinaciones corporales. No así el Islam, que ve en el compuesto humano —cuerpo y alma—, tal como es, resultado de

---

[95] San Leandro, *Liber de institutione virginum et contemptu mundi* [Introducción], en *Santos Padres españoles*, II, *San Leandro, San Isidoro, San Fructuoso. Reglas monásticas de la España visigoda. Los tres libros de las «Sentencias»*, introducciones, versión y notas de Julio Campos Ruiz e Ismael Roca Melia, Madrid. 1971, p. 34.

[96] *Corán*, II, 33-37; VII, 18-24; XX, 119.

la voluntad divina. El hombre es tal como Dios lo quiso y, por ende, su psicología es sana y sus pasiones e inclinaciones son naturales y aceptables. La ética musulmana sigue así un camino de reconciliación. Todo exceso es malo, pero no lo es el uso de los bienes naturales ni la satisfacción que el cuerpo pueda derivar de su goce.

La ética musulmana del placer sería un estudio de gran interés. Como ejemplo baste citar aquí la obra *Rauḍat al-muḥibbīn* (*Jardín de amantes*), del teólogo Ibn Qayyim al-Jawziyya [97]. Es tardío y oriental, puesto que nació en Damasco en 1292 donde falleció en 1350. Sin embargo, tiene especial interés por la admiración que sintió hacia Ibn Hazm, a quien cita con frecuencia y cuyo discípulo se declara. Según él:

> Es cosa sabida que los placeres *(ladhdhāt)* y la felicidad de este mundo son instrumentos y medio para (la consecución de) los placeres de la mansión eterna y por esta razón fueron creados. Como dijo el Profeta, «el mundo es un instrumento y el mejor instrumento del mundo es la mujer decente» [98].

Sería quizá conveniente recordar que los estudiosos de la civilización árabe-musulmana, de su arte y su literatura, con frecuencia la califican de elegante, lujosa, delicada, muelle, sensual, con una asociación casi necesaria con el deseo y añoranza del placer. Todos estos calificativos pueden recibir el tono un tanto represivo que nace de la ética cristiana, pero no desde el punto de vista musulmán, según el cual esos calificativos son atributos de la finalidad misma del arte. Con razón se dice del musulmán que es arte al servicio de la vida [99].

------

[97] Carl Brockelmann, *Geschichte der arabischen Literatur,* ob. cit., I, pp. 127 ss.

[98] Publicado en El Cairo, sin fecha, p. 59.

[99] Esta frase tan acertada, y que igualmente se podría aplicar a todo género de arte musulmán, es el título del capítulo dedicado al arte arquitectónico hispano-musulmán por J. M. Pita Andrade, *Treasures of Spain. From Altamira to the Catholic Kings,* dirigida por Albert Skira, Ginebra, 1969, p. 82.

Y esto podría también definir un aspecto esencial en la ética musulmana.

Hablando de placeres, también hay que incluir, claro está, el sexual. La actitud árabe y musulmana ante la unión sexual es muy conocida y se ha usado, con distorsión polémica, desde la Edad Media. Polemistas y escritores medievales, en general, han prestado siempre gran atención a lo que bien pudiéramos llamar moralidad sexual en el Islam. Con horror, pero con un dejo de fascinación que apenas pueden ocultar, describen y condenan los «excesos» y «perversiones» sexuales que creen descubrir en las instituciones y costumbres musulmanas y que son comparables con el paganismo romano condenado por los Padres de la Iglesia en sus escritos.

Que en el proceso de la polémica se vaya creando una imagen que exagera la libertad moral, libertinaje, según ellos, en el Islam y distorsiona sus motivos, no parece preocuparles en absoluto, y es parte del estilo polémico de todos los tiempos. Los temas son siempre los mismos: la vida sexual y los numerosos matrimonios de Mahoma; la sensualidad y sexualidad de las descripciones de un cielo poblado de huríes; la insistencia en el matrimonio; la institución de la poligamia y la permisibilidad del divorcio. A éstos se podría añadir el concepto mismo del amor sexual, tal como lo encontramos, en teoría o aplicado, en toda la literatura árabe medieval [100]. Todo ello, justificado o no, mereció al Profeta del Islam el juicio de «lujurioso», «impúdico», «amador de toda la inmundicia», «completamente animal de los vicios de la carne», y a su pre-

---

[100] Sobre el amor árabe se ha hablado mucho, pero poco con suficiente seriedad. Hace años el notable orientalista Gustave von Grunebaum decía a sus colegas durante un congreso de arabistas y estudiosos del medioevo europeo: «Es cierto que todos comemos, pero ¿constituye este hecho trivial una razón legítima para no estudiar la cocina árabe o el ritual culinario en las civilizaciones antiguas y modernas?». Con tanta mayor razón, se puede decir lo mismo del amor sexual y de las varias formas de su expresión. Una introducción al tema es el libro de Lois Anita Giffen, *Theory of Profane Love Among the Arabs: The Development of the Genre*, Nueva York, 1971. Para un estudio más literario del tema, vid. Jean-Claude Vadet, *L'esprit courtois en Orient dans les cinq premiers siècles de l'Hégire*, París, 1968.

dicación, el de «*villisima religio*» con que son condenados Mahoma, el Islam y sus seguidores desde la Edad Media [101].

Dejando aparte el juicio y condenación moral conseguidos con una distorsión del Islam, cuya única finalidad era desprestigiarlo ante los cristianos, la atención que a ello se daba es índice de la importancia y evidencia del contraste. En efecto, y por las razones teológicas y morales que ya hemos indicado, la actitud musulmana ante la atracción del sexo, la pasión erótica y el placer sexual es, fundamentalmente, distinta de la adoptada, también por razones teológicas que se derivan del pecado original, por el Cristianismo. No es éste el lugar apropiado para su estudio, ni podemos aquí dedicar a este tema la atención que merece [102]. Basten unas pocas observaciones. Excusado es decir que el Islam ve en la unión de los sexos el medio instituido por Dios para la preservación y multiplicación de los seres, animales y humanos. «Creador de los cielos y de la tierra, Él os ha dado esposas de vuestro género y a los animales (hembras) del suyo. Él os multiplica de esa manera», dice el Corán (42, 9). Sin embargo, al hablar del matrimonio como institución la atención se centra, con frecuencia más en la unión de los sexos que en sus consecuencias futuras. La palabra que normalmente se usa, *nikāḥ*, se refiere más directamente al aspecto sexual que al legal de la institución y está más cerca así de la idea de «*conjugium*» que la de «*matrimonium*» [103]. En oposición total con la tendencia, tan vieja en el Cristianismo, de no prestar atención a los aspectos erótico-sexuales en el matrimonio, el Islam enfoca

---

[101] Norman Daniel, *Islam and the West. The Making of an Image*, ob. cit., pp. 96-102, 135-161.

[102] Vicente Cantarino, «El antifeminismo y sus formas en la literatura medieval española», en *Homenaje a Agapito Rey*, ed. J. Roca Pons y H. Martin, Indiana University, de próxima aparición.

[103] Sobre el significado de *nakaḥa, nikāḥ*, etc., puede consultarse Georg W. Freytag, *Lexicon arabico-latinum*, Berlín, 1830-1837, *s. v.*; Reinhart Dozy, *Supplement aux dictionnaires arabes*, París, 1927, *s. v.* El sentido, más sexual que legal, que vemos en la palabra, aparece claramente en algunos de sus derivados, por ejemplo, *nakkāḥ*, «lujurioso, polígamo»; *nākiḥ* al-yad, «quien se masturba»; *mankaḥa*, «prostituta».

su atención directamente sobre ellos, aceptándolos también
como divina ordenación.

Así del *nikāḥ* nos dice Ibn Qayyim:

> Dios, ensalzado sea, ha creado para cada enfermedad
> su remedio y ha hecho que el tal remedio pueda ser al-
> canzado fácil y rápidamente [104].

Sin referirnos exclusivamente, ni siquiera dando especial
importancia, a acciones y situaciones concretas eróticas y
sexuales que tanto embarazo causan todavían a los traductores de la literatura árabe que no están necesariamente condenadas por la moral musulmana, solo queremos referirnos
aquí al hecho escueto. El Islam no encuentra objeción de principio, doctrinal o moral, contra el goce del placer derivado
de la pasión erótica y del acto sexual.

Es siempre con un tanto de sorpresa cómo los estudiantes escuchan las doctrinas sobre el tema de un autor tan famoso como al-Ghazzali (1058-1111), el Algacel de los latinos,
y tan poco sospechoso de esas tendencias al erotismo de que
acusamos a muchos otros escritores más profanos. En su
opus magnum, Iḥyā 'ulūm al-dīn (*Vivificación de las ciencias
religiosas*), escrito durante los últimos años de su vida para
aclarar puntos de teología y ética religiosa desde el punto de
vista de un misticismo moderado, al-Ghazzali dedica un capítulo entero al *nikāḥ*, a sus inconvenientes y ventajas para la
vida espiritual. Es evidente que al-Ghazzali favorece la actividad sexual y la cree beneficiosa para la vida religiosa y
mística. De los cinco argumentos que dedica a la discusión,
dos son de tipo físico y psicológico [105].

Frente a un Cristianismo en el que el ideal de perfección
moral y religiosa estaba, ya desde hacía siglos, representado
por el estado de ascetismo monástico y el ideal ético por una
abstinencia de relaciones sexuales, que solamente la necesi-

---

[104] Ibn Qayyim al-Jawziyya, *Rauḍat al-muḥibbin wa-nuzhat
al-mushtaqīn*, El Cairo, sin fecha. Sobre este autor, *vid.* C. Brockelmann, *Geschichte der arabischen Literatur*, ob. cit., II, pp.
127 ss.

[105] Al-Ghazzali, *Iḥyā 'ulūm al-dīn*, El Cairo, sin fecha, II,
pp. 21-60.

dad de procreación de la raza humana justifica, se alza una nueva postura que ni aprueba el primero ni reconoce el segundo [106]. Si, para el musulmán, la postura ética del cristianismo es innecesaria e injustificada exageración, para el Cristiano la ética musulmana es desbordamiento de pasiones sensuales y hedonistas que repite la inmoralidad abismal del paganismo helénico y romano. Esto nos explica que los escritores musulmanes tienden a ver en el cristianismo una aberración religiosa, mientras que los cristianos, que habían comenzado por considerar el Islam como desviación religiosa del judaísmo o incluso de un cristianismo herético, tienden, al pasar los siglos, a ver en él una negación de toda religión [107].

Cultura

También, desde el punto de vista cultural, el contraste entre ambas formas de vida es total. El Cristianismo, nacido

---

[106] No sería exacto afirmar que el Islam no reconoce el ascetismo como un camino de perfección moral. Pero también se puede afirmar del Islam lo que Yehuda Ha-Levi (1075-1161?) dice del judaísmo en su *Kuzari:* «La ley Divina no nos impone servidumbre de abstinencias y vida solitaria; pero nos encamina en vía igual, contribuyendo a cada una de las facultades del alma y del cuerpo la parte que le conviene con justicia, sin exceso y superfluidad, porque lo que se contribuye de más en una facultad se disminuye en otra facultad; y quien excede en la concupiscencia, disminuye en la facultad imaginativa y al contrario; y quien excede en la ambición, disminuye en otra; y el mucho ayunar no es servicio a Dios en quien tiene sus deseos flacos y las fuerças débiles y el cuerpo flaco, pero es bueno que regale su cuerpo; ni dexar el hombre de augmentar hazienda es servicio a Dios, quando se deparare occasión de cosa lícita sin trabaxo»; *Cuzary. Diálogo filosófico por Yehuda Ha-Levi (siglo XII) traducido del árabe al hebreo por Yehuda Abentibbon y del hebreo al castellano por R. Jacob Abendana*, ed. Adolfo Bonilla y San Martín, Madrid, 1910, p. 107.
Al no reconocer la perversión de la naturaleza humana causada por el pecado original, el ascetismo islámico, como el judío, es más simplicidad de vida y huida de excesos que propia defensa de la naturaleza caída y un ataque contra sus desórdenes.

[107] Norman Daniel, *Islam and the West. The Making of an Image*, ob. cit., «religión», pp. 188-191; «cisma», p. 192; «herejía», pp. 184-188; «paganismo», pp. 189, 366 ss.

en un mundo judío y desarrollado en esferas de predominio cultural helenístico y romano, rompió muy pronto con el judaísmo sin buscar alianza consciente con el mundo pagano de Grecia y Roma.

En ambos aspectos, podemos considerar la figura de coloso del Apóstol de los Gentiles como un factor decisivo en la determinación de los fines apostólicos del Cristianismo aún naciente. Con su solemne promulgación *ecce convertimur ad gentes* (*Hechos*, XIII, 46) y su condenación formal de la *sapientia hujus mundi*, tema frecuente en su *Epístola a los Corintios* [108], el nuevo Cristianismo inicia su desarrollo más allá de las fronteras de Palestina sin identificación posible con ningún grupo étnico o cultura concreta.

El Cristianismo admite, es cierto, una adaptación inicial, en lengua y costumbres, con todos los pueblos que van entrando en su esfera de acción evangelizadora. Pero es aproximación táctica, nunca llega a una adopción total y uniforme y siempre mantiene vigente la interpretación literal y aplicada a cultura y costumbres de la frase evangélica: «Mi reino no es de este mundo» (*Juan*, XVIII, 36), paciente explicación en labios de Jesucristo, pero ya usada en tono de desafío por los Padres de la Iglesia [109].

Incluso durante los siglos tardíos del Imperio, los oscuros de las invasiones, los del renacimiento carolingio y aún más tarde, ya cuando la cultura romana parece haber sido incorporada de manera definitiva al pensamiento cristiano occidental, es notable la facilidad con que el Cristianismo puede rechazarla apelando a razones y argumentos tradicionales [110].

La cultura cristiana nace de una necesidad religiosa y apologética y en el Occidente usa de hecho, como es sabido, de la cultura romana y de su lengua como base de expresión.

---

[108] San Pablo, 1.ª *Corintios*, I, 19-24; 2.ª, I, 4, 6, 13.

[109] J. Knabenbauer, *Commentarius in Evangelium secundum Joannem*, en *Cursus Scripturae Sacrae*, dirigido por R. Cornely y J. Knabenbauer, París, 1898, p. 525.

[110] G. Paré, A. Brunet y P. Tremblay, *La renaissance du XIIe siècle. Les écoles el l'enseignement*, Publications de l'Institut d'Études Médiévales, Ottawa, III, 1933, pp. 180-190; Jean Leclercq, *The Love of Learning and the Desire for God. A Study of Monastic Culture*, Nueva York, 1962, pp. 116 ss.

Pero nunca acepta una alianza formal con ella ni busca paliativos a la condena apostólica; no desarrolla un sentido estético propiamete dicho y apenas permite la creación de una literatura al margen de una misión eclesiástica, didáctica y doctrinal.

Los pocos escritores que sienten el deseo de expresarse en vena intencionadamente más cuidada y elegante sienten al mismo tiempo la necesidad de su justificación por el fin didáctico-apostólico de una atracción más efectiva a las verdades religiosas o por la dignidad espiritual de los temas tratados. Caso típico, en la Península, es el de Cayo Aquilino Juvenco (h. 330) cuya *Historia evangelica*, llena toda ella de ecos virgilianos, comienza con una disculpa de este género [111]. Siglos más tarde, el obispo de Zaragoza, Braulio (m. 646), repite este mismo argumento que él aplica a su propio caso de escritor:

> Si los gentiles escribieron las hazañas de sus héroes, ¿qué no debemos hacer nosotros que somos cristianos? ¿No es razón que consagremos nuestra lengua a cantar las victorias de los soldados de Cristo y decir los loores de nuestro Emperador que armó a sus mártires con la bandera triunfal a fin de que luchasen valerosamente y postrasen a sus enemigos...? [112].

Aunque el uso de autores clásicos en el aprendizaje del latín es general y el uso de las pompas de la retórica latina es frecuente, incluso, en autores de vida y doctrina notablemente ascética, su condenación es inapelable. Extremas, pero en manera alguna excepción, son las palabras que al papa Dámaso dirige el austero y erudito San Jerónimo (342-420):

> Alimento de demonios son las composiciones de los poetas, la sabiduría profana, la pompa verbal de los oradores. Todo ello agrada por sus encantos, sin ofrecer

---

[111] Marcelino Menéndez Pelayo, *Historia de las ideas estéticas en España*, Madrid, 1946, I, pp. 291 ss.

[112] Enrique Flórez, *España sagrada*, ob. cit., **XXX**, pp. 305 ss. Citado también por Justo Pérez de Urbel, *Los monjes españoles en la Edad Media*, Madrid, 1934, I, p. 362.

a sus lectores otra cosa que sonido vacío y ruido de palabras [113].

Tonos duros y agresivos, cuyos ecos resonarían fuertes
todavía a la caída de la monarquía visigoda, son los que em-
plea San Isidoro (h. 560-636), en nada favorecedor de las letras profanas a pesar de su, relativamente, magnífica erudición personal:

> Por ello se prohíbe a los cristianos leer las ficciones
> de los poetas, porque con el halago de sus fábulas va-
> cías excitan en la mente el apetito de las pasiones. No
> solo se sacrifica a los demonios ofreciéndoles incienso,
> sino también recibiendo con agrado sus palabras. Algu-
> nos se complacen más meditando las palabras de los
> gentiles a causa de su estilo hinchado y adornado que
> la Santa Escritura por su expresión humilde. Mas ¿de
> qué aprovecha aventajarse en las doctrinas mundanas
> y quedarse vacío de las divinas, buscar caducas ficcio-
> nes y sentir hastío de los celestes misterios? Hay que
> guardarse de tales libros y evitarlos por amor a las Es-
> crituras [114].

No se trata solo de una aversión realmente sentida hacia los fondos culturales de un paganismo, incompatible con
la doctrina y la ética cristianas, y de las galas literarias con
que estaban expresadas; se trata, a la vez, también, de una
auto-evaluación de un cristianismo ideal que no reconoce,
en principio, otros valores que los espirituales e internos. Así,
el visigodo Braulio de Zaragoza, al escribir su vida de San
Millán, advierte:

> Bien sé que hay quienes en sus escritos no intentan
> más que lucir su elocuencia; yo, por mi parte, no temo
> sus burlas y desdenes, pues a los cristianos pequeños
> y humildes no se les exige por el derecho eclesiástico
> la vana palabrería, ni la frivolidad halagadora de la in-
> quietud humana, ni el viento de la ostentación, sino más

---

[113] San Jerónimo, *Epistolae*, ob. cit., p. 558.
[114] San Isidoro, *Sententiae*, l. III, c. XII; Migne, *Patrologia latina*, LXXXIII, c. 685. Citado, en parte, por Justo Pérez de Urbel,
Los monjes españoles en la Edad Media, ob. cit., II, p. 204.

bien la gravedad sobria, modesta y ponderada de la verdad. Mejor sienta la verdad con menos elegancia que la mentira con muchos afeites y bien claro lo vemos en los Evangelios del Salvador, que se recitan al pueblo con las palabras más sencillas... Por eso, aunque he alcanzado en parte el conocimiento de las disciplinas profanas, las he dejado a un lado al escribir estas páginas, por temor de que no me hiciesen ser comprendido de los menos letrados y también para no introducir la confusión en los campamentos de Israel con la lengua de Jericó [115].

Las palabras de San Braulio tienen, evidentemente, una intención directa que es moral y religiosa. Sin embargo, constituyen, a la vez, un «manifiesto estético cristiano» de tanta mayor importancia cuanto es más general su aceptación [116].

Nada hay más opuesto a la postura tradicional de los cristianos ante las culturas paganas, incluso —y más— la de Roma, que la que los árabes adoptan ya desde los primeros siglos de su expansión ante su propio paganismo.

Esta actitud y fenómeno cultural, al que nos hemos referido más arriba, y en otras ocasiones diversas, con el nombre de arabización del Islam, lleva a las nuevas comunidades musulmanas, árabes o no, a una reconciliación total con el pasado árabe, incluso el de los tiempos de la «ignorancia», jāhiliyya, del paganismo idólatra árabe. En consecuencia, Arabia se convierte en el centro también cultural; su desierto, en paisaje idealizado; el árabe, la lengua única, y su poesía, en un siglo de oro inimitable, pero que todos deben tratar de emular [117].

En oposición diametral con la actitud del cristiano, en el mundo todavía en formación del Islam, el musulmán de raza

---

[115] San Braulio, *Vita sancti Aemiliani*; Migne, *Patrologia latina*, LXXX, c. 699-714. Citado por J. Pérez de Urbel, *Los monjes españoles en la Edad Media*, ob. cit., I, pp. 363 ss.

[116] Quintino Cataudella, «Estética cristiana», en *Momenti e problemi di storia dell'estetica*, Milán, 1959, I, pp. 81-114; Edgar de Bruyne, *Historia de la estética*, Madrid, 1963, II, pp. 3-376; Marcelino Menéndez Pelayo, *Historia de las ideas estéticas en España*, ob. cit., I, pp. 291-340.

[117] Vicente Cantarino, *Arabic Poetics in the Golden Age*, Leiden, 1975, pp. 9 ss.

árabe y el neófito recién convertido encuentran en la religión musulmana y en su interpretación del mundo cultural árabe las razones que les inducen a un mejor estudio de la lengua árabe, de su literatura y, después, de todas las ciencias en general.

A pesar de los aspectos y motivos estrictamente religiosos, presentes en la formación de la llamada cultura islámica, la lengua árabe y la admisión de un pasado árabe, aun el pagano, sirven como puentes naturales para la incorporación y difusión de una cultura que tiene de islámico la lengua árabe en que se introducen y el mundo musulmán en que se difunden, pero que en realidad se desarrollan al margen o desbordando las leyes religiosas.

Este sentido, laico, secular y de «sabiduría de este mundo», que toman muchas ramas de la cultura islámica y la consiguiente libertad inherente al estudioso y escritor musulmán para determinar los horizontes de su propia curiosidad, sean éstos literarios o estéticos, filosóficos o científicos en su sentido más estricto, es uno de los aspectos más importantes de la cultura musulmana en sí y de su influencia en el occidente cristiano.

Otro aspecto del Islam, al que hay que reconocer la gran importancia que tuvo en la formación de la cultura árabe musulmana y en la posición que ésta adoptaba en su conflicto con el Cristianismo, se relaciona directamente con el Corán y el sentido que se da a su carácter de relevación divina. A saber, la creencia, fundamental en la religión islámica, de la excelencia lingüística y literaria del sagrado texto.

Los esfuerzos conscientes, incluso oficialmente sancionados por los primeros califas, hacia una fijación estricta del sagrado texto llevan, en consecuencia y rápidamente, al concepto de su inspiración literal. En una religión y medio cultural en los que los signos exteriores de humildad nunca fueron tan importantes como, digamos, en la cristiana, no parecía suficiente que Dios hiciera las cosas internamente bien. Era, asimismo, necesario, en sentido teológico estricto, que las hiciera bien y bellas en el sentido externo.

Tomando esta doctrina como punto de partida, los musulmanes muy pronto comenzaron a ver en el Corán una belleza más o menos definible que, si bien sobrepasa toda otra de origen humana, no es, por ello, menos perceptible. Frases y dichos coránicos, tales como «Si los hombres y los genios se aunasen para producir un Corán semejante (a éste) no podrían» (XVII, 20), incorporan un nuevo sentido [118]. Aunque, en su sentido original, se referían tan solamente a su contenido doctrinal, muy pronto se les atribuyó un sentido más general que incluía también todos los aspectos linguísticos y literarios del texto del Corán.

El concepto teológico de la perfección divina y milagrosa del Corán lleva lógicamente a dos consideraciones, ambas aceptadas comúnmente en el Islam ya durante el siglo IX. Una se refiere a la inimitable excelencia del Corán y se transforma en la doctrina, tan característica del Islam, de la milagrosa singularidad e inimitabilidad, i'jāz, del sagrado texto [119]. En el siglo IX el cristiano converso 'Ali ibn Rabban at-Tabari (m. h. 864) afirma que nunca antes había encontrado en lengua alguna una perfección estilística comparable a la del Corán [120]. La otra postula el estudio de las letras profanas como camino normal para reconocer y apreciar la perfección literaria del Corán. Uno de los testimonios más elocuentes en favor de esta actitud nos lo propone en el siglo IX, no un teólogo sino el erudito y crítico literario de Bagdad, Ibn Qutaiba (m. 889), quien nos asegura que:

La excelencia del Corán puede ser reconocida tan solo por aquellos que poseen un gran sentido de percepción y vasto conocimiento, que entiendan los diferentes aspectos y la variedad que hay en los estilos árabes y cómo Dios ha demostrado su preferencia por su lengua por encima de todas las demás [121].

---

[118] *Corán*, XIII, 20-30; X, 38; XI, 13.

[119] Gustave von Grunebaum, *A Tenth-Century Document of Arabic Literary Theory: The Sections on Poetry of al-Baqillani's i'jāz al-Qur'an*, Chicago, 1950, p. XVI; V. Cantarino, *Arabic Poetics in the Golden Age*, ob. cit., pp. 13 ss.

[120] V. Cantarino, *Arabic Poetics in the Golden Age*, ob. cit., p. 16.

[121] Ibn Qutaiba, *Kitāb ta'wīl mushkil al-Qur'ān*, El Cairo, 1954[?], p. 10. Citado por V. Cantarino, *Arabic Poetics in the Golden Age*, ob. cit., p. 16.

De esta manera, consecuencia directa de la doctrina de la inimitabilidad coránica y como otro aspecto de la arabización del Islam, se introduce en la naciente cultura árabe-musulmana una conciencia de estética lingüística y literaria, conocida sí en las culturas clásicas, pero nunca incorporada a la cultura cristiana estrictamente dicha. Interesantes son, en este sentido, las palabras atribuidas al famoso escritor al-Jāḥiz (m. 869):

> No hay otro idioma más agradable [que el árabe], más útil, más elegante, dulce al oído y eficaz en llegar a la mente sana, más agudo en la expresión, o más excelente para la elocuencia [122].

Es hipérbole extrema, producto de un «chauvinismo» lingüístico, sin duda, pero interesante como expresión de una actitud ante la perfección lingüística del árabe que es ya general en el Islam.

Frente a la importancia que la excelencia literaria árabe recibe en la cultura islámica y la orgullosa aserción del inigualable mérito literario del texto del Corán, el Cristianismo parece ser penosamente consciente de la sencillez literaria del texto bíblico.

Ya desde la antigüedad romana, los conversos educados habían aceptado la fe cristiana después de haber recibido, con frecuencia, una notable educación, pero, más que filósofos, eran retóricos acostumbrados en todos sus estudios a las galas de la elocuencia romana. Por ello, el contraste entre la doctrina cristiana y la filosofía pagana parecía preocuparles mucho menos que la simplicidad rústica y el estilo descuidado que encontraban en los escritos de la Biblia. Frecuentemente, se refieren a la aversión que ello les causaba como un obstáculo difícil en el camino hacia su conversión.

Caso típico es el de San Jerónimo (340?-420), quien, en carta escrita, años más tarde, a su hija espiritual Eustochium, nos revela:

---

[122] Ibrahim al-Ḥusri, *Kitāb zahr al-ādāb*, publicado en el margen de Ibn ʿAbd Rabbih, *Al-ʿiqd al-farīd*, El Cairo, 1899, II, p. 2. Citado por V. Cantarino, *Arabic Poetics in the Golden Age*, ob. cit., p. 16.

Cuando hace ya muchos años renuncié por amor al Reino de los Cielos, a casa, padres, hermana, parientes y, a lo que es todavía más difícil, a mi hábito de comer de manera regalada y marché a Jerusalén como soldado de Cristo, no pude abandonar mi biblioteca que con tanto interés y esfuerzo había reunido en Roma. Así, desgraciado de mí, ayunaba yo, aunque leyendo todavía a Tulio (Cicerón). Tras noches pasadas en oración y tras las lágrimas que el recuerdo de mis pecados pasados hacían brotar a mis ojos desde lo más profundo de mi corazón, tomaba a Plauto en mis manos. Si alguna vez volvía yo a mis sentidos y trataba de leer los Profetas, me causaba aversión su lenguaje inculto [123].

A continuación narra San Jerónimo cómo, en el curso de una visión de su propia muerte y consiguiente juicio divino, su afirmación «soy cristiano» es rechazada por el divino Juez, con las palabras: «Mientes, ciceroniano eres, que no cristiano.»

La calidad de «sermo rusticus», «sermo incultus» de los escritos bíblicos, no es aceptada, excusado es decir, para denigrar el sagrado texto. Por el contrario, se expresa e insiste en ella para establecer el contraste de la falta de belleza exterior con la sobreabundancia de la anterior. Éste es el sentido de las palabras de San Jerónimo, quien añade:

y, porque yo no veía la luz con mis ojos ciegos, creía que la culpa no era de mis ojos sino del sol [124].

De la misma manera habla San Agustín (354-430), uno de los Padres de la Iglesia más cultos y que más han contribuido a formar la espiritualidad occidental. En un monólogo lírico, característico de sus Confesiones, nos dice:

Maravillosa la profundidad de las palabras [bíblicas]. He aquí que su superficie atrae a los pequeños, pero

---

[123] San Jerónimo, «Epistola ad Eustochium», Epistolae, ob. cit., p. 454.
[124] San Jerónimo, «Epistola ad Eustochium», Epistolae, ob. cit., p. 456.

maravillosa profundidad la suya, Dios mío, maravillosa profundidad [125].

Siglos más tarde, en el cenit de la cultura hispano-visigoda, su más eminente escritor, San Isidoro de Sevilla (560?-636), todavía afirma que

> los Libros Sacros fueron escritos en lenguaje sencillo, para que la humanidad fuese guiada hacia la fe no por la sabiduría de las palabras sino por la relevación del espíritu [126].

San Isidoro parafrasea apenas las palabras de San Pablo a los Corintios (I *Cor.* 2, 4), a las que solo añade la referencia directa al lenguaje sencillo, *sermo simplex*, que ya formaba parte de la interpretación generalmente dada al texto paulino [127].

El reconocimiento de la sencillez literaria de los escritos bíblicos y la consiguiente negación del valor y mérito del estilo literario, que son llamados despectivamente «vanidad y pompa de retóricos», son caminos que sigue el Cristianismo en su ataque a los poetas y escritores del paganismo.

Conflicto

Frente a este concepto de cultura cristiana, más o menos generalizado, pero predominante ya en la Hispania visigoda, se alza, bajo el empuje de la invasión árabe, una nueva estructura social, quizá, en un principio, sin formas propias que se puedan llamar auténticamente musulmanas, pero, ciertamente ya, sin el marco, límites y trabas morales y culturales que imponía el Cristianismo. Cuando, al pasar los años, las formas musulmanas de vida vayan surgiendo en la Penínsu-

---

[125] San Agustín, *Confessiones*, l. XII, c. XIV, n. 17; Migne, *Patrologia latina*, XXXII, c. 832.

[126] San Isidoro, *Sententiae*, l. III, c. XIII, c. 5; Migne, *Patrologia latina*, LXXXIII, c. 687.

[127] R. Cornely, *Commentarius in S. Pauli Epistolam ad Corinthios priorem*, en *Cursus Scripturae Sacrae*, ed. R. Cornely y J. Knabenbauer, París, 1907, pp. 52-60.

la —sea por orientalización como dice Américo Castro, por regresión a un pasado incluso pre-cristiano como defiende Olagüe, o por tenaz retención de tradiciones premuslimes como prefiere definirlas Sánchez Albornoz—, el perfil que éstas ofrecen, según hemos indicado más arriba, es totalmente inaceptable para el cristiano. Éste es, en nuestra opinión, el gran conflicto que la llamada invasión árabe y musulmana va a crear en la conciencia religiosa de los cristianos visigodos.

Cuando en el siglo IX Álvaro de Córdoba (m. 861) lanza la conocida diatriba, tan llena de lamentaciones, con que cierra su *Indiculus luminosus*, éste es el problema y el conflicto espiritual que subraya:

> Todos nuestros jóvenes cristianos [...] intoxicados con la elocuencia árabe manejan con la mayor avidez, leen con la mayor atención, y discuten con el mayor interés los libros de los caldeos [musulmanes]; los coleccionan con gran diligencia y los divulgan con todas las artes de la retórica, prodigando sus alabanzas, mientras ignoran la belleza de la literatura eclesiástica y desprecian los caudales de la Iglesia que manan del Paraíso, como si fuera la cosa más vil. ¡Oh dolor! Los cristianos ignoran su propia lengua [...] y entre mil apenas se encuentra uno que pueda escribir una carta familiar a un amigo en latín inteligible, pero incontables son los que pueden usar elegantemente las pompas de la erudición caldea [árabe] [128].

Incluso admitiendo la posibilidad de una exageración en estas lamentaciones, exigidas por su clara finalidad de causar un trauma moral en la conciencia cristiana de sus contemporáneos, es evidente que Álvaro usa, en ellas, un vocabulario mental en consonancia con la tradición cristiana y presenta, aunque con espíritu de derrota, la misma actitud ante la cultura de «este mundo» que, de forma más agresiva, encontramos en San Jerónimo y San Isidoro. Las quejas de Álvaro son usadas, con frecuencia, como argumento demostrativo de la avanzada asimilación de las razas en la Córdoba del si-

---

[128]   Álvaro de Córdoba, *Indiculus luminosus*, n. 35; Migne, *Patrologia latina*, CXXI, cc. 555 ss.

glo IX. Ello es aceptable, pero solo como una deducción, pues ni las masas cristianas hablaban o escribían el latín en el siglo IX ni los árabes usaron nunca, en masa, el árabe literario. Se trata en primer lugar, en lo que Álvaro acusa, de una preferencia por la elegancia literaria, por las formas culturales de una literatura laica y profana. Se trata del conflicto de una cultura estrictamente religiosa frente a otra, a su parecer casi pagana, y también, claro está, de unas formas de vivir y sentir que no se ajustaban ya, sin fricción, a una mentalidad cada día más predominante.

De la Córdoba musulmana, dice Eulogio, usando una retórica no exenta de admiración y de escrúpulos de asceta cristiano:

> A Córdoba, la que una vez fue llamada ciudad patricia y ahora real por hallarse en ella su sede, la ha exaltado 'Abd al-Rahman en grado sumo, cargado de honores, extendido su renombre, llenado de riquezas y acrecentado la afluencia de toda clase de delicias mundanas más de lo que se puede creer y se debiera decir, de manera que sobrepasa y supera en pompa del siglo a todas las ciudades que han sido [129].

Así, el Islam de España, al-Andalus, a medida que desarrolla sus nuevas formas de ser y de sentir debió aparecer a la población peninsular, sometida al dominio del invasor o liberada ya en tierras de Reconquista, tentación inmensa o amenaza trágica. De la primera, irán naciendo los puntos de simbiosis y asimilación, muchos de los cuales, con gran acierto, nos ha señalado Américo Castro. De la segunda, surge la reacción pugnaz a la que, con no menos acierto, se refiere Claudio Sánchez Albornoz.

En todo caso, los cristianos peninsulares debieron ver, en el fenómeno de la naciente cultura árabe-musulmana, un rápido regreso a un paganismo decadente que habían considerado vencido y casi muerto desde hacía siglos. En efecto, la postura de los escritores cristianos, incierta al principio, en

---

[129] Eulogio de Córdoba, *Memorialis sanctorum*, l. II, c. 1; Migne, *Patrologia latina*, CXV, c. 765. Citado, en parte, por F. J. Simonet, *Historia de los mozárabes de España*, ob. cit., I, p. 325.

la consideración del Islam como secta religiosa se cristaliza, definitivamente, en su calificación de nueva forma de paganismo. Por ello, se designa a los árabes y musulmanes con el nombre de *caldeos,* y su civilización recibe la denominación de *caldea.* A la vez que se reconoce la gloria pagana presente a la que se compara con Babilonia, «la hija de los caldeos» [130], «gloriosa entre todos los reinos, orgullo ilustre de los caldeos» [131], se la quiere incluir en las maldiciones proféticas y apocalípticas lanzadas en contra de «Babilonia la grande, la madre de las rameras y de las abominaciones de la tierra» [132].

---

[130] Isaías, XLVII, 5.
[131] Isaías, XIII, 19.
[132] San Juan, *Apocalipsis,* XVII, 5.

IV. LOS MOZÁRABES

Hispania musulmana

El problema del mozarabismo es el de supervivencia de la identidad religiosa y cultural de la tradición cristiana, antes dominante y mayoritaria, ahora subyugada y en declive ante el empuje y la capacidad asimilatoria de las formas de vida hispano-musulmanas. Este esfuerzo por sobrevivir a toda costa produjo en ciertos sectores cristianos, la exacerbación de la sensibilidad religiosa que ocasionó el problema, tan conocido como todavía mal evaluado, de las llamadas persecuciones mozárabes.

Frente a las interpretaciones basadas en prejuicios cristianos, que todavía hablan de las persecuciones y de los mártires mozárabes, niegan los arabistas y estudiosos de la historia de los musulmanes de España que se diera tal persecución de cristianos[1]. Emilio García Gómez ya lo advirtió, hace más de un cuarto de siglo:

---

[1] La división de campos no es, claro está, arbitraria y apenas se los puede considerar contradictorios. Los orientalistas, como R Dozy, T. Arnold, Levi-Provençal, Hitti, etc., parten del punto de vista árabe, y, al no conceder a la Iglesia visigoda derecho alguno a privilegios pasados, tampoco ven persecución en su privación. Aquellos, en cambio, como J. Madoz, B. Llorca, E. Colbert, etc., que reconocen a la Iglesia un papel especial en la historia religiosa y política de la Península, convertido ya en derecho, si no por otra razón, al menos *ex consuetudine* y *de facto*, tienen que hablar de persecución, cuando la invasión de los árabes trastoca el orden anterior.

Contra lo que se ha venido creyendo entre los no enterados, el Estado musulmán casi siempre, y desde luego en el período omeya, era de una tolerancia con cristianos y judíos sorprendente[2].

Excepto en caso de ofensas contra la ley religiosa del Islam, los cristianos eran juzgados por sus jueces de acuerdo con sus propias leyes. Podían practicar la religión cristiana sin interferencia y celebrar la misa según el ritual y la liturgia tradicionales. No estaban obligados a ostentar señales distintivas y, al menos en el siglo IX, los cristianos que no formaban parte de la clerecía llevaban el mismo atuendo que los árabes[3].

Eulogio habla de iglesias recién construidas. Como también habla de escuelas en Sevilla, Toledo, Granada, Mérida y Córdoba, entre otras. Según testimonio de Eulogio, la de Córdoba estuvo, durante algún tiempo, bajo la dirección del abad Esperaindeo, «varón elocuentísimo, gran luminaria de la Iglesia en nuestro tiempo»[4]. Los monjes podían aparecer en público vistiendo las túnicas de lana de la orden y los sacerdotes no estaban obligados a ocultar las señales de su oficio. Tampoco la profesión de la religión les impedía servir en los ejércitos musulmanes y ocupar cargos en la Corte[5].

Mucho antes lo había indicado el orientalista británico Thomas Arnold[6] y, ya en el siglo pasado, en 1861, el holandés Reinhardt Dozy[7]. Conforme a las condiciones de capitulación y legislación general, concernientes a las otras «gentes del Libro», los cristianos pudieron conservar no solo su religión y formas de vida, sino también una cierta autonomía civil y administrativa. Al frente de su gobierno se hallaba un *co-*

---

[2] E. Levi-Provençal, *España musulmana...*, obc. cit., p. XVIII.
[3] Thomas W. Arnold, *The Preaching of Islam. A History of the Propagation of the Muslim Faith*, ob. cit., pp. 130-144.
[4] Eulogio de Córdoba, *Memorialis sanctorum*, l. I, c. 7; Migne, *Patrologia latina*, CXV, c. 745. Cf. F. J. Simonet, *Historia de los mozárabes de España*, ob. cit., I, p. 340.
[5] E. Levi-Provençal, *España musulmana...*, ob. cit., pp. 357 ss.
[6] Th. W. Arnold, *The Preaching of Islam...*, ob. cit., p. 134.
[7] Reinhardt P. Dozy, *Historia de los musulmanes de España* [Leiden, 1861; trad. por F. de Castro, 1871], Buenos Aires, 1946, I, pp. 346 ss.

mes christianorum que, de acuerdo con la tradición visigoda, era, por lo general de noble linaje [8]. Juan, abad del monasterio de Gorze, que visitó Córdoba en el siglo X en calidad de embajador del emperador Otón I, al hablar de los cristianos durante el califato de 'Abd al-Rahman III (912-961), afirma que «[los cristianos] bajo su reinado hacían uso de las cosas propias y divinas con toda libertad» [9]. También nos ha dejado las confidencias de un obispo mozárabe, describiendo la situación política y religiosa de los cristianos de su tiempo:

> A causa de nuestros pecados hemos sido entregados al poder de los paganos. Las palabras del Apóstol nos prohíben que nos rebelemos. Solo nos queda el consuelo de que, en medio de tan gran calamidad, no se nos prohíbe usar nuestras leyes, a quienes ven que observan y mantienen la religión cristiana, ellos mismos respetan y encuentran grato su trato [...]. Así, por ahora, somos de la opinión que, puesto que no se hace injuria alguna a la religión, en lo demás debemos condescender y cumplir con sus leyes en todo lo que no se oponga a la fe [10].

Sin embargo, es también fácilmente explicable que no todos estuvieran tan dispuestos a seguir una norma de conducta tan acomodaticia, estuviera o no aprobada por el consejo apostólico. Estos, a quienes se llama por antonomasia los

---

[8] El no ser «de ilustre origen, ni de linaje noble, sino hijo de siervos de la Iglesia» es una objeción que hace Samson contra la legitimidad de Servando, conde de Córdoba: *Apologeticus*, l. II, n. 5; Enrique Flórez, *España sagrada*, ob. cit., XI, p. 378. Cf. M. Menéndez Pelayo, *Historia de los heterodoxos españoles*, Madrid. 1946-1947, II, p. 75; Edward P. Colbert, *The Martyrs of Cordoba*, The Catholic University of America Studies in Medieval History, XVII, Washington, 1962, pp. 357-371.

[9] Juan de Metz, *De Vita Joannis abbatis Gorziensis*, n. 124; Migne, *Patrologia latina*, CLXXIII, c. 304.

[10] Juan de Metz, *De vita Joannis abbatis Gorziensis*, n. 124; Migne, ·*Patrologia latina*, CLXXIII, c. 302. Cf. Th. W. Arnold, *The Preaching of Islam...*, ob. cit., p. 135; E. Levi-Provençal, *España musulmana...*, ob. cit., p. XVIII; Isidro de las Cagigas, *Minorías étnico-religiosas de la Edad Media española. Los mozárabes*, ob. cit., I, pp. 331 ss.

mozárabes cordobeses y Cagigas apellida «hombres íntegros» y «díscolos», son los que hablan de persecución y buscan el martirio. Pero, más que de una persecución por parte de los musulmanes, se trata de una rebeldía de quienes no podían aceptar la pérdida del poder y de los privilegios de la Iglesia y, sobre todo, de una alianza con los jefes de la nación considerada necesaria para la sociedad cristiana, pero que ya no era posible. Y, sin duda, se trata de una cultura y de unas formas de vida ya en franco declive, en comparación con el mundo cultural ambiente. Muy bien describe la situación Isidro de las Cagias:

> Desde luego, su patriotismo fue eminentemente religioso y, más que religioso, restaurador del verdadero sentimiento cristiano, que se iba debilitando en los mozárabes por su larga y forzosa convivencia con los dominadores. En el *Apologético* de Samson vemos hasta qué punto aquellos cristianos protegidos por la *dhimma* imitaban la vida muelle, cómoda y licenciosa de los ismaelitas; sabemos que uno tenía *harim* para su recreo; de otro que se daba a vicios nefandos de proveniencia oriental; los más se circuncidaban como los musulmanes y judíos; en las comidas abominaban el cerdo, como ellos, y lo consideraban animal inmundo; en sus vestidos, en sus casas copiaban los refinamientos orientales; olvidaban, a la par, su lengua y la lectura de los libros santos; se dedicaban al estudio concienzudo del árabe y tenían ricas bibliotecas de autores musulmanes.
> Existía, pues, una grave enfermedad moral y ética en la comunidad cristiana, que apuntaba, sobre todo, con un indicio muy significativo: gran parte, la mayoría de la comunidad mozárabe cordobesa —como la mayoría toledana, emeritense y de otras ciudades— «no se quejaba de su suerte». Solo los hombres íntegros eran díscolos que se aprestaban para marchar con firmeza por la senda opuesta a la de las granjerías [11].

Apenas hace falta advertir que, entre las quejas de los mozárabes «íntegros» y «díscolos», apenas se encuentra punto concreto, doctrinal o moral, de verdadero conflicto. La ma-

---

[11] I. de las Cagigas, *Minorías étnico-religiosas... Los mozárabes*, ob. cit., I, p. 197.

yor parte se refiere a formas seculares de vida, rechazables
no en sí, sino por ser exponente y expresión de la cultura
árabe musulmana. Lo mismo advertíamos en el texto de Álvaro de Córdoba citado anteriormente. También, un siglo
antes el Papa Adriano I (772-795) se quejaba en carta a los
obispos hispanos de la aceptación por los cristianos de la
circunsión y de otras costumbres en la comida y en la bebi-
da como si fueran «judíos y paganos no bautizados [12]. Lamentable todo ello, si se quiere, pero no esencial al Cristianismo.

Desde el punto de vista cultural, como es sabido, la supervivencia del mozarabismo tiene solamente una importancia
relativa. No es capaz de desarrollar nuevas manifestaciones
literarias en latín y, si hay una progresiva aceptación de la
lengua árabe, está impuesta por la necesidad práctica del
conocimiento cada vez más imperfecto del latín, pero tampoco
es capaz de desarrollar una literatura cristiana en árabe [13].

Nada hay, en este sentido, más distinto que el proceso de
arabización de los judíos hispanos cuya vitalidad espiritual
les permite usar de la lengua y cultura árabes sin temor a
una pérdida de su identidad religiosa. Así mientras el mozárabe, al volver la espalda a la cultura árabe, acelera la decadencia de la propia, el judío hispano, al arabizarse, se incorpora a una cultura en cuya creación colabora y de cuyo
esplendor participa.

No se ha advertido, en el contexto de la polémica de España, el problema social, cultural y religioso que presentan los
judíos hispanos. En el mundo musulmán, ellos sí que saben
encontrar unas «formas seculares de convivencia», cuya existencia niega Américo Castro, con razón, en el caso cristiano [14]. El siglo de oro sefardí es, en efecto, tan árabe como judío. Las formas seculares lingüísticas, como el uso del árabe,
y las filosóficas, científicas y artísticas acompañan y dan forma
a un pensamiento innegablemente judío. De una manera análoga a los Barmecidas persas en Bagdad, poderosos mecenas

---

[12] Papa Adriano, *Epistolae;* Migne, *Patrologia latina*, XCVIII,
c. 385. Citado por Th. W. Arnold, *The Preaching of Islam...*, ob.
cit., pp. 136 ss.

[13] También, de esta incapacidad de los cristianos, echa la culpa al Islam Américo Castro, *Realidad histórica*, p. 180.

[14] A. Castro, *Realidad histórica*, p. 179.

judíos, como Hasdai ibn Shaprut (945-970), poderoso ministro de 'Abd al-Rahman III, propugnan una confluencia de la tradición judía con la cultura musulmana. El resultado, ya se sabe, es el siglo de oro hispano-sefardí, tan judío y, a la vez, tan dependiente de las formas árabes. Arabizados son Ibn Gabirol, Ibn Ezra, Yehuda Ha-Levi, Maimónides, en la lengua y en la dirección del pensamiento poético, filosófico o teológico que presentan. Pero no son árabes, y si su pensamiento y producción literaria les hace ser parte de la cultura árabe-musulmana de su tiempo, a la que, a la vez, enriquecen, no se islamizan. Por el contrario, saben usar las «formas seculares» de la civilización hispano-árabe musulmana para la creación de una propia, que hace gala de una gran personalidad judía [15].

De signo contrario a esta flexibilidad del judío, que adapta a su espiritualidad las formas árabes, es la actitud del cristiano, para quien, en general, se trata de una postura sin compromiso, de un trágico todo o nada.

Las lamentaciones de Álvaro, en su *Indiculus*, y las confesiones del obispo mozárabe al abad franco Juan de Gorze son, con frecuencia, consideradas como evidencia de una aproximación mozárabe, fácil y acomodaticia, a las formas de la nueva sociedad y germen ya de la arabización e islamización peninsular que Américo Castro postula. Que una mayoría de la población hispana, cristiana o no, terminó aceptando totalmente la religión de los vencedores y, con ella, sus formas de vida, constituyendo así el núcleo más numeroso de la población hispano-musulmana, es hecho histórico que no necesita mayor prueba. No se explica tan fácilmente la aparente capacidad de resistencia del latín, por mejor decir, del romance vulgar, que ya desde el siglo VIII debía haber ido desarrollándose en el hablar de las masas. La opinión, ya vieja, de que la población cristiana —los mozárabes— se arabizó totalmente, incluso en el uso de la lengua, hasta la desaparición total del romance, fue abandonada, ya hace años, tras

---

[15] En la cuantiosa tarea dedicada a estudiar la civilización y la cultura de los judíos sefarditas hispanos, no hay ningún trabajo que estudie esta disparidad entre las reacciones judías y las cristianas ante la civilización árabe-musulmana. Sería empresa tan meritoria como intrigante es el problema.

los estudios del eminente arabista Julián Ribera [16]. Hoy día, tras las numerosas y fecundas investigaciones sobre el género de composiciones poéticas llamadas *muwashshaha* y *zéjel*, se puede hablar de la supervivencia del romance y sus tradiciones líricas incluso en los círculos árabes, al menos como manifestación de un gusto por el color local [17], fenómeno que García Gómez ha definido con fortuna como folclorismo *avant la lettre*.

El problema y la inseguridad comienzan cuando, con «aproximación» cultural a la cultura árabe y musulmana, nos referimos principalmente a las comunidades estrictamente mozárabes, es decir, a los fieles cristianos y a sus líderes religiosos.

El distinguido arabista italiano Giorgio Levi della Vida ha afirmado que

> incluso en la vida religiosa, aunque la Iglesia mozárabe continuó firme en su uso del latín como lengua litúrgica, se manifiesta el efecto de la arabización gradual de la cultura cristiana [18].

Aunque no queda claro en su estudio si, en la mayoría de los casos, se trata de cristianos interesados por la cultura árabe, que, al propio teimpo, hacen en árabe sus propias contribuciones culturales, o si, por el contrario, se trata más bien de árabes interesados por las manifestaciones culturales de los

---

[16] Ya lo había indicado, con anterioridad, F. J. Simonet, a fines del siglo pasado, en su *Glosario de voces ibéricas y latinas usadas entre los mozárabes*, Madrid, 1885. Lo demostró, de manera concluyente, Julián Ribera y Tarragó en varios de sus trabajos: «El cancionero de Abencuzmán» (pp. 26 ss.), «Épica andaluza romanceada» (pp. 108 ss.), «La crónica de Aljoxaní» (pp. 396 ss.), *Disertaciones y Opúsculos*, Madrid, 1928.

[17] E. García Gómez, «La lírica hispano-árabe y la aparición de la lírica románica», *Al-Andalus*, XXI, 1956, pp. 303-338; Vicente Cantarino, «Lyrical Traditions in Andalusian *muwashshahas*», *Comparative Literature*, XXXI, 1969, pp. 213-231. Cf. también Ramón Menéndez Pidal, *Poesía árabe y poesía europea*, ob. cit., pp. 13-78; *íd.*, *España, eslabón entre la Cristiandad y el Islam*, ob. cit., pp. 13-153.

[18] Giorgio Levi della Vida, «I mozarabi tra Occidente e Islam», en *L'Occidente e l'Islam nell'Alto Medioevo*, ob. cit., II, p. 676.

peninsulares. Mejor reflejo de la realidad mozárabe nos parecen las observaciones de Edward P. Colbert, aunque tampoco expone con suficiente relieve el problema mozárabe:

> Aunque los mozárabes fueron capaces de convivir con los musulmanes y de aprender su cultura, su propia cultura, en especial durante el siglo IX, estaba centrada y unificada en la Iglesia que era custodio y proveedora de saber y tradición del pasado y, a la vez, educadora y preparadora de cristianos para las pruebas que tenían delante [19].

Creemos que el problema mozárabe se puede definir, en sus perfiles más dramáticos, afirmando que, ante la tendencia de las masas a dejarse convencer y absorber por la civilización musulmana, de mayor refinamiento, superior, más cómoda y propia de los vencedores, la Iglesia responde, más que como custodio de la tradición y educadora del presente, aferrándose sencillamente a un pasado doctrinal sin interés ya para el presente. Fue un nadar contra corriente fútil y condenado a rápido agotamiento interior.

El movimiento creado en torno al abad Esperaindeo (m. h. 853) por sus discípulos Eulogio y Paulo Álvaro es considerado, por José Madoz, «índice revelador del ambiente cultural de la España mozárabe» [20]. Es cierto, y lo creemos muy revelador del sentido que damos a su cultura. En efecto, una lectura reposada y detenida de sus escritos nos revela, bajo la superficie de una temática circunstancial, expresión del momento en que se conciben las obras, un fondo de actitudes totalmente incongruentes con los problemas de su tiempo.

Es evidente que los temas predominantes en sus obras son defensa de los mártires, sus contemporáneos, y un ataque al paganismo. Ambos temas, no cabe duda, son circunstanciales y responden a la angustia de un momento concreto de la sociedad cristiana bajo el dominio árabe. Todo ello es evidente. El problema a que nos referimos va mucho más lejos, pues requeriría no un análisis de las razones próximas

---

[19] Edward P. Colbert, *The Martyrs of Cordoba*, ob. cit., p. 402.
[20] José Madoz, «La literatura en la época mozárabe», en *Historia general de las literaturas hispánicas*, ob. cit., I, p. 264.

o de la materia general, sino de la forma que a ésta se le da y de los modos de vivir y de pensar que las obras nos reflejan.

Las obras de Eulogio (m. 859) constituyen las fuentes más importantes para la historia de las llamadas persecuciones de los cristianos en Córdoba, durante la primera parte del siglo IX. Se las considera, a la vez, el más claro testimonio de la avanzada arabización cultural, incluso en las comunidades cristianas más observantes. Las obras más notables son su *Memoriale sanctorum*, crónica biográfica y apologética de los mártires, el *Apologeticus sanctorum martyrum* en defensa de los mártires Rodrigo y Salomón, y su *Documentum martyriale*, escrito en la cárcel y dedicado a las vírgenes Flora y María como exhortación al martirio.

El *Memoriale*, bajo la forma y estilo de crónica con interés biográfico, es, en su fondo, un elogio, cuyo único fin es el de justificar y glorificar las acciones de aquellos que sacrificaron su vida en la afirmación, sin compromisos, de la religión cristiana. El problema lo vemos en las líneas introductorias a las notas biográficas incluidas. En algunas de ellas, el autor nos informa que el mártir había recibido una educación árabe o que podía hablar y escribir el árabe. Estos conocimientos son citados, con frecuencia, como testimonio de que también entre los cristianos existía una asimilación progresiva y avanzada de la cultura árabe. Sería posible entenderlo así, sobre todo si con esas observaciones el autor se refiriera a un conocimiento excepcional de la lengua árabe y a una notable educación de signo musulmán y fuesen hechas para demostrar el nivel social y cultural del mártir. Sin embargo, éste no es siempre el caso, pues la referencia a su conocimiento del árabe se hace, con frecuencia, tan solo para explicar cómo el mártir pudo discutir puntos de fe con los musulmanes cordobeses. Éste es, según parece, el caso del mártir Perfecto, que,

> nacido en Córdoba y brillantemente educado bajo la dirección de los maestros de la basílica de San Acisclo y rebosando de todas las disciplinas eclesiásticas y lleno de una robusta educación literaria, conociendo además algo el árabe *(necnon ex parte linguae arabicae cognitus)*, había pasado toda su vida en el dicho cenobio [21].

---

[21] Eulogio de Córdoba, *Memoriale sanctorum*, l. II, c. 1; Mig-

Es decir, se trata de un conocimiento elemental que al parecer no podía ser considerado general en ciertos sectores mozárabes, incluso en el siglo IX.

Es fácil de discernir cuál sea el ideal de religiosidad cristiana que defiende Eulogio. Su solución al problema de la convivencia cristiana con los musulmanes es también radical. En su *Documentum*, nos dice:

> ¡Ay de nosotros que creemos ser ventajoso deleite vivir bajo los paganos y no nos resistimos a someternos a los infieles y así, por el trato diario, llegamos a adoptar sus sacrílegas costumbres y preferimos su compañía a buscar seguridad en las montañas siguiendo el ejemplo del patriarca Lot, que abandonó las tierras de Sodoma [22].

Otro aspecto de este problema nos lo presentan unas referencias que Eulogio y Juan de Sevilla, en carta a Álvaro de Córdoba, hacen a una biografía de Mahoma [23]. En ambos casos, se trata, al parecer, de la misma, es decir, la que Eulogio encontró en un manuscrito perteneciente a uno de los monasterios por él visitados durante su viaje al norte de la Península. La versión de la vida del Profeta es, como se puede esperar, duramente polémica y crudamente denigrante tanto para la persona como para la misión profética de Mahoma. Es, además, breve y nada en ella contribuye a nuestro conocimiento del Islam hispano o de la polémica cristiana contra el Islam. A ello, quizá, se deba la poca atención que los estudiosos le han concedido. Sin embargo, este documento puede tener, desde otro punto de vista, un notable interés, ya que, en ambas referencias, se trata de una biografía traducida del árabe que, al parecer, solo por ser tal, había llamado la atención de ambos escritores. Así, cabe preguntar

---

ne, *Patrologia latina*, CXV, c. 765. No se trata, en la discusión, de una profunda disquisición sobre puntos teológicos sino de una sarta de insultos y maldiciones contra Mahoma y el Islam que no requieren gran conocimiento de éste.

[22] Eulogio de Córdoba, *Documentum martyriale*, n. 18; Migne, *Patrologia latina*, CXV, c. 830.

[23] Eulogio de Córdoba, *Apologeticus martyrum*, n. 15 ss; Migne, *Patrologia latina*, XCV, c. 859; Álvaro de Córdoba, *Epistolae*, VI, 9; Migne, *Patrologia latina*, CXXI, c. 460.

se cuál pudo ser su interés para los cristianos cordobeses del
siglo IX, si ellos mismos conocían y podían, por lo tanto, más
fácilmente encontrar otros documentos y biografías en árabe
que sirvieran mejor a sus fines apologéticos.

El aspecto, quizá, más notable de este problema nos lo
presenta el contenido mismo de los escritos mozárabes, que,
a pesar de la angustia del momento, tal como se percibe en la
invectiva de Álvaro citada más arriba, no parecen hacerse
eco de problemas contemporáneos ni referirse a los peligros
que el Islam como religión presentaba para la ortodoxia cristiana. En su *Indiculus*, Álvaro se propone, sí, la demostración
de que Mahoma es el Anticristo o al menos su precursor[24],
pero su tratamiento carece de toda prueba de un acercamiento cultural. No solo es su enfoque bíblico y tradicional,
sino que incluso la situación descrita o es tan teológica y
abstracta que bien se puede aplicar a todos los tiempos o
tan polémica que parece repetir, en tono y forma, los ataques
contra bárbaros, paganos y herejes de siglos antes. Tampoco
los temas dogmáticos allí tratados se refieren a una controversia con el Islam ni revelan una preocupación religiosa
por sus dogmas. Es obvio que los escritores mozárabes ya no
consideran el Islam como una desviación herética del cristianismo, sino como abominable retorno al paganismo. Pero es
sorprendente, dado el evidente y rápido declive de las comunidades cristianas, la falta de interés por parte de sus direc-
tores espirituales en la demostración o predicación de puntos
concretos de teología necesarios para la supervivencia. Por
el contrario, se trata tan solo de temas que demuestran un
conocimiento retórico e histórico, continuación imitativa de
una tradición de siglos, totalmente incapaz de hacer frente
al desafío de la cultura religiosa musulmana.

---

[24] Demostrar que Mahoma cumple las profecías del Antiguo
Testamento sobre la venida del Anticristo es el objeto de la segunda parte del libro (n. 21-35). Para ello, Álvaro usa el libro de
Daniel (n. 21-25) y el de Job (n. 26-31) siguiendo las *Moralia* de
San Gregorio para la interpretación de Behemoth y Leviatán;
cf. Álvaro de Córdoba, *Indiculus luminosus;* Migne, *Patrologia latina*, CXXI, c. 513-556. Cf. también Carleton M. Sage, *Paul Albar
of Cordoba. Studies in his Life and Writings*, The Catholic University of America Studies in Mediaeval History, New Series, V,
Washington, 1943, pp. 30 ss.

Todavía más notable e intrigante es la gala de conocimientos retóricos que hace Álvaro de Córdoba en la correspondencia con su amigo Juan de Sevilla, y éste, en sus cartas en contestación al primero[25]. En varias de las cartas, el tema principal es el tradicional de la literatura pagana *versus* los escritos cristianos. Juan de Sevilla, sea porque tal fuera su opinión o porque decida, en polémica epistolar, jugar el papel de *advocatus diaboli*, defiende su conocimiento y uso. Álvaro de Córdoba, por el contrario, adopta la postura tradicional de que los escritos paganos debieran ser evitados. En una polémica que es ya muy vieja[26], es la suya una postura sin paliativos y extrema como solo raramente adoptan los escritores cristianos más ascéticos. Lo sorprendente en este caso no es la defensa de Juan ni tampoco la condena de Álvaro, ni es sorprendente, siquiera, la longitud y riqueza extraordinaria de argumentos que ambos esgrimen. Sorprendente es el tipo de argumento que ambos usan y la clase de literatura pagana sobre la que, a favor o en contra, hablan. Ya que tanto Juan de Sevilla como Álvaro de Córdoba se refieren a los cristianos primitivos y es del paganismo romano del que hablan. Es éste y el uso del latín lo que Álvaro rechaza, mientras que Juan de Sevilla trata de defender el latín de la acusación de estar identificado necesariamente con el paganismo de Roma.

No es importante aquí señalar que posiblemente no se trate de una polémica real, sino de un ejercicio de retórica epistolar. Como tampoco lo es insistir que el mismo Álvaro da prueba abundante de su interés por esa retórica latina que,

---

[25] Álvaro de Córdoba, *Epistolae;* Migne, *Patrologia latina,* CXXI, cc. 411-514; Enrique Flórez, *España sagrada,* ob. cit., XI, pp. 81-218. Fueron estudiadas, aunque sin referencia al problema que aquí nos ocupa, por C. M. Sage, *Paul Albar of Cordoba...,* ob. cit., pp. 43-59, y por J. Madoz, *Epistolario de Álvaro de Córdoba,* Madrid, 1947, pp. 34-46.

[26] En ella habían intervenido, entre otros, San Jerónimo, San Agustín, San Gregorio Magno; cf. Henri Leclercq, «Lettres classiques», en *Dictionnaire d'archéologie chrétienne et de liturgie,* dirigido por F. Cabrol, H. Leclercq *et alii,* París, 1907 ss., VIII, II, c. 2885-2942; C. M. Sage, *Paul Albar of Cordoba...,* ob. cit., pp. 44-56; Quintino Cataudella, «Estética cristiana», en *Momenti e Problemi di storia dell'estetica,* ob. cit., I, pp. 81-114.

con tanta intransigencia, rechaza. Lo verdaderamente importante en ambos casos es la falta total de interés que tanto
Juan como Álvaro demuestran por el predominio literario y
cultural del árabe que, en su mundo, es la causa directa de
la decadencia latina ya identificada con la cultura cristiana.
En la Córdoba del siglo IX, no es Cicerón quien amenaza al
Cristianismo hispano, sino la pompa elegante de los escritos
árabes y el desconocimiento del latín, como tan emotiva como
convincentemente decía Álvaro en su *Indiculus* [27].

En conclusión, podemos subrayar lo que, en nuestra opinión, fue la actitud característica de los mozárabes sin compromiso. En un proceso diametralmente opuesto al de los judíos sefarditas, o incluso al de los cristianos orientales, el llamado mozarabismo andalusí permanece fiel no solo a la ortodoxia cristiana, sino también a las formas de vida y, especialmente, sus guías espirituales, tomando como ideal una tradición espiritual ya sin vigencia en su mundo. No se trata del
hecho de que estos mozárabes en su lealtad al cristianismo
rechazan las formas culturales árabes y musulmanas, sino
de que las ignoran de intento y sin compromiso posible. Con
esta actitud de *todo* o *nada*, llevada a sus últimas consecuencias, el cristianismo mozárabe renuncia a la creación de una
auténtica cultura cristiano-árabe más allá de algunos sectores
reducidos de artesanía.

Tomando esto en cuenta, podríamos revisar la denominación de estos cristianos como mozárabes [28]. La opinión general
es que el nombre de *mozárabe* deriva del árabe *musta'rib*, es
decir, arabizado; otras derivaciones propuestas hasta ahora
son menos convincentes y ofrecen dificultades de tipo lingüístico que no se han podido aclarar. Sin embargo, el término
árabe, con ese significado específico, es usado en documentos
árabes muy posteriores y solo, al parecer, como un préstamo,
más cultural que lingüístico, de fuentes cristianas. En éstas,
el término *mosarab* aparece por primera vez en crónicas la-

---

[27] Citado más arriba, p. 93.
[28] Karl Lokotsch, *Etymologisches Wörterbuch der europäi-
schen Wörter orientalischen Ursprungs*, Heidelberg, 1927, p. 123,
n. 1523.

tinas del siglo XI. Con anterioridad a esta fecha se les llama
dhimmī, ajamī o sencillamente *naṣāra* «cristianos»[29].

En conclusión, si el nombre de mozárabe no fue introducido por los árabes para designar a los cristianos que vivían
bajo su dominio, no es probable que fueran los cristianos del
Norte los primeros en usarlo. Sería más lógico pensar, por
el contrario, que fuesen los mismos mozárabes quienes lo in-
trodujeran, en cuyo caso hubo de tener el significado, sin duda
peyorativo, de colaborador o simpatizante sin referirse, al
menos en principio, a todos los cristianos.

Hispania liberada

Los estudios sobre la historia de España consideran la
resistencia contra el invasor árabe musulmán como un capítulo indivisible en el desarrollo histórico de España, que hon-
ramos con el título, ya casi sagrado, de la Reconquista. Nunca
se ha creído necesario aducir razones para justificar esta cla-
sificación. Muchas y muy poderosas se podrían encontrar en
su favor. Visto desde su resultado final y desde el punto de
vista de lo que España y los españoles han llegado a ser, es
incontestable que lo que terminaremos llamando Reconquista tiene sus orígenes en la figura casi mítica de don Pelayo.
Ya desde la resistencia primera, según nos relatan cronistas
posteriores, se ve como motivo primero de la contienda una
aspiración de independencia del invasor árabe.

Si la proyección histórica de la contienda es una, fácilmente identificable en la unidad de propósito de una derrota y
expulsión del invasor, no lo es tanto si tomamos como punto
de referencia primordial los motivos y fines espirituales a que
la política de los reinos libres responde durante estos siglos.

Una consideración de la contienda desde el punto de vista
de la espiritualidad de los mozárabes que vivían bajo el dominio árabe y la de los primeros campeones de la contienda cristiana nos revela que es fundamentalmente la misma. Si los
cristianos, bajo el dominio musulmán, se aferran a un pasado

---

[29] F. J. Simonet, *Historia de los mozárabes de España*, ob. cit.,
pp. VI-XV; I. de las Cagigas, *Minorías étnico-religiosas... Los mozárabes*, ob. cit., I, pp. 57 y 72.

visigodo y cristiano y se niegan a reconocer la transcendencia de la nueva situación cultural, política y religiosa, el ideal político en el norte se basa en una reconstrucción que solo se explica si ellos también, como los mozárabes de quienes tanto dependían, concebían la presencia árabe como un hecho impuesto, trágico, pero externo y sin consecuencias permanentes para la vida histórica española. Creemos que esta identidad espiritual entre ambos y la división que establece con la contienda posterior es más importante que la aparente unidad de la beligerancia cristiana. Por ello, en buena lógica, debiera exigir su distinción y consideración aparte.

Al acercarnos al análisis de lo que llamamos primera Reconquista, nos enfrentamos, otra vez, con una bifurcación de los caminos antitéticos de la polémica. En una dirección, nos lleva a la idea de una Hispania cristiana «quedando sumergida y deshecha bajo el oleaje de los musulmanes»[30]. Como dice Américo Castro:

aquella Hispania, la tan laudada por Isidoro de Híspalis, fue casi toda ella arrancada violenta y súbitamente de la Romania cristiana y convertida en extensión del Oriente musulmán, en cuanto a la religión, a la lengua, a modos de vida y a la civilización en general[31].

Siguiendo este camino, el pasado visigodo desaparece, reducido a una franja norteña de segmentos inconexos. La Hispania visigoda se convierte en «recuerdo» y «añoranza idealizada»[32]. «La historia se hará en adelante como un independiente caminar hacia el sur de seis grupos humanos —gallegos, leoneses, castellanos, vascos, aragoneses y catalanes—»[33]. En líneas generales es cierto e incontestable.

Por el otro camino, nos encontramos que precisamente el elemento visigodo, su cultura y los siglos de su señorío sobre la Península son punto inmediato y real del espíritu de la Reconquista y elemento constitutivo de España, lo cual no es

---

[30] A. Castro, *Realidad histórica*, p. 164.
[31] A. Castro, *Realidad histórica*, p. 144.
[32] A. Castro, *Realidad histórica*, p. 163.
[33] A. Castro, *Realidad histórica*, p. 165.

menos cierto y, en sus líneas generales, es también incontestable. Según afirma Sánchez Albornoz,

> entre la sociedad hispano-goda y la astur-leonesa no hubo ninguna censura, y la ruina y caída del estado hispano-gótico más acentuó y revitalizó, que debilitó y extinguió, la acción del elemento germánico en la vida del pueblo llamado a resistir las embestidas musulmanas.
> No cabe por tanto relegar como inoperantes para la acuñación de lo hispánico los siglos de señorío godo sobre la Península [34].

Más que un dilema insoluble, creemos que se trata, también aquí, de dos aspectos a considerar, ambos muy reales, de la historia de la Reconquista temprana, aunque erróneos ambos en su formulación polémica de beligerante exclusividad.

Sin ésta, se percibiría fácilmente, por una parte, que la Reconquista comienza, en efecto, en la faja del extremo norte peninsular, cuyo sentimiento de comunidad con la nación visigoda distaba mucho de ser profundo. Dominados los vascones, por primera vez, durante el reinado de Suintila (612-631), están luchando de nuevo contra el rey Rodrigo cuando árabes y bereberes invaden la Península. Tampoco los suevos podían tener una base amplia y sólida de cultura cristiana y visigodo-romana. En sentido político, los suevos permanecen al margen de la influencia visigoda hasta que el año 585 Leovigildo se apodera de su reino que, al decir de San Isidoro, «fue borrado y traspasado al poder de los godos» [35]. En sentido religioso, los suevos se mantienen indiferentes y fluctuantes hasta su conversión, llena de leyendas y milagros, gracias al apostolado de San Martín de Braga o de Dumio, hacia el año 563 (?). De su conversión incompleta y superficial es testigo San Martín, quien, en su tratado *De correctione rusticorum*, habla del paganismo y supersticiones de las gentes de Gali-

---

[34] C. Sánchez Albornoz, *Enigma*, I, p. 136.
[35] Justo Pérez de Urbel, «Los primeros siglos de la Reconquista (años 711-1038)», en *Historia de España*, dirigida por Ramón Menéndez Pidal, VI, *España cristiana. Comienzo de la Reconquista (711-1038)*, Madrid, 1964², p. 41.

cia [36]. Su aislamiento debió, sin duda, acentuar su sentido de independencia en relación, también, con los otros grupos cristianos. Su menor grado de latinización debió acelerar la derivación hacia un romance recalcando sus peculiaridades lingüísticas y subrayando también, así, las características e ideosincrasias regionales. Que éstas no pudieron desaparecer en una unidad visigoda de reconquista, como apunta Américo Castro [37], es parte de la evidencia histórica. No parece cierto, por otra parte, que lo visigodo fuera tan solo una imagen idealizada ya inoperante. Como tampoco lo sería afirmar que la imagen del pasado visigodo es fundamental, sino, exclusivamente, de carácter político, y que fracasa con el vano intento hecho por Alfonso el Casto (791-842) de resucitar el «Orden gótico», pero que se logra al hacer fecunda la idea de que la monarquía astur recogía la herencia hispano-goda y aspiraba a su restauración, como dice Sánchez Albornoz [38].

La importancia política de la idea de que la monarquía astur recogía y continuaba la herencia hispano-goda fue grande y hay que tenerla bien en cuenta al explicar el desarrollo político de los reinos cristianos tal como fue. Es muy significativo el hecho de que Alfonso el Casto, de ascendencia cántabro-astur por parte de su padre y vasco por línea materna, pretendiese restaurar la tradición política y eclesiástica goda y no sencillamente empezar de nuevo. No se trata, pues, de una simple guerra de independencia del árabe invasor, sino una restauración de la tradición visigoda, cuya imagen es tanto más operante cuanto que es ya imagen idealizada de un pasado hispano-cristiano. La empresa que así se comienza desborda muy pronto los límites políticos para convertirse en empresa cultural y religiosa de hispanos.

Mozárabes

Tras laboriosas investigaciones se nos van haciendo más y mejor conocidas las relaciones entre los mozárabes de am-

---

[36] Manuel Torres López, «Las invasiones y los reinos germánicos de España...», en *Historia de España*, ob. cit., III, pp. 38 ss.

[37] A. Castro, *Realidad histórica*, p. 165.

[38] C. Sánchez Albornoz, *Enigma*, II, p. 368.

bos lados de las fronteras internas de la Península y la participación que los monjes mozárabes provenientes del sur tuvieron en la reorganización y mantenimiento de iglesias y monasterios en tierras de reconquista. No hay, durante los primeros siglos, traza alguna de barreras espirituales; se trata tan solo de una solución de continuidad, impuesta por la rápida hecatombe primera, y laboriosamente remediada. La presencia de los mozárabes provenientes del sur no solo no es impedimento, sino que, por el contrario, ayuda a una estabilización cultural y religiosa de los nuevos reinos cristianos, a la vez que crea su continuidad con el pasado hispano [39].

Justo Pérez de Urbel, que ha estudiado bien estos aspectos de la Reconquista temprana, concluye:

> La comunidad monástica se nos presenta como el medio más propicio para la repoblación y la colonización. Gracias a ella era posible encontrar la cooperación humana y el atuendo material necesario en un país donde había que crearlo todo [...].
> Todas estas fundaciones eran centros poderosos de vida, no solamente espiritual, sino también material, hasta el punto de que a veces nos ofrecen el aspecto de verdaderas granjas agrícolas [...].
> En Castilla, cuyo territorio se había doblado en los últimos años del siglo IX, los condes independientes aseguran sus conquistas y las hacen prosperar cubriendo el suelo de monasterios [...]. A veces los monjes precedían a los soldados; pero más frecuentemente seguían a los condes repobladores, les ayudaban en sus empresas y en torno del santuario organizaban el núcleo de los nuevos municipios [40].

Muchos de estos monjes venían de tierras de Hispania, como todavía se llaman los territorios bajo la dominación

---

[39] Juan Eloy Díaz-Jiménez, «Inmigración mozárabe en el reino de León», en *Boletín de la Real Academia de la Historia*, XX, 1892, pp. 123-151; J. Pérez de Urbel, *Los monjes españoles en la Edad Media*, ob. cit., II, pp. 277 ss.; Maur Cocheril, *Etudes sur le monachisme en Espagne et au Portugal*, Lisboa, 1966, pp. 53 ss.

[40] J. Pérez de Urbel, *Los monjes españoles...*, ob. cit., II, pp. 280, 283 y 293.

Pérez de Urbel nos ha dado a conocer algunos de sus nombres [41], otros han sido añadidos a la lista [42] y, con toda probabilidad, se podría añadir otros si tuviéramos más datos sobre estos monasterios y sus fundaciones. Sus fundadores se dirigían hacia el norte, tanto o más que huyendo de las llamadas persecuciones, siguiendo la tradición visigoda de fundar monasterios en las zonas yermas o desiertas del norte, y atraídos, sobre todo, por la idea de establecer sus fundaciones en tierras de cristianos.

Así se explican las particularidades de la restauración eclesiástica en el norte de la Península y que, con Ordoño II (914-924), la capital se pueda trasladar, sin mayor dificultad, a León, ciudad teñida de mozarabismo por la afluencia de emigrados del sur, que será así, hasta la reconquista de Toledo en 1085, la heredera de la antigua capital visigoda, de sus tradiciones y privilegios [43].

Vicéns Vives dice que el mozarabismo es

un factor esencial en la vida histórica española durante los siglos VIII, IX y X. Es, quizás, el elemento más decisivo de la misma, aunque parece relegado a segundo término en la mera contemplación de los sucesos político-militares. Como los hispanos frente a los godos, ellos mantuvieron frente a los musulmanes el legado de Roma. Su lengua, sus ritos, su arte, su cultura, se difundieron, poco a poco, desde Andalucía hacia el Norte, desde Portugal hasta Aragón y Cataluña [44].

El problema, según parece, no es tanto si hubo influencia hispana en los reinos cristianos del Norte como si estos hispanos, al emigrar de Andalucía hacia el Norte, llevaron consigo y difundieron, a la vez, una cultura de mestizaje mozárabe, no

[41] J. Pérez de Urbel, *Los monjes españoles...*, ob. cit., II, pp. 284 ss.

[42] Philibert Schmitz, *Histoire de l'Ordre de Saint Benoît*, Maredsons, 1942-1956, I, pp. 117 ss.

[43] C. Sánchez Albornoz, *Estampas de la vida en León hace mil años*, Madrid, 1928.

[44] J. Vicéns Vives, *Aproximación a la historia de España*, Barcelona, 1952, pp. 45 ss. Citado por José Antonio Maravall, *El concepto de España en la Edad Media*, Madrid, 1964², pp. 190 ss.

estrictamente árabe-musulmana, pero tampoco hispano-visigoda. Para Ramón Menéndez Pidal, los mozárabes fueron «in-
termediarios entre cristianos y moros» [45]. Sobre la misma base
de un mestizaje general, Américo Castro llega a admitir un
cambio en las maneras de pensar y de querer de los españoles.

Más lógico, en principio, parece ser el juicio de Sánchez
Albornoz, para quien no eran los conformistas y colaboradores
pacíficos y cómodos los que emigraban del sur hacia el norte
cristiano, sino los intransigentes y, por ello,

> mal podían transmitir estilos de vida o de pensamiento
> islámico-orientales, quienes por salvaguardar los suyos
> huían de al-Andalus portadores de sus tradiciones, sus
> libros y sus reliquias [46].

Y si éstos en el sur vivían de espaldas al Islam a causa de su
apego a las formas tradicionales, con mayor razón habría que
creer, a la espera de mejores argumentos, que igualmente tradicional, aunque más intransigente, sería su actitud en los
reinos cristianos del norte. Sin embargo, tan evidente como
la presencia de los mozárabes en los reinos cristianos del
norte es su influencia arabizante en la cultura del mundo en
torno.

El problema no debería ser si hay o no influencia árabe-
musulmana, directa o indirecta, a través de cristianos proce-
dentes del sur, acomodaticios y arabizados, en la sociedad de
los reinos cristianos del norte, puesto que los testimonios que
demuestran tal influencia son de una evidencia histórica apo-
díctica. Tampoco debería limitarse la discusión al origen primero de las llamadas formas mozárabes, es decir, si éstas se
originan en la llamada civilización islámica o son, más bien,
producto de un sustrato premuslim, puesto que, aunque así
lo fueran originariamente, su desarrollo último es, evidentemente, resultado de influencias árabes y musulmanas en el
sentido que hemos ido dando a «lo árabe» y a «lo musulmán».

El problema, y el punto de partida en el análisis, debiera
centrarse en los aspectos de la cultura cristiana de los reinos

---

[45] Ramón Menéndez Pidal, *La España del Cid*, Madrid, 1929, I,
p. 100; II, pp. 513 y 517.
[46] C. Sánchez Albornoz, *Enigma*, I, pp. 178 ss.

liberados que aceptan esa influencia árabe y musulmana. Si tomamos en cuenta éstos, se hace evidente que la cultura mozárabe de los reinos cristianos liberados no da testimonio de una sociedad de cultura ambivalente o indecisa, vacilante entre Cristianismo e Islam, entre Oriente y Occidente [47]. Todo lo contrario. Admite una influencia árabe y musulmana en formas, digamos, «neutras» de vida, como también en el arte, donde la influencia es atribuible más a rutina y técnica de artesanos que a una teoría de aproximación estética al infiel. Así se podría explicar que la influencia mozárabe en la arquitectura sea mayor, por ejemplo, que en la decoración e ilustración de manuscritos, más estrechamente ligadas a la educación monástica de los monasterios y, en consecuencia, a su tradición visigodo-cristiana [48]. Pero, en cuanto se refiere a la doctrina y *mores* estrictamente cristianas, el norte vive de espaldas explicablemente más aún que los cristianos del sur, de espaldas, no a los cristianos mozárabes, pero sí al arabismo y al Islam.

En este sentido, el dato de mayor interés para el análisis de la espiritualidad religiosa de la nueva sociedad es el valor religioso y cristiano que recibe la empresa misma de su constitución.

Reconquista

La llamada Reconquista, como empresa de ocho siglos, es considerada, con raro concierto, punto central en la historia de España, de su formación como nación y del origen de los españoles tal como llegaron a ser. Desafortunadamente, este

---

[47]   Parecen admitir una auténtica vacilación O. P. Werckmeister, «Islamische Formen in spanischen Miniaturen des 10. Jahrhunderts und das Problem der mozarabischen Buchmahlerei», en *L'Occidente e l'Islam nell'Alto Medioevo*, ob. cit., II, p. 936; Hilda Grassotti, «Los mozárabes en el norte como proyección de la cultura hispano-goda», *Cuadernos de Historia de España*, 33-34, 1961, pp. 336-344.
[48]   Maur Cocheril, *Études sur le monachisme en Espagne et au Portugal*, ob. cit., p. 55; Justo Pérez de Urbel, *Los monjes españoles en la Edad Media*, ob. cit., II, pp. 277-394.

acuerdo termina apenas comenzado, pues no llega más allá de la afirmación escueta del hecho histórico, así en bloque, y sin el menor intento de un perfil determinativo. La evaluación histórica de los hechos que agrupamos bajo el nombre de Reconquista ha sido y es uno de los aspectos más debatidos de la polémica sobre España. Con razón. Sea la presencia musulmana una circunstancia constitutiva del ser español, como afirma Américo Castro, o causa de que Hispania perdiera de vista a Europa, malogrando así posibles futuros, como insiste Sánchez Albornoz, la reacción contra la presencia del Islam en la Península es parte esencial de la génesis de España.

El problema, y la polémica, comienza cuando al reconocer su importancia queremos identificar el perfil espiritual, los móviles y los motivos, de la contienda. De todos, el de más difícil análisis es el religioso. Mientras que, para muchos, el aspecto religioso es secundario al político, al que solo acompaña como elemento tradicional, ya desde sus comienzos, o como elemento adquirido por síntesis o antítesis con la postura religiosa bélica del Islam, para otros, la oposición bélica contra la religión del Islam es móvil y motivo de la contienda y elemento esencial de la espiritualidad española, ya desde los comienzos más tempranos de la actividad guerrera[49]. Para éstos, la llamada Reconquista es, en definitiva, guerra santa y cruzada nacional contra el Islam. Extrema, pero no insólita, es la opinión del conocido historiador de la Iglesia española García Villoslada, quien afirma:

> Maravilloso espectáculo el de aquel pueblo acorralado [en Covadonga] por un enemigo mil veces superior y que, sin embargo, resiste con tenacidad y esfuerzo nunca vistos, siempre alentado por el ideal religioso, que le hace mirar su continuo batallar como una cruzada o guerra santa en pro de la religión de Cristo. Esta idea de cruzada es la generadora de España[50].

---

[49] Si éstos tuvieron, o no, lugar en Covadonga, tiene menor importancia para este estudio. Sobre la polémica de Covadonga, vid. Antonio Ballesteros y Beretta, *Historia de España y su influencia en la historia universal*, Barcelona, 1920-1922, II, pp. 174-181.

[50] Ricardo García Villoslada, *Edad Media (800-1303). La Cristiandad en el mundo europeo y feudal*, en *Historia de la Iglesia católica*, ob. cit., II, p. 172.

Para G. Villoslada, el ideal religioso de la cruzada está presente y es identificable ya desde las primeras escaramuzas y batallas contra el Islam en las montañas astures, y no parece ver conflicto entre la tradición cristiano-visigoda y su expresión belicosa en los nuevos reinos. Para otros, es el desarrollo de una espiritualidad cristiana belicosa en la Península, que consideran nueva, el punto de mayor importancia, que tratan de explicar como surgido de la simbiosis natural de actitudes religiosas y culturales musulmanas y cristianas, en realidad, un ejemplo concreto de influencia musulmana en la espiritualidad cristiana de los peninsulares.

La diferencia de opiniones no es académica, ni el problema bizantino, pues nos lleva a consideraciones sobre el aspecto más fundamental de la historia cultural y religiosa de los peninsulares durante el Medioevo y aún después. A saber, el papel que se atribuye a la Península Ibérica, a España, como eslabón y puente entre el Islam y la Cristiandad occidental. Aceptar que la Reconquista española fue una cruzada y una guerra santa nacional contra el Islam y que esta guerra santa y Cruzada constituyen la base de la España cristiana como nación, y admitir, a la vez, que los reinos cristianos sentían una inclinación a absorber y trasmitir, así, sin más, la cultura musulmana, incluso durante los siglos en que el Islam era un adversario formidable, es, a pesar de su aceptación general, una incongruencia, un *non sequitur* que impone una reconsideración de los hechos históricos, por conocidos que éstos nos sean.

Cuando, hacia mediados del siglo IX, la monarquía astur se estableció definitivamente al sur de la cordillera cantábrica, la influencia franca, ya eliminada, fue reemplazada por otra, la de los mozárabes, que se situaron en el reino, sea en respuesta a una llamada que se les hubiera hecho, sea en busca de refugio [51]. Estos refugiados mozárabes, entre los cuales eran numerosos los monjes, llevaron con ellos su civilización, a la que estaban tan apegados.

No se ha dado suficiente importancia a este hecho. Y la tiene, puesto que es precisamente en este ambiente en el que

---

[51]   J. Pérez de Urbel, *Los monjes españoles en la Edad Media*, ob. cit., II, pp. 277-394; M. Cocheril, *Études sur le monachisme en Espagne et au Portugal*, ob. cit., pp. 55, 61-66.

están concebidas las primeras crónicas de la Reconquista, de las que son autores, además, monjes y mozárabes. En consecuencia ya podemos pensar *a priori* que los autores de estas *chronicae*, al escribir sobre la caída del reino visigodo ante el ataque sarraceno y los comienzos de la resistencia contra el invasor, van a demostrar, más o menos claramente, un prejuicio cristiano, mozárabe y visigodo. No solamente van a manifestar una inclinación a interpretar acontecimientos pasados a la luz de sus propias actitudes espirituales, sino que tenderán, consciente o inconscientemente, a crear una continuidad histórica artificial, al proyectar al pasado su propia interpretación de los acontecimientos que están narrando. Y no será extraño que, siendo monjes, se muestren especialmente inclinados a examinar todos los acontecimientos históricos buscando en ellos el dedo de una Providencia divina, que guía, directa e inmediatamente, los destinos de los seres humanos todos, ciudades, sociedades y reinos. Tampoco será sorprendente que, descendiendo de visigodos e hispanorromanos, consideren ellos los cambios que los invasores impusieron a la sociedad cristiano-visigoda como una catástrofe de proporciones apocalípticas.

Una lectura atenta de las crónicas y cronicones que tratan de la conquista musulmana y de la reconquista cristiana descubre sin dificultad que éstas son precisamente las preocupaciones primordiales de sus autores. Por una parte, presentan la invasión como agresión injusta al dominio legítimo ejercido por los reyes visigodos, cuyo carácter transitorio ya está presagiado en los primeros esfuerzos hacia una restauración cristiana y visigoda. Por otra parte, intentan, a la vez, dar una explicación teológica a la destrucción de un reino cristiano a manos de bárbaros infieles y una presentación, también teológica, de medios y caminos hacia una restauración cristiana.

Aunque breves y poco inclinadas a explicaciones abstractas y teóricas, las crónicas primitivas proporcionan numerosos indicios demostrativos de que, en efecto, éste es el horizonte político y religioso de sus autores. Insisten, con frecuencia, en que los agresores nunca fueron capaces de ocupar completamente el territorio peninsular [52] y que los contingen-

---

[52] «*Sed non totam*», dicen los *Anales Complutenses*; «*Mas non*

tes que buscaron refugio en las montañas, para desde allí lanzar un contraataque, eran nobles descendientes de los visigodos derrotados y, así, defensores del orden tradicional y legítimo. Por esta razón, a Pelayo, al primer campeón cristiano contra el invasor, se le hace *spatarius* de los últimos reyes visigodos, e incluso nieto del último rey toledano, don Rodrigo, reconociéndolo, en lógica conclusión, como legítimo heredero a la corona [53].

Este interés en subrayar la legitimidad del nuevo orden político, en continuación del antiguo, es evidente también en un documento datado hacia 760, en el que Odoario, obispo de Lugo, afirma que el rey Alfonso I es descendiente «de la estirpe del rey Recaredo y de Ermenegildo» [54]. En 832, Alfonso II se refiere al mismo Alfonso I diciendo «que desciende de la estirpe goda del rey Recaredo» [55]. Y, sin duda, con el mismo sentido político, el autor del *Chronicon Silense* afirma que Alfonso VI desciende también «de la ilustre prosapia goda» [56]. Esta legitimidad es subrayada no solo para acentuar el carácter injusto de la invasión y ocupación sarracena de la Península, sino también para confirmar los derechos de los reyes astures a la sucesión de los reyes toledanos. Por esta razón, sin duda, el autor del *Chronicon Albeldense* se refiere exclusivamente a éstos como *ordo gothorum* [57].

La autenticidad de los dos documentos más antiguos es

toda», los *Anales Toledanos*. Cf. Enrique Flórez, *España sagrada*, ob. cit., XXIII, pp. 210, 381.

[53] J. Pérez de Urbel, «Los primeros siglos de la Reconquista (años 711-1038)», en *Historia de España*, ob. cit., pp. 24 ss.

[54] Ramón Menéndez Pidal, *El Imperio hispánico y los cinco reinos. Dos épocas en la estructura política de España*, Madrid, 1950, pp. 21 ss. Cf., también, Enrique Flórez, *España sagrada*, ob. cit., XL, p. 365.

[55] R. Menéndez Pidal, *El Imperio hispánico*, ob. cit., p. 21. Cf. también, Enrique Flórez, *España sagrada*, ob. cit., XL, p. 371.

[56] J. A. Maravall, *El concepto de España en la Edad Media*, ob. cit., pp. 313 ss.

[57] Dice el *Cronicón*: «Estableció en Oviedo todo el orden de los Godos, disponiendo todas las cosas, tanto para la Iglesia como para el palacio, según se habían observado en Toledo»; cf. J. Pérez de Urbel, «Los primeros siglos de la Reconquista...», en *Historia de España*, ob. cit., VI, p. 47. Cf., también, J. A. Maravall, *El concepto de España en la Edad Media*, ob. cit., pp. 299-315.

dudosa, como lo es el parentesco real de Pelayo. Pero es, precisamente, su dudosa validez histórica la mejor prueba del claro interés que demuestran los cronistas y los primeros reyes en afirmar su propia legitimidad como gobernantes y en justificar sus aspiraciones territoriales basando todo en el hecho de una continuidad dinástica con los visigodos.

Evidencia, además, de un sentido de continuidad nacional entre el pasado visigodo y el presente de dominio musulmán y de reconquista cristiana, se encuentra en la retención general del nombre Spania (Spaniae) o Hispania (Hispaniae) para referirse, sin distinción, al reino visigodo y a las tierras, todavía por conquistar, de los invasores musulmanes [58]. En este sentido habría que aceptar la opinión avanzada, ya hace años, por Ramón Menéndez Pidal, quien afirma que «es arbitrario negar a la alta Edad Media [española] un concepto nacional y una idea precisa de la misión reconquistadora» [59]. Aunque habría que advertir que ambos conceptos, nación y misión reconquistadora, se refieren a la restauración de un pasado, y no todavía un concepto nuevo, como, con razón, nos advierte Américo Castro. El proceso histórico demostró, al pasar de los siglos, que, en efecto, se estaban asentando los fundamentos de un nuevo orden y una nueva nación, pero ni los reyes ni sus cronistas parecen darse cuenta ni parece ser ello su intención consciente.

Es innegable el importante papel que juega la doctrina cristiana y la sensibilidad religiosa tanto en la interpretación que a la historia, en general, dan los autores de las primeras crónicas como en la interpretación de los acontecimientos concretos que ellos narran.

La interpretación cristiana de la historia es providencialista, es decir, un término medio entre fatalismo determinista y entre una indeterminación que no admite la existencia de un Dios «razonable» con quien se pueda entrar en tratos. En términos generales, parte de la creencia en un Dios que, en su providencia, vela sobre todos los hombres y los guía indivi-

---

[58] R. Menéndez Pidal, *La España del Cid*, ob. cit., I, pp. 72 ss.; II, p. 751; J. A. Maravall, *El concepto de España en la Edad Media*, ob. cit., pp. 222-243.
[59] Citado por J. A. Maravall, «La idea de la Reconquista en España durante la Edad Media», *Arbor*, XXVIII, 1954, n. 101, p. 4.

dual y colectivamente, sean creyentes o no. Como en toda otra acción humana y en toda ocasión, Dios también interviene en las contiendas y guerras entre los pueblos y, con su intervención, concede la victoria a unos y tolera o dispone la derrota de otros.

Para el cristiano, la victoria que Dios le concede es señal manifiesta de la aprobación divina, sea de las personas, sea de sus acciones, pero es una aprobación nunca totalmente merecida y por la que, en consecuencia, debe el creyente sentirse obligado y agradecido a Dios. Aunque la derrota en la contienda, como toda otra desventura y mal físico, no es objeto directo de la voluntad divina, es permitida en función de prueba espiritual de los justos y, más frecuentemente, como castigo divino por prevaricaciones y pecados presentes o pasados, individuales o colectivos, públicos y conocidos o secretos. La derrota, prueba o castigo, es solo temporal y el cristiano, en definitiva, siempre vence. Con una falta de lógica tan común como tradicional, los escritores eclesiásticos solo contemplan el mundo y su historia desde el punto de vista de las relaciones de Dios con el cristiano, sin conceder el mismo derecho a los adversarios del Cristianismo, los cuales quedan, así, reducidos en la teología de la historia a simples marionetas e instrumentos de Dios en el ejercicio de su providencia sobre los cristianos. La victoria del infiel y del pecador no tiene otro sentido que la prueba o humillación con que Dios prueba o castiga al cristiano.

Esta doctrina, profundamente teológica, ni es nueva en los siglos de la Reconquista ni es exclusiva de sus cronistas, que no hacen sino aplicar a sus circunstancias concretas una doctrina que es ya común en el Cristianismo. Esta doctrina, en efecto, corresponde a un concepto de teología providencial que, basada en una tradición bíblica y patrística, encuentra aplicación explícita en la interpretación que los escritores cristianos dan a la historia de la humanidad. En el Occidente latino, como es sabido, esta doctrina recibe su formulación definitiva con los escritos de San Agustín (354-430) y de su amigo y discípulo, el hispano Pablo Orosio (h. 390-430?). Para defender el Cristianismo de la acusación de haber sido causa de la destrucción de Roma, San Agustín, en su *Ciudad de Dios*, y tomando como punto de partida la aserción de que «la devastación de Roma no fue castigo de los dioses debido al cristianismo» [60], presenta la historia de la sociedad humana en relación con Dios y el desarrollo de la acción divina en el mundo. Por encargo de San Agustín, y como complemento al tercer libro de la *Ciudad de Dios*, Orosio redactó su *Historiarum adversus paganos libri VII*. Se trata de una narración que abarca desde el principio del mundo hasta el año 417 y es expresión de una teología de la historia, cristiana y providencialista a la manera de San Agustín, en la que Dios actúa como *actor primus*. El gran número de códices que de la obra de Orosio se han conservado (más de doscientos), prueba la gran aceptación que ella tuvo durante la Edad Media [61]. Prueba también de su fortuna entre los mozárabes hispanos es el hecho de su traducción al árabe. Según fuentes árabes, las *Historiae* de Orosio fueron traducidas por el célebre erudito árabe, Qasim ibn Asbagh, con ayuda del «juez de los cristianos», y enviadas como obsequio, en 948 ó 949, a 'Abd al-Rahman III [62].

Los autores mozárabes todavía bajo el dominio árabe usan de la misma doctrina providencialista al considerar su situación política presente. Como para San Agustín y Orosio, tampoco para ellos el castigo de Dios lo es necesariamente a una transgresión concreta o individual. Se trata, muchas veces, de una responsabilidad estrictamente colectiva. En su *Indiculus*, Álvaro de Córdoba afirma con referencia a la situación religiosa de su tiempo:

> Nuestra, hermanos, nuestra desidia, nuestra impureza, nuestra inconstancia, la obscenidad de nuestras costumbres [...].
> Por ello, Dios, que ama la justicia y aprueba la moderación, nos ha entregado a la misma Bestia para ser devorados [63].

---

[60] San Agustín, *De civitate Dei*, l. I, c. 1; Migne, *Patrologia latina*, XLI, c. 14.

[61] Guillermo Fraile, *Historia de la filosofía española. Desde la época romana hasta fines del siglo XVII*, Madrid, 1971, pp. 63 ss.

[62] Giorgio Levi della Vida, «I mozarabi tra Occidente e Islam», en *L'Occidente e l'Islam nell'Alto Medioevo*, ob. cit., II, p. 687.

[63] Álvaro de Córdoba, *Indiculus luminosus*, n. 18; Migne, *Patrologia latina*, CXXI, c. 532.

Como veremos en los cronistas más tarde, también Eulogio
de Córdoba presenta una visión providencialista de la historia
que no considera a ambos contendientes bajo la misma luz. Si
la derrota del cristiano es castigo de Dios, la victoria del infiel, lógicamente, debiera ser, pero no es, prueba de divina
aprobación. Según Eulogio, la victoria

> no [fue] para beneficio de esta gente impía en cuyo po-
> der ha caído a causa de nuestra maldad el cetro de His-
> pania tras la destrucción y ruina del reino de los go-
> dos [64].

En completa consonancia con esta doctrina, los autores
de las primeras crónicas dan también un sentido teológico a
la caída del reino visigodo cristiano en manos de los sarracenos infieles. De acuerdo con ella, la responsabilidad teológica
y moral por la derrota cristiana, y la consiguiente conquista
de los territorios cristianos por las bandas guerreras de los
árabes infieles, se atribuye a las prevaricaciones del rey Rodrigo, de Witiza, de los eclesiásticos o de la sociedad cristiana
en general [65]. En todo caso, la derrota cristiana con que acaba
el reino visigodo es un castigo divino que hay que aceptar y
que durará mientras los prevaricadores no se conviertan.

No solo la totalidad del proceso general de conquista musulmana y reconquista cristiana está considerado desde el
punto de vista de semejantes postulados teológicos, también
lo están sus acontecimientos singulares y contiendas concretas; de aquí el interés que muestran los cronistas en atribuir
a Dios la gloria de cada una de las victorias conseguidas y la
súplica humilde del favor divino en las contiendas futuras.
Los encuentros bélicos no son vistos por sí mismos, como contiendas religiosas, aunque sí tienen, como todo otro evento,

---

[64] Eulogio de Córdoba, *Memorialis sanctorum*, 1. I, c. 30; Migne, *Patrologia latina*, CXV, c. 761.
[65] Para el autor del *Chronicon Silense*, la causa inmediata de
la invasión sarracena es la mala vida, llena de vicios, de Witiza y
Rodrigo; cf. Enrique Flórez, *España sagrada*, ob. cit., XVIII,
pp. 277 ss. Otros ven la causa en una culpa más general; cf. Ordoño y Gelvira, *Documentos inéditos*, en Enrique Flórez, *ibíd.*, XIX,
p. 349.

un sentido teológico por ser parte de los planes divinos [66]. Que, en el caso cristiano-visigodo, Dios haya permitido a los infieles sarracenos atacar y derrotar a un rey cristiano ocupando sus territorios, subraya, de un modo dramático, la importancia de las transgresiones y las prevaricaciones de los cristianos. Dios no permitirá que la derrota cristiana sea permanente; sin embargo, su victoria en los campos de batalla tendrá lugar cuando, por su conversión y sincera penitencia, haya conseguido de nuevo el favor divino. Igual que la conquista, también la reconquista se cumplirá cuando Dios desee.

Así, para el autor del *Chronicon Albeldense*, las contiendas de cristianos contra los sarracenos terminarán solo «cuando la divina Providencia ordene que sin merced sean expulsados [de Spania]» [67]. La misma perspectiva religiosa en los acontecimientos políticos aparece, con mayor claridad, en la llamada *Chronica prophetica* [68]. Para su autor, la destrucción del reino visigodo, y la consiguiente conquista de los territorios cristianos por los invasores sarracenos, señala el comienzo de la realización de las profecías de Ezequiel contra el pueblo de Gog. Estas se cumplirán en su totalidad cuando, tras su conversión, Dios permita la reconquista de los territorios perdidos. Nada altera, en la interpretación teológica de la historia, la convicción que el autor demuestra de la proximidad inmediata del cumplimiento de las palabras de Ezequiel

---

[66] C. Sánchez Albornoz, *Enigma*, I, pp. 335-340, ve muy bien que, para los monjes cronistas, los resultados de todas las contiendas, especialmente las realizadas contra los moros, tienen un sentido teológico por estar ordenadas por Dios de acuerdo a una economía especial de justicia. Pero no está tan acertado al ver en la aplicación de esta justicia divina un «juicio de Dios» en sentido estricto. Los cronistas, según sus propias citas (p. 337), lo mismo hablan de un *recto judicio Dei* que de un *judicio sarracenorum*; cf. A. Michel, «Ordiales», en *Dictionnaire de théologie catholique*, dirigido por A. Vacant, E. Mangenot, E. Amann, París, 1909-1950, *s. v.*

[67] M. Gómez Moreno, «Las primeras crónicas de la Reconquista. El ciclo de Alfonso III», en *Boletín de la Real Academia de la Historia*, C, 1932, p. 601.

[68] M. Gómez Moreno, «Las primeras crónicas de la Reconquista...», art. cit., pp. 623-628.

en la persona del rey Alfonso [69]. En ellas, como en las contiendas bélicas necesarias para la reconquista profetizada, Dios
es causa principal, pero no participante, y la religión explica
el sentido real de las batallas, pero no es la razón de la guerra contra el invasor infiel [70].

Lo mismo cabría afirmar de la inscripción, *Hoc signo tue-*
tur pius. Hoc signo vincitur inimicus, que se encuentra en
algunas cruces, visigodas y mozárabes del siglo X [71]. Su sentido es teológico y no político. La contraposición del «piadoso» con el «enemigo» y la protección del primero con la derrota del segundo se refieren, directamente, a un orden de justicia espiritual y a todas las situaciones en que el cristiano
piadoso se pueda encontrar. Indirectamente, se pudo aplicar
también a la contienda, vista como una causa justa para la
que se puede solicitar el auxilio divino, pero se trata todavía
de la justicia del evento y la piedad religiosa de su protagonista.

La diferencia entre la idea de «guerra justa», *bellum jus-*
tum, con o sin un sentido teológico y «guerra santa», para
la que «cruzada» es solo su designación oficial en el Cristianismo, radica en los principios más abstractos en que la segunda se basa [72]. La justificación de un *casus belli* requiere,

---

[69] Es difícil de determinar hasta qué punto el autor de esta
crónica aplica directamente al caso hispano las profecías de Ezequiel contra los descendientes de Ismael (*Ez.,* XXV, 1-8), por su
ataque a Israel, no a Gog, como la crónica dice. A los ismaelitas
se les cree antecesores de los sarracenos, como al pueblo de Gog
de los visigodos, es cierto, pero también Ezequiel profetiza contra
Gog y Magog por las mismas razones, y también el ataque de
éstos contra Israel terminará en terrible derrota (*Ez.;* XXXVIII,
1-XXXIX, 16). Pero de ello no se hace referencia en la crónica profética.

[70] Expresiones como «*spes nostra Christus est*», «*protegente*
divina clementia» son razones teológicas para «la restauración del
reino de los godos por este nuestro príncipe [Alfonso III]»; pero
no se refieren a una intervención directa de Dios en la contienda.
Cf. M. Gómez Moreno, «Las primeras crónicas de la Reconquista...», art. cit., p. 623.

[71] Justo Pérez de Urbel, «Los primeros siglos de la Reconquista...», en *Historia de España,* ob. cit., VI, pp. 97 ss.

[72] Santo Tomás de Aquino, *Summa theologica,* IIa-IIae, q. 40.
Cf., también, K. Erdmann, *Die Entstehung des Kreuzzugsgedanken,*

necesariamente, la violación concreta y directa de los derechos de una nación, su rey, su territorio o sus ciudadanos. Tradicionalmente, los teólogos cristianos ofrecen la defensa propia como el ejemplo evidente de guerra justa. Se trata, pues, de un principio de justicia conmutativa. En el caso de una «guerra santa», los principios en cuestión son totalmente distintos, pues su carácter «santo» no deriva de la violación de derechos individuales o colectivos, sino del orden religioso que representan. Mientras, en el primer caso, se trata de derechos alienables, no así en el segundo, ya que los derechos religiosos violados son inalienables en cuanto al individuo, puesto que radican y proceden de Dios. En la «guerra santa» tampoco se defienden derechos humanos, individuales o colectivos, sino los derechos y obligaciones que Dios ha concedido e impuesto a la comunidad.

Estos últimos son conceptos y sentimientos que no se encuentran en las crónicas escritas durante el primer período de la Reconquista. En ellas, se percibe que los reyes, actuando con o sin favor de la protección divina, luchan por la restauración de un orden político concreto, del que creen ser legítimos continuadores. Con frecuencia, hacen gala de un profundo sentido del pasado que convierte la tarea bélica en exigencia histórica, pero, a la vez, les falta la resonancia colectiva y universalizante para hacer de ella una guerra santa o religiosa en sentido estricto.

Por esta razón, las contiendas contra el invasor musulmán en el territorio ibérico, durante este período, deben ser consideradas como guerras territoriales, cuya finalidad esencial es la restauración de un orden pasado y perdido, pero no olvidado. Este orden es, en sentido político y social, un orden cristiano, pero, como podemos ver al menos durante este primer período de la Reconquista, está concebido según la forma concreta de la tradición hispano-visigoda. La restauración de una autoridad cristiana solamente añade urgencia a una gue-

ob. cit., pp. 5 ss.; J. A. Maravall, «La idea de la Reconquista en España durante la Edad Media», *Arbor*, XXVIII, 1954, p. 18; Roland H. Bainton, *Christian Attitudes Toward War and Peace. A Historical Survey and Critical Re-evaluation*, Nueva York, 1960, pp. 85-100; T. Ortolan, «Guerre», en *Dictionnaire de théologie catholique*, ob. cit., s. v.

rra de Reconquista que era justa por razones políticas. Pero
no es la Reconquista todavía una Cruzada.

Hispania frente a Europa

Claudio Sánchez Albornoz y, en tortuosa coincidencia, también Américo Castro consideran el Islam factor que «ha hecho
a España como es y ha acentuado sus singularidades frente a
Europa»[73]. Pocos hay que, de una manera u otra, estén en
desacuerdo con una opinión que, además de los nombres de
sus insignes propugnadores, lleva el peso de esa idiosincrasia
particular de la que los españoles están tan penosamente conscientes. Sin embargo, es una opinión aceptable tan solo si
consideramos *qué* o *cómo* son los españoles o cuando tomamos en cuenta, así sin más, los resultados finales del proceso
histórico. Es cierto, además, que toda acción o evento colectivo, también el individual, acarrea unas consecuencias para la
vida del individuo o para la comunidad entera a la que atañe
directamente, las cuales transcienden, con mucho, la acción
primera. Es en su encadenamiento, dentro de una lógica estricta de causa y efecto, donde podemos cometer la falacia
que los dialécticos han llamado, no sin gracia, de «*post hoc
ergo propter hoc*». No todo lo que sucede después es causa-
do, estrictamente hablando, por lo que acaeció antes.

Desde este punto de vista, el Islam, en general y, más concretamente, el Islam en España va a constituirse en un momento, en una «circunstancia constitutiva»[74], como dice Américo Castro, de un proceso que va a dar lugar a esas singularidades que parecen dividir y alejar a España de la comunidad espiritual europea. En un sentido lato, no se puede argüir
en contra: la historia de España, tal como fue, es causa de
que los españoles llegaron a ser tal como son. El Islam, al
imponer su propia presencia en la Península, llega a ser, en
cierto sentido, causa de un proceso histórico que, con toda
seguridad, no se hubiera dado sin el Islam de España. En
sentido estricto, no es bastante. La presencia del Islam en

---

[73] C. Sánchez Albornoz, «Islam de España», en *L'Occidente e
l'Islam nell'Alto Medioevo*, ob. cit., I, p. 161.
[74] A. Castro, *Realidad histórica*, p. 175.

la Península pudo ser, creemos que así fue, ocasión y motivo para que comenzara un proceso en el que el Islam no ocupa el lugar que generalmente se le asigna, pues, en sentido estricto, ni se le puede atribuir el papel de agente causal ni es tampoco elemento constitutivo.

En sus interpretaciones de la historia de España, tanto Américo Castro como Claudio Sánchez Albornoz atribuyen al Islam de España una causalidad lógica, directa e inmediata, por contaminación o preocupación bélica, en la formación de esa barrera de «singularidades» psicológicas, espirituales y culturales que separan a España de Europa. En este sentido, si queremos ser precisos, habrá que reconocer, según iremos viendo, que, en realidad, el efecto primero de la llamada invasión musulmana fue, por el contrario, el de reafirmar en la conciencia del hispano-romano el sentido de comunidad espiritual con el cristianismo de más allá de los Pirineos y, más tarde, el de situar la restauración cristiana en la Península bajo el signo espiritual de Europa.

Este es el caso de la historiografía mozárabe, 'en total acuerdo con la postura teológica tradicional, también predominante en Europa. Así, por ejemplo, juzga la historia San Bonifacio (672-754), el Apóstol de Alemania:

> Como ha ocurrido a otras gentes de Hispania y Provenza y a los pueblos de Borgoña, los cuales de tal manera habían fornicado alejándose de Dios, que el dedo omnipotente permitió que acaecieran los castigos más duros, como la ignorancia de la ley de Dios [en que vivían] y [la victoria de] los sarracenos, para así tomar venganza de sus crímenes[75].

Tampoco es peculiar de la espiritualidad religiosa hispánica la inclinación al profetismo, representada por la llamada *Crónica profética* y por el, hoy desaparecido, «Libro Pariticino» que en ella se menciona[76].

---

[75] San Bonifacio, *Epistolae;* Migne, *Patrologia latina*, LXXXIX, c. 761. De la misma manera habla Luitprando de Cremona (m. 970) en su *Antapodeosis. Res gestae Ottonis*, l. II, c. 46; Migne, *Patrologia latina*, CXXXVIII, c. 827, también con referencia a los sarracenos.

[76] *Pariticino, panticino* o *paticino*. M. Gómez Moreno, «Las primeras crónicas de la Reconquista...», art. cit., p. 622.

Creemos ver en ambas, la Crónica y el libro, un eco hispánico de tradiciones literarias europeas, concretamente de
los escritos atribuidos a San Metodio, obispo de Patara [77] en
Lidia, martirizado hacia 311, a los que se refiere con frecuencia Petrus Comestor en su *Historia Scholastica* [78]. Se trata
de un libro latino, uno de los más populares de la Edad Media y del Renacimiento temprano, de origen desconocido, pero
preservado en cuatro manuscritos del siglo VIII y en gran
número de otros más tardíos [79].

La conexión del «clérigo medio cronista, medio visiona-
rio» [80], como lo llama R. Menéndez Pidal, con la tradición apocalíptica europea, creemos poder decir que es evidente y que
no se trata de una peculiaridad hispana debida tan solo a los
primeros éxitos del reino astur, de Alfonso II a Alfonso III,
como Maravall ve muy bien, apoyándose en Sánchez Albornoz [81]. Peculiar hispánico en ella es, tan solamente, su aplicación de la visión apocalíptica y pseudo-profética a la situación
histórica hispana, en relación a la cual afirma la inminente
derrota de los sarracenos y la restauración del «reino de los
godos» en «este nuestro príncipe». Insiste, además, en un futuro próximo:

> Las revelaciones y visiones de muchos cristianos han
> profetizado que nuestro príncipe, el glorioso don Alfon-
> so, reinará muy pronto sobre toda España [82].

También la identificación que el autor de la *Crónica* hace
de los godos con Gog y Magog y la atribución a los musulma-

---

[77] Este extraño libro fue publicado, con una larga introducción, por Ernst Sackur, *Sibyllinische Texte und Forschungen.
Pseudo-Methodius, Adso und die Tiburtinische Sibylle*, Halle, 1898.
[78] Pedro Comestor, *Historia Scholastica*, l. I, c. xxv; Migne,
Patrologia latina, CXCVIII, c. 1076. Cf. Marbury B. Ogle, «Petrus
Comestor, Methodius and the Saracens», *Speculum*, XXI, 1946,
p. 318.
[79] M. B. Ogle, «Petrus Comestor...», art. cit., p. 318.
[80] *Introducción* a la *España cristiana. Comienzos de la Reconquista (711-1038)*, en *Historia de España*, ob. cit., VI, p. XIX.
[81] J. A. Maravall, *El concepto de España en la Edad Media*,
ob. cit., p. 47.
[82] M. Gómez Moreno, «Las primeras crónicas de la Reconquista...», art. cit., p. 623.

nes de una descendencia de Ismael son conocimientos generales en Europa que España compartía [83].

Si un retraso intelectual y una falta de desarrollo cultural de los monjes mozárabes se van haciendo evidentes, no se puede afirmar que ello responda a peculiaridades que resultan de una aproximación a la espiritualidad musulmana.

Emigrados

En general se puede sostener —ya se ha hecho con toda razón— que los hispano-godos que se establecieron en la Galia, durante los siglos VIII y IX, se sienten todavía parte de la tradición latino-cristiana que encuentran en los monasterios galos y, fácilmente, se integran al llamado renacimiento carolingio. Algunas de las contribuciones hispano-visigodas sirven para enriquecer el período carolingio con las notas más características de su espiritualidad y, a la vez, como puente hacia la Península de las aspiraciones imperiales de Carlomagno sobre los peninsulares.

Ya en el siglo VIII el obispo itinerante y viajero inquieto Pimenio, o Pirminio, había predicado, bajo la protección de Carlos Martel, por la ribera del Rin, entre Alsacia y Alamania, extendiéndose, por el norte, hasta Luxemburgo y Bélgica y, por el sur, hasta Bavaria y Suiza, fundando los monasterios, después tan famosos, de Reicheneau, Murbach y Hornbach. Compuso, además, un tratado para predicadores, titulado *Scarapsus*, especie de catecismo en el que se refleja la doctrina de los padres hispano-visigodos, sobre todo San Isidoro y San Martín de Dumio [84].

En el período temprano del renacimiento carolingio, nos encontramos ya con el hispano Teodulfo (m. 821), que llega a

---

[83] Así lo dice San Jerónimo en sus *Quaestiones heb. Genes.*, X. Y lo repite, entre otros muchos, San Isidoro en su *Historia de regibus gothorum*, 1; Migne, *Patrologia latina*, LXXXIII, c. 1059.
[84] R. García Villoslada, *Edad Media... La Cristiandad en el mundo europeo y feudal*, en *Historia de la Iglesia católica*, ob. cit., II, p. 36; Ricardo del Arco y Garay, «España cristiana. Hasta el año 1035, fecha de la muerte de Sancho Garcés III», en *Historia de España*, ob. cit., VI, pp. 420 ss.

ser obispo de Orleáns, uno de los mejores poetas y más eximios teólogos, y, tras el famoso Alcuino (m. 804), la personalidad más influyente de su época [85]. Imitador de Prudencio y de Eugenio de Toledo, a quienes con frecuencia plagia libremente, es, sin duda, un maestro sin igual en el uso de la métrica latina. A él se atribuye el famoso himno «*Gloria, laus et honor*», que está considerado como el mejor exponente de la nueva espiritualidad carolingia [86]. Influyente colaborador del emperador en la reforma eclesiástica del imperio, fue enviado por Carlomagno, hacia 790, a Oviedo, con el fin de organizar las iglesias y la corte misma del rey Alfonso el Casto según el estilo carolingio.

Notable también es la figura de Agobardo, obispo de Lyon desde 816, cuya interpretación política de la *Ciudad de Dios*, gobernada por un solo rey cristiano da un sentido teológico a las aspiraciones políticas del emperador Carlomagno [87]. Según él,

> somos un solo pan, un solo cuerpo de Cristo, o mejor un solo Cristo según el Apóstol [...]. Pluguiera al Dios omnipotente, que, bajo un solo monarca piadosísimo, fuesen todos los hombres gobernados por una sola ley; esto sería muy conducente para la concordia de la Ciudad de Dios [88].

Aunque, a la vez, defiende el principio de obediencia que los laicos, incluso el rey, deben al estado clerical.

Otro nombre gigante es el de Benito de Aniano, hijo de un noble visigodo de la Septimania, quien, tras su conversión

---

[85] Emile Amann, *L'époque carolingienne*, en *Histoire de l'Église*, dirigida por A. Fliche y V. Martin, París, VI, 1947, pp. 98 ss.; Karl F. Morrison, *The Two Kingdoms. Ecclesiology in Carolingian Political Thought*, Princeton, 1964, p. 29; Adolph Harnach, *History of Dogma* [traducción de la tercera edición alemana de 1893], Nueva York, 1961, V, p. 304.

[86] R. García Villoslada, *Edad Media...*, en *Historia de la Iglesia católica*, ob. cit., II, p. 266.

[87] K. Morrison, *The Two Kingdoms*, ob. cit., p. 40.

[88] Agobardo, *Chartula ad Lotharium;* Migne, *Patrologia latina*, CIV, cc. 319-324. Citado por R. García Villoslada, *Edad Media...*, en *Historia de la Iglesia católica*, ob. cit., II, p. 266.

al ascetismo monástico hacia el año 773, introduce en la organización de los monasterios una unidad centralizadora, expresión del concepto imperial carolingio y precursora, a la vez, de Cluny y Cister, siglos más tarde[89]. Con la aprobación de Carlomagno y, después, con el decidido apoyo de Ludovico, su influencia se extiende a numerosos monasterios y su reforma llega a ser nota característica del monasticismo carolingio.

Otros nombres son el de Claudio (815), obispo de Turín, comentarista de las Escrituras y vehemente apologista contra los iconoclastas[90], y Prudencio Galindo[91]. Aunque habría que reconocer, en conclusión, que no se trata tanto de la realidad cultural hispana ni de doctrinas que germinan ya en la Península, como parece indicar Sánchez Albornoz[92], sino de su compatibilidad con la cultura política y religiosa franca que les permite desarrollarse, haciendo a la vez sus propias contribuciones.

Tampoco, desde el punto de vista artístico, parecen existir, en estos siglos, barreras o singularidades tremendas que impidieran la comunión espiritual de los nuevos reinos de visigodos y mozárabes con los cristianos de más allá de los Pirineos. Así nos lo atestiguan las corrientes de préstamos e influencias arquitectónicas entre mozárabes, visigodos y carolingios[93], como también el influjo notable que las ilustraciones de los *Comentarios al Apocalipsis* del Beato de Liébana (786) tuvieron, durante siglos, en la Península y en el Continente[94].

[89] Emile Amann, *L'époque carolingienne*, en *Histoire de l'Église* ob. cit., VI, pp. 260-266; R. García Villoslada, *Edad Media...*, en *Historia de la Iglesia católica*, ob. cit., II, pp. 237 ss.

[90] R. García Villoslada, *Edad Media...*, en *Historia de la Iglesia católica*, ob. cit., II, pp. 189 y 267; R. del Arco y Garay, «España cristiana...», en *Historia de España*, ob. cit., VI, pp. 421, 509 y 522; E. Amann, *L'époque carolingienne*, en *Histoire de l'Église*, ob. cit., VI, pp. 239 ss.

[91] R. García Villoslada, *Edad Media...*, en *Historia de la Iglesia católica*, ob. cit., II, pp. 197 y 367.

[92] C. Sánchez Albornoz, «Islam de España», en *L'Occidente e l'Islam nell'Alto Medioevo*, ob. cit., I, p. 161.

[93] Pedro de Palol y Max Hirmer, *Early Medieval Art in Spain*, Nueva York, sin fecha, p. 76.

[94] Gonzalo Menéndez Pidal, «Mozárabes y asturianos en la

Herejes

La llamada herejía adopcionista, que tan poderosamente contribuyó al distanciamiento espiritual de la iglesia romana respecto de la hispano-visigoda, es citada con frecuencia como prueba del acercamiento teológico de la Iglesia mozárabe al pensamiento del Islam [95]. Para José Madoz, «el adopcionismo representa un esfuerzo desatinado por conciliar el Cristianismo con el Corán» [96]. No lo es.

La idea de una *adoptio* de Jesús-hombre, o de la naturaleza humana de Jesús, se encuentra ya en los escritos de Tertuliano (h. 160 - h. 225), Noviciano (m. 258?), Mario Victorino (h. 300?), Hilario (h. 315 - h. 368) y, sobre todo, en San Agustín (354-430).

Se trata, así, de un dilema teológico que había ocupado ya la atención de los escritores eclesiásticos durante muchos siglos causando a la Iglesia sus más profundas crisis. Por una parte, la afirmación de que la Humanidad de Jesucristo, es decir, su persona humana había sido asumida o aceptada por su Divinidad, o sea por la Segunda Persona de la Trinidad, parecía destruir el carácter divino de la persona de Jesucristo y, en consecuencia, el concepto mismo de la Encarnación y Redención. Por otra parte, la aserción de que el *Hombre* en Jesucristo es Hijo de Dios de una manera tan esencial y

---

cultura de la Alta Edad Media», en *Boletín de la Real Academia de la Historia*, CXXXIV, 1954, pp. 134-291; P. de Palol y M. Hirmer, *Early Medieval Art in Spain*, ob. cit., p. 56.

[95] Sobre la historia del adopcionismo, E. Amann, *L'époque carolingienne*, en *Histoire de l'Église*, ob. cit., VI, pp. 129-152; R. García Villoslada, *Edad Media...*, en *Historia de la Iglesia católica*, ob. cit., II, pp. 189-194; F. J. Simonet, *Historia de los mozárabes de España*, ob. cit., pp. 261-277. Sobre el contenido teológico de la polémica adopcionista, cf. A. Harnack, *History of Dogma*, ob. cit., V, pp. 278-292.

[96] José Madoz, «La literatura de la época mozárabe», en *Historia general de las literaturas hispánicas*, ob. cit., I, p. 260; Friedich Heer, *The Intellectual History of Europe*, Nueva York, 1966, p. 98; J. A. Maravall, *El concepto de España en la Edad Media*, ob. cit., p. 164.

en un sentido tan estricto como lo es la segunda persona de la Trinidad, parecía destruir la *Humanidad* en Jesucristo, o, lo que sería más grave, la unidad de Dios, llevando, por lo tanto, a un politeísmo.

La insistencia en la separación entre la humanidad y la divinidad en Jesucristo había llevado a la condenación de Nestorio, Patriarca de Constantinopla, en el tercer Concilio ecuménico celebrado el año 431 en la ciudad de Éfeso. La victoria de la fórmula alejandrina sobre la doctrina defendida por Constantinopla y Antioquía llevó a los teólogos de Alejandría a una excesiva insistencia en la identidad y unicidad en la naturaleza de Jesucristo. Ya Cirilo de Alejandría (370-444), campeón de la ortodoxia contra Nestorio, había llegado a hablar de unión *física* entre las dos naturalezas, divina y humana, en la formación de una sola naturaleza del Verbo de Dios hecho carne.

El monofisitismo, como se llamó a esta doctrina, fue condenada en el cuarto Concilio ecuménico, celebrado el año 451, en Calcedonia. Para entonces, la discusión, antes puramente teológica, se había contaminado con resentimientos políticos —Oriente contra Occidente— y de escuelas —Alejandría contra Antioquía y Constantinopla— que se hacen cada vez más evidentes en las discusiones cristológicas que resultan.

Para evitar los peligros contra la ortodoxia, latentes tanto en las doctrinas defendidas por los teólogos de Constantinopla como por los de Alejandría, muchos teólogos occidentales y especialmente San Agustín mantienen la idea, tradicional para ellos, de una naturaleza humana divinizada, por así decir, con su asunción o adopción en la divina Persona de Jesucristo.

En el Occidente latino el llamado adopcionismo se enlaza así directamente con las doctrinas cristológicas de San Agustín [97]. Según ellas la Trinidad realiza la Encarnación en la Segunda Persona, el Hijo, seleccionando, en virtud de elección eterna, un ser humano (*homo*) para unirlo al Hijo en unidad personal, es decir, adoptándolo a una Filiación perfecta. En la Península, San Isidoro sigue muy de cerca las doctrinas

---

[97] A. Harnack, *History of Dogma*, ob. cit., VI, pp. 278-292; H. Quillict, «Adoptionisme», en *Dictionnaire de théologie catholique*, ob. cit., *s. v.*

agustinianas, sin que, al parecer, excite ninguna sospecha
sobre la rectitud de su doctrina:

> Se llamó Unigénito por la excelencia de su divinidad,
> por no tener hermanos, Primogénito por la asunción de
> un hombre (*secundum susceptionen hominis*) según la
> cual por la adopción de la gracia se ha dignado tener
> hermanos de los cuales es primogénito [98].

La doctrina adopcionista es defendida en la España musulmana, hacia 780, por Elipando, metropolitano de Toledo.
Como en siglos anteriores, el problema y la confusión nacen
de la insistencia con que se analiza la humanidad de Jesucristo. En ningún momento trata de negar ni reinterpretar la
divinidad de Jesucristo, ni de disimular, explicando más ra-
cionalmente, el concepto cristiano de la Trinidad. Con o sin
razón por su parte, la actitud que Elipando adopta es la de
una defensa de la tradición doctrinal occidental, latina y visigoda, contra las innovaciones peligrosas que él veía en las
doctrinas de los teólogos imperiales. Esto explica que su
postura teológica encontrase tal acogida en la Península y
aun en Francia.

No es innovador, sino que, por el contrario, su doctrina es
fundamentalmente un tradicionalismo exagerado que ignora
totalmente la presencia o existencia del Islam. Todos sus argumentos, como dice él mismo en carta a Alcuino (735-804),
están tomados de San Ambrosio, San Jerónimo, San Agustín,
San Isidoro y, sobre todo, de la propia liturgia mozárabe [99].

Tampoco sus adversarios parecen haber visto en sus doctrinas una aproximación a las del Islam, pues ninguno le
acusa ni de pagano ni de musulmán en una polémica donde
el insulto llegó a ser casi el arma más importante. El papa
Adriano I (772-795), en carta a los obispos hispanos, insiste
tan solo en el sentido nestoriano que él veía en las doctrinas
de Elipando [100]. Siglos más tarde, el papa Gregorio VII (1073-

---

[98] San Isidoro, *Etymologiae*, l. VII, c. II, n. 13; Migne, *Patrologia latina*, LXXXII, c. 265.
[99] Elipando de Toledo, *Epistola ad Albinum*; Enrique Flórez,
España sagrada, ob. cit., V, pp. 543-557.
[100] Papa Adriano I, *Epistolae*, 11; E. Flórez, *España sagrada*,
ob. cit., V, pp. 549 ss.

1085), al propugnar la abolición de la liturgia mozárabe, alega como razón principal su contaminación con los errores arrianos y priscilianistas, no con la doctrina o paganismo musulmán. Es también de notar que la Epístola sinódica de los obispos franceses a los hispanos, atribuida a Alcuino (m. 804) y tan llena de desdén por la iglesia hispano-visigoda, solo nombra padres visigodos del siglo VII:

> ¡Qué nos importan esos autores, por otra parte desconocidos, Eugenio, Ildefonso y Julián! Si en verdad han redactado las fórmulas que citáis, no es extraño que, en castigo, Dios haya entregado España a los infieles [101].

El Islam era ya, para los escritores eclesiásticos visigodos, mozárabes y francos carolingios, infidelidad y un paganismo con el que no cabía aproximación. La única participación que tuvo el Islam en la herejía adopcionista y su polémica es la de haber hecho imposible que se impusiera al independiente Elipando de Toledo, todavía bajo el dominio musulmán, la ortodoxia romana, favorecida por Carlomagno, de la misma manera que había sido impuesta a Félix (m. 818), obispo de Urgel, cuya sede estaba en los dominios del Emperador.

El sínodo de Regensburg convino, en 792, para tratar del problema del adopcionismo. Félix, obligado a aparecer, tuvo que defenderse, pero «aceptó», finalmente, la decisión de los obispos que declararon errónea su doctrina. Más tarde, Félix fue enviado a Roma, donde el Papa lo retuvo encarcelado hasta que el obispo consintió en firmar una fórmula de doctrina ortodoxa. Solo entonces se le permitió que regresara a España, posiblemente a su sede, desde donde pronto escapó huyendo de la autoridad y la forzada ortodoxia de los francos para buscar refugio y libertad en Toledo [102].

---

[101] Citado, en otro sentido, por C. Sánchez Albornoz, «Islam de España», en *L'Occidente e l'Islam nell'Alto Medioevo*, ob. cit., I, p. 155.

[102] R. García Villoslada, *Edad Media...*, en *Historia de la Iglesia católica*, ob. cit., II, p. 192. Otros creen que Félix quedó bajo la custodia de Leidrade, obispo de Lyon, donde Félix murió hacia 881; cf. E. Amann, *L'époque carolingienne*, en *Histoire de l'Église*, ob. cit., VI, p. 150.

Teoría política

Si en las actitudes culturales y religiosas no hay todavía grandes barreras y peculiaridades que separen irremediablemente a los hispanos de la comunidad espiritual del Occidente cristiano, no se puede decir lo mismo del sentir político de los reinos cristianos del norte peninsular y del concepto político, consciente o no, de los mozárabes en general.

En el resto de la Europa cristiana se percibe fácilmente una conciencia político-religiosa común, germen del concepto imperial carolingio. En la Península los nuevos reinos cristianos y los cronistas que de ellos nos hablan están preocupados, según parece, exclusivamente de la supervivencia frente al invasor y del establecimiento, sin lugar a dudas, de su propia legitimidad frente a las ambiciones de otros posibles pretendintes cristianos.

José Antonio Maravall en su estudio sobre el concepto de España afirma que:

> nuestros reyes, o mejor, aquellos que dan a nuestros reyes el título de emperadores, se mueven en los límites de una visión parcial del ejemplo carolingio, en la forma en que circunstancialmente penetró éste entre nosotros [103].

Planteado en semejantes términos, solo cabe una determinación parcial y circunstancial. A pesar de los títulos de especial distinción usados —*rex magnus*, etc.—, realeza y gobierno responden todavía a las nociones heredades de los visigodos, cuya teoría política continúan [104]. Nada hay en las crónicas de este tiempo que indique que los reyes hispanos tuvieran una noción de Imperio semejante a la que se iba desarrollando en torno a Carlomagno [105]. Ni parece que estaban dis-

---

[103]   J. A. Maravall, *El concepto de España en la Edad Media*, ob. cit., p. 424.

[104]   R. Menéndez Pidal, *El Imperio hispánico y los cinco reinos...*, ob. cit., pp. 28-72; J. A. Maravall, *El concepto de España en la Edad Media*, ob. cit., pp. 424-429.

[105]   J. A. Maravall, *El concepto de España en la Edad Media*,

puestos a tratar a Carlomagno de manera diferente de como trataban a los musulmanes invasores. Así, al menos, parecen indicarlo los hechos históricos de las incursiones carolingias en la Península. Se le aceptó mientras parecía ser un aliado poderoso en las expediciones militares contra los musulmanes, pero se le consideró como amenaza y fue tratado como tal, en cuanto los hispanos sintieron los efectos de las ambiciones políticas del Emperador.

Se ha afirmado que «durante la mayor parte de la Edad Media, un hombre era primero cristiano o musulmán, luego un nativo de su propio distrito y súbdito del señor del lugar y solo en último lugar era francés, egipcio o alemán» [106]. Por muy bien que ello represente la teoría política en Europa durante el período carolingio, el ideal político, en la Península Ibérica, se mantuvo basado en el atomismo geográfico que había seguido a la desintegración del Imperio romano. En la Península, las lealtades nacionales y las ambiciones políticas continuaron, durante siglos, determinadas por las fronteras geográficas y políticas de lo que había sido reino visigodo y eran religiosas, solamente, de una manera secundaria.

En la tradición eclesiástica latina tiene larga historia la idea de que Roma, con su orden cristiano y la civilización romana, representa el cuerpo visible de la Iglesia. Se trata, en realidad, de un largo e interesante proceso en el que la antigua *Roma* pagana se transforma en *Roma aeterna* y, finalmente, en *Roma sacra;* fenómeno que había comenzado, como ya hemos visto, con la conversión de los emperadores romanos a la fe cristiana [107]. Este concepto de la *Roma aeterna*

---

ob. cit.; pp. 415-424, parece inclinado a ver una cierta semejanza entre la idea del Imperio hispánico y la del carolingio, aunque acertadamente dice que ésta «debe ser corregida en lo que respecta a la doble atribución de un excesivo contenido institucional y de un impropio, o, cuando menos, extremado carácter universal» (p. 416). Se debiera dar más importancia al carácter religioso del «imperium» o *res publica christiana.* En este sentido, el imperio carolingio es rival del bizantino y nada tiene que ver con el hispánico.

[106] Gustave von Grunebaum, *Medieval Islam,* ob. cit., p. 1.

[107] Casiodoro (h. 480-575?) escribe ya sobre sus esperanzas de que Teodosio renueve «la Santa Ciudad de Roma»; cf. F. Heer, *The Intellectual History of Europe,* ob. cit., p. 29.

idealizada, definido ya hacia el fin del Imperio romano, se
convierte en un concepto político efectivo en el Occidente
cristiano con las aspiraciones universales características del
imperio carolingio y su alianza con la civilización y cultura
cristianas. Es la base en que se funda la idea político-religiosa de un Sacro Imperio Romano. La continuación de Roma
en el imperio carolingio se convierte en tema central de la
teoría política imperial[108]. No es sin intención política por
lo que Aix-la-Chapelle es llamada «nueva Roma», por lo que
los papas se refieren a Carlomagno como «el nuevo Constantino»[109] y el Emperador aparece en los frescos del palacio
de Ingelheim junto a los emperadores romanos Constantino
y Teodosio[110].

La diferencia entre el Imperio romano cristiano y el Sacro Imperio radica en el mayor sentido religioso de éste.
Mientras en aquél la aceptación de la religión cristiana dependía solamente de la voluntad y decisión del Emperador, la
teoría carolingia de imperio incluye su concepto religioso y
las funciones del emperador en defensa de la religión cristiana.

El mismo Carlomagno definió sus derechos y obligaciones
como emperador cristiano y, a la vez, los que él asignaba a

---

[108] Los teólogos carolingios que defienden un monismo imperial, y la reacción clerical que se opone a él, discuten sobre las
relaciones del Papa con el Emperador y sobre en quién de los dos
reside la *plena potestad;* no hay discusión sobre la universalidad
romana y cristiana del imperio. Cf. Karl F. Morrison, *The Two
Kingdoms...*, ob. cit.

[109] Así, por ejemplo, el papa Adriano I (772-795) dice: «*Domi-
ne, salvum fac regem* [...] *quia ecce novus Constantinus impera-
tor his temporibus surrexit*»; cf. Ph. Jaffe, *Regesta Pontificum
Romanorum ab condita Ecclesia ad annum post Christum natum
MCXCVIII,* ed. S. Loewenfeld, F. Kaltenbrunner y P. Ewald, Leip-
zig, 1885, p. 295. Cf. Heinrich Fichtenau, *The Carolingian Empire.
The Age of Charlemagne* [traducido del alemán por P. Munz,
1957], Nueva York, 1964, p. 83.

[110] Los frescos del palacio imperial de Ingelheim no fueron
terminados hasta 826, y no está claro si fueron comenzados en
vida de Carlomagno; cf. H. Fichtenau, *The Carolingian Empire...*, ob. cit., p. 83, n. 6.

los pontífices, en las palabras dirigidas al papa León III (795-816):

> De la misma manera que formé una alianza de santa paternidad con el Beatísimo Padre, vuestro predecesor, así también quiero establecer un lazo indisoluble de la misma fe y caridad con vuestra Beatitud [...]. A nosotros corresponde, con el auxilio de la piedad divina, en todas partes defender con las armas la Santa Iglesia de Cristo de las incursiones de los paganos y de las destucciones de los infieles en el orden externo, y, en el interno, fortalecer la fe católica con nuestro reconocimiento. A vos corresponde, Santísimo Padre, que, como Moisés, levantados los brazos a Dios, ayudéis a nuestra milicia para que, con vuestras intercesiones y Dios como guía y benefactor, el pueblo cristiano consiga siempre victoria sobre los enemigos de su nombre y el nombre de nuestro Señor Jesucristo sea ensalzado en todo el orbe [111].

La misión del Papa es, según Carlomagno, la de interceder ante Dios con sus oraciones por la buena marcha del Imperio y el triunfo del Emperador y del pueblo cristiano. Al Emperador corresponde la realización de la idea de un Imperio de cristianos.

La discusión y conflicto entre el Emperador y el Papado, de tan profundas consecuencias para la historia política y religiosa del Occidente latino, no pone en cuestión las obligaciones y derechos del Emperador con relación a la religión cristiana, sino el origen de ambos y el papel del Papado en su determinación. Como dice E. Amann:

> La imagen de León III poniendo sobre la frente de Carlomagno, arrodillado ante él, la diadema imperial acabará por imponerse a la posteridad, y no la imagen de León III *adorando* al nuevo emperador [112].

---

[111] *Monumenta Germaniae Historica, Epistolae*, IV, p. 137, n. 93. Citado, en parte, por H. Fichteneau, *The Carolingian Empire...*, ob. cit., p. 60.

[112] E. Amann, *L'époque carolingienne*, en *Histoire de l'Église*, ob. cit., p. 164.

142 VICENTE CANTARINO

En efecto, en la coronación de Otón I, en 962, el papa Juan XII recibe del Emperador el siguiente juramento:

> Yo..., rey de romanos y, Dios mediante, futuro empe-
> rador, prometo, aseguro, empeño mi palabra y juro
> delante de Dios y de San Pedro que seré protector y de-
> fensor de la santa y apostólica Iglesia romana y del
> actual Sumo Pontífice y de sus sucesores, amparándo-
> los en sus necesidades y conveniencias, conservando sus
> posesiones, honores y derechos, cuanto con el favor di-
> vino me sea posible, según mi saber y poder, con fe pura
> y recta. Así Dios me ayude y estos santos Evangelios [113].

La teoría política de una unidad de orden superior que, sobrepasando los límites y fronteras nacionales, abraza a to-dos los cristianos en una *res publica christiana* había sido ya plenamente desarrollada por escritores eclesiásticos orienta-les y aplicada al Imperio bizantino [114]. Pero su desarrollo, en el Occidente cristiano, se completa con referencia concreta al Imperio carolingio y, con él, se incorpora a la teoría políti-ca de la Europa medieval.

Para los carolingios, el *imperium christianum* se refería de hecho a los territorios en que habitaba el *populus christia-nus*. El criterio que distinguía a amigos y enemigos no era tanto la actitud interna del individuo, sino, más bien, su aceptación del acto formal del bautismo, por el cual acepta-ba a su Señor divino y a su Emperador [115]. Por ello se podía afirmar, como se hizo, que los condes Erico de Friul y Giral-do, con sus contiendas contra los bárbaros, «habían defendi-do las fronteras y contribuido a la expansión del Imperio cristiano» [116]. Y Alcuíno podía hablar de la expansión del *im-*

---

[113] *Monumenta Germaniae Historica, Leges*, sect. 4, const. I, 23. Citado por R. García Villoslada, *Edad Media...*, en *Historia de la Iglesia católica*, ob. cit., II, p. 123.
[114] Raoul Manselli, «La *res publica christiana* e l'Islam», en *L'Occidente e l'Islam nell'Alto Medioevo*, ob. cit., I, pp. 118-120. So-bre el concepto bizantino de *sacerdocium* y *regnum*, cf. Dene J. Geanakoplos, *Byzantine East and Latin West. Two Worlds of Christendom in Middle Ages and Renaissance*, Nueva York, 1966.
[115] H. Fichteneau, *The Carolingian Empire...*, ob. cit., p. 65.
[116] *Monumenta Germaniae Historica, Epistolae*, IV, p. 310, n. 185. Cf. H. Fichteneau, *The Carolingian Empire...*, ob. cit., p. 65.

perium christianum por la conversión, incluso forzada, al cristianismo; idea que, siglos más tarde, recibirá aprobación canónica en el famoso *Decretum Gratiani* (h. 1140), al basar en ella su justificación de las guerras contra infieles y herejes [117].

El concepto de una defensa armada y bélica de la *res-publica christiana* e incluso de su expansión como resultado de contiendas guerreras son premisas necesarias para el desarrollo de la idea de «guerra santa», ya que toda guerra y contienda bélica llevada a cabo con esos fines se convierte en un *christianum bellum*, digno de ayudas y privilegios espirituales. Ya a mediados del siglo IX el papa León IV (847-855) exhortaba a los ejércitos imperiales a la lucha contra los bárbaros y paganos en el norte europeo, prometiendo la Salvación y el Paraíso a aquellos que cayeran en la contienda [118]. Un cuarto de siglo más tarde, durante el reinado de Luis el Tartamudo (877-879), los obispos francos dirigen una pregunta al papa Juan VIII (872-882):

> si aquellos que en el pasado cayeron en la guerra defendiendo la Iglesia santa de Dios, el estado de la religión y *res publicae* cristianas y los que caigan en el futuro luchando por la misma causa pueden conseguir perdón de sus pecados [119].

La contestación afirmativa del Papa está dirigida en carta encíclica (879) a «todos los muy reverendos, santos y vene-

---

Sobre toda esta cuestión, *vid.* del mismo, «Il concetto imperiale de Carlomagno», en el colectivo, *I problemi della civiltà carolingia*, Spoleto, I, 1953.

[117] *Decretum Gratiani;* Migne, *Patrologia latina*, CLXXXVII, «*Ecclesiasticae religionis inimici etiam bellis sunt coercendi*», l. II, c. XXII, q. IV (col. 1195); «*Haeretici ad salutem etiam inviti sunt trahendi*», l. II, c. XXII, q. IV (col. 1198).

[118] León IV, *Epistola ad excercitum francorum*, «*Quisquis (quod non optantes dicimus) in hoc belli certamine fideliter mortuus fuerit regna illi coelestia minime negabuntur*»; Migne, *Patrologia latina*, CXV, cc. 655-657. Cf. Carl Erdmann, *Entstehung des Kreuzugsgedankens*, ob. cit., p. 23.

[119] *Monumenta Germaniae Historica, Johannis papae VIII Registrum, Epistolae*, VII, p. 126.

rables co-obispos por todo el reino del muy querido hijo mío, el rey Luis»[120]. No se trata de una opinión más o menos formalmente formulada, sino de una decisión pontificia, pues es Juan VIII, como sucesor de Pedro y en apelación a su poder «de atar y desatar en el cielo y en la tierra», quien afirma «absolvemos y los encomendamos con nuestras oraciones al Señor»[121].

El concepto de *res publica christiana* y *christianitas* adquiere una definición más precisa y dramática durante las campañas musulmanas en Italia, en este tiempo, y la actitud ambivalente ante ellas mantenida a veces por Sergio II, duque de Nápoles, de Docible, *hypatos* de Gaeta, de Atanasio II, duque-obispo de Nápoles, y del obispo y prefecto de Amalfi[122].

Para Juan VIII toda alianza con el enemigo de la *res publica christiana* está necesariamente en abierto conflicto con la religión misma, y es, en consecuencia, una alianza nefanda, *impium foedus,* merecedora de los más severos castigos políticos y religiosos[123].

Sobre los amalfitanos, no muy inclinados a abrir hostilidades con los musulmanes, escribía Juan VIII, a fines del año 879:

> Les hemos enviado al venerable obispo Domingo como legado nuestro para que les amoneste a que acepten nuestro deseo pacientemente y que, si lo cumplieran, los consideraremos como aliados y amigos, pero que si no, que como a enemigos extraños los perseguiremos no solo con la espada visible [coercitiva] sino también con la invisible [espiritual] para que sean tenidos por Nos y por todos los cristianos por dignos de odio eterno[124].

[120] *Monumenta Germaniae Historica, Johannis papae VIII Registr., Ep.,* VII, p. 127.

[121] *Monumenta Germaniae Historica, Johannis papae VIII Registr., Ep.,* VII, p. 127.

[122] R. Manselli, «La *res publica christiana* e l'Islam», en *L'Occidente e l'Islam nell'Alto Medioevo,* ob. cit., I, p. 30.

[123] Sobre el concepto de *impium foedus,* cf. G. Vismara, *Impium foedus. La illiceità delle alleanze con gli infedeli nella «res publica christiana»* medioevale, Milán, 1950.

[124] *Monumenta Germaniae Historica, Johannis papae VIII Registr., Ep.,* VII, p. 218.

Todo ello es manifestación de una teoría política del Estado y, claro está, de religión, que en la Península todavía no se da. Por ello, durante siglos, ni la coexistencia amistosa con el musulmán es alianza impía, ni el bautismo del infiel vencido es requisito político.

Desde este punto de vista, sería interesante analizar la discusión entre el abad Juan de Gorze, enviado del emperador Otón I a la corte cordobesa, y el obispo mozárabe, su mediador con los musulmanes. Defiende éste la coexistencia y cooperación «en todo aquello que no redunde en perjuicio de nuestra religión» [125], pero le contradice aquél con aspereza:

> A otro cualquiera, y no a un obispo como tú, estaría permitido decir semejantes cosas. Siendo tú confesor de la fe, y habiéndote constituido tu elevado cargo en su campeón, ni debes contener a otros en la predicación de la verdad por temores humanos, ni puedes sustraerte tú a esa obligación. Muy preferible es que el varón cristiano sufra los rigores del hambre más cruel, a que con los manjares de los paganos participe en la ruina de otros [126].

Es evidente que el vocabulario político que ambos usan es ya tan distinto que imposibilita la comprensión, más allá del sentido literal, de las palabras que el cronista repite. Mientras los monjes francos usan conceptos imperiales al hablar de religión y Cristianismo, los mozárabes, por el contrario, se refieren a una religión personal y desprovista ya de todo alcance político. De aquí que la sumisión de los mozárabes a un califa musulmán no tenga para ellos la gravedad de traición a la religión y al Estado que en ella quieren ver los monjes francos.

El sentimiento político de reyes y cronistas peninsulares parece estar determinado todavía por la imagen, cada vez más distante, pero no por ello menos efectiva, del reino visigodo y de la nación hispana. Se considera a ambos, reino y nación, cristianos y solo temporalmente y, como hemos vis-

---

[125] Isidro de las Cagigas, *Minorías étnico-religiosas... Los mozárabes*, ob. cit., I, p. 332.

[126] I. de las Cagigas, *Minorías étnico-religiosas... Los mozárabes*, ob. cit., I, p. 337.

to, por razones teológicas, sometidos a un dominio infiel. Por ello, el deseo de reconquista. No se descubre, en la Península, todavía la inversión, tan clara ya y tan característica de la teoría política de los teólogos carolingios, para quienes el Imperio y el Cristianismo son, *de jure*, universales. No está claro si esta falta de universalismo religioso-político responde al particularismo ya tradicional en la iglesia visigoda [127] o a un aislamiento circunstancial y nuevo del que el Islam con su presencia en la Península es causa principal. En todo caso, es nueva la teoría política de Carlomagno, que España, más que rechazar, parece ignorar.

En conclusión, tendríamos que reconocer que, aunque modestamente y sin el esplendor cortesano y teorías políticas de los escritos carolingios, los cristianos peninsulares visigodos y mozárabes todavía continuaban las mismas tradiciones eclesiásticas y latinas que sus correligionarios de más allá de las fronteras hacia el norte. Hay, claro está, gran diferencia, pero es más cuantitativa que cualitativa, si no por otra razón, porque tampoco los escritores carolingios están, en numerosos puntos, muy alejados de la tradición eclesiástica anterior.

La primera fase de la reconquista termina así, hacia mediados del siglo XI, sin haber hallado solución al problema de la invasión musulmana. Los juicios que habría que hacer a este capítulo de la historia peninsular son difíciles de compaginar con los que se podrán hacer siglos después, digamos, hacia mediados del siglo XIII o más tarde todavía.

Incluyendo estos capítulos posteriores, la reconquista es ya victoria sobre el Islam de España y abre camino hacia esa

---

[127] Z. García Villada, *Historia eclesiástica de España*, ob. cit., II, 1.ª parte, pp. 133-160, califica de exageradas las apreciaciones que tildan «a la Iglesia visigoda de haber llevado una vida demasiado nacionalista» (p. 133). Philibert Schmitz, *Histoire de l'Ordre de Saint Benoît*, ob. cit., I, p. 112, insiste en este nacionalismo y le atribuye el aislamiento de la iglesia peninsular durante este período: «la rareté de leurs rapports avec les églises franques et avec Rome; cela explique l'absence du nom de saint Benoît dans leur liturgie et dans les anciens calendriers mozarabes jusqu'au XI siècle».

Este punto es de gran importancia, puesto que podría explicar la desconfianza que los monjes francos sentían por la vida monástica peninsular.

restauración cristiana en la que se reanuda la historia de la verdadera España, como defiende Sánchez Albornoz, o va a ser la base de la nación de las tres castas como sostiene A. Castro.

Si cerrásemos la Reconquista aquí, la victoria tendría que ser declarada a favor del Islam. En más de tres siglos de esfuerzos casi continuos en la empresa bélica, los reinos cristianos han sido capaces de cortar trozos de los territorios ocupados al principio por los árabes y bereberes invasores. Pero se trata de territorios sin comparación, en extensión y riqueza, con los retenidos por los árabes. Aunque decididamente continuadores de la historia visigoda, ningún rey ha sido capaz de imponer o conseguir una unidad política que agrupase a los sucesores de los visigodo-hispano-romanos cristianos. Aún es más, la fuerza de atracción para segmentos políticos de gran importancia nace en el norte, más allá de los Pirineos y no en el ideal de Toledo, capital visigoda.

Desde el punto de vista cultural el cuadro con que hemos de cerrar el capítulo es todavía más oscuro. Por una parte el mozarabismo peninsular sigue, es cierto, en casos aislados incluso con cierta brillantez, la tradición pasada y encuentra, como hemos visto, fácil y notable engarce en la corte carolingia. Pero se trata evidentemente de una cultura en declive, a la que apenas se le encuentra excepción después del siglo carolingio. Por otra, la cultura árabe-musulmana en la Península había comenzado a dar pruebas de riqueza y vitalidad incomparables. No solo había sido capaz de desarrollar unas formas de vida distintas de las tradicionales cristianas, sino que había conseguido también con relativa rapidez hacer que ellas se convirtieran en la norma general y mayoritaria de la población hispana. No son el Toledo visigodo o la Sevilla romana los centros, sino la Córdoba musulmana, cuya fama, en el siglo x, era ya universal.

V. LOS MONJES

Los monjes y la polémica

Con la introducción, en los reinos hispánicos, de la regla de los monjes de Cluny comienza una reforma espiritual en principio dirigida a la mejora moral y al más estricto ordenamiento de la vida religiosa. En realidad bajo la influencia política y espiritual de la reforma cluniacense, la restauración cristiana en los reinos cristianos toma un sentido monacal agresivo y ascético. La Iglesia hispánica perdió, en gran parte, la independencia nacida del aislamiento en que habían vivido hasta entonces, y, en consonancia con la espiritualidad y política universalista de la reforma, perdió también el sentido individualista y nacional inherente a las tradiciones litúrgicas y culturales favorecidas por los mozárabes. Se puede afirmar que la presencia del Cluny representa un momento, en la historia del cristianismo peninsular, en que la comunión con el resto del Occidente cristiano va a ser restablecida completamente.

Américo Castro no parece dar gran importancia a la presencia de los monjes de la reforma o a la influencia que ellos ejercieron en la restauración cristiana de los reinos de la Reconquista. Reconoce, es cierto, que,

> gracias al imperialismo cluniacense, los reyes cristianos, desde Navarra a Galicia, se esforzarían por acercarse a Francia, cuya civilización matizará vivamente la vida hispano-cristiana en los siglos XI, XII y XIII [1].

---

[1] A. Castro, *Realidad histórica*, p. 362.

Pero semejante reconocimiento queda desvirtuado por otras afirmaciones que reducen, e incluso niegan a Cluny, la importancia que, en nuestra opinión, tiene esta orden en el desarrollo de la espiritualidad del pueblo hispano. Para el insigne maestro, por ejemplo, «Cluny y el Cister no modificaron la forma de la religiosidad española»[2].

El problema comienza cuando insiste en que

> con la invasión cluniacense y con lo que tras ella vino, comenzó a modificarse el aspecto mozárabe-islámico de la Península en su zona cristiana. El rito religioso fue reemplazado por el romano, usado en Cluny; cambió el tipo de escritura y el estilo arquitectónico; la literatura aun siendo originalísima (el *Poema del Cid*...) acudió a fuentes y formas francesas (teatro religioso, cuaderna vía, temas internacionales religiosos y profanos) [...]. El cristiano —fuese leonés, castellano o navarro— se mantuvo a distancia de lo árabe y de lo francés[3].

Pero, según parece, todo ello no es más que corolario de lo que llama «sobreabundancia de extranjeros», cuya influencia es periférica, sin que llegue a ser en manera alguna «circunstancia constitutiva»[4], apelativo que reserva para la presencia del Islam en la Península.

Tampoco Claudio Sánchez Albornoz nos parece hacer justicia a la realidad histórica de la reforma cluniacense. Para el insigne historiador, la formulación de la historia de España es clara:

> En esa saturación de esencias bélicas de la sensibilidad religiosa de los peninsulares está una de las claves de la historia española[5].

Y afirma, además, que

> los monjes negros fueron llamados al reino del Apóstol para provocar la reforma social y cultural de un pueblo

---

[2] A. Castro, *Realidad histórica*, p. 384.
[3] A. Castro, *Realidad histórica*, p. 366.
[4] A. Castro, *Realidad histórica*, p. 384.
[5] C. Sánchez Albornoz, *Enigma*, I, p. 366.

que había vivido tres siglos aislado de la cristiandad europea, en el extremo occidente de Europa y abrumado por las desdichas de una guerra bárbara y total [6].

Pero ya nos parece hablar de una sensibilidad religiosa de los peninsulares, saturada de esencias bélicas totalmente independientes de Europa y del cristianismo europeo.

También las razones a que responde la presencia de la reforma en la Península es parte de la polémica de España. Para Ramón Menéndez Pidal es iniciativa personal de Sancho el Mayor de Navarra,

> que se preocupó de sacar a España del aislamiento en que había caído con respecto a Europa. España llevaba tres siglos incluida en la órbita de la floreciente cultura islámica, mucho más poderosa que la cristiana; pero ahora el prestigio político de Córdoba se había disipado y era inevitable que, al desaparecer ese gran centro de cultura islámica de gravitación, España sintiese mucho más fuerte la atracción del occidente [7].

En este razonamiento se pasa, lamentablemente, por alto la confusión entre el aspecto político y el cultural islámico a que se refiere, aquél apuntando hacia un ocaso todavía distante, este último apenas comenzando su siglo de oro. Cluny, además, había entrado ya con anterioridad en la Península y no por las razones que el distinguido historiador aduce. Más difícil de explicar es la «inseparabilidad» de la Reforma respecto a la peregrinación a Santiago que Américo Castro da como razón de la presencia de Cluny en España:

> Para los monarcas hispanos la peregrinación era una fuente de santidad, de prestigio, de poderío y de riqueza, que el monarca nacional no estaba en condiciones de aprovechar suficientemente. Era preciso traer «ingenieros» de fuera para organizar un adecuado sistema de «do ut des» entre España y el resto de la cristiandad [8].

---

[6] C. Sánchez Albornoz, *Enigma*, I, p. 281.

[7] R. Menéndez Pidal, *La España del Cid*, ob. cit., I, p. 118.

[8] A. Castro, *España en su Historia: Cristianos, moros y judíos*, ob. cit., p. 144.

Con toda razón y un comedimiento no frecuente en la polémica, Sánchez Albornoz se opone a la teoría de la importancia de «menagers» franceses e insiste en que fueron llamados «para provocar la reforma religiosa y cultural».

Los reyes nuevos les llamaron a tal fin y no para organizar las peregrinaciones a Santiago. Si éstas aumentaron en las décadas que siguieron a la colonización cluniacense, ese aumento fue la consecuencia natural del estrechamiento de vínculos prietos sobre la clerecía ultra y cispirenaica [9].

Creemos que Sánchez Albornoz está en lo cierto. En efecto, no hay razones para sospechar que las intenciones de los reyes fueran otras que las de promover la reforma de sus monasterios. No obstante no debería hacerse referencia, así, sin distinción alguna a los aspectos religiosos y culturales de la reforma cluniacense. Ésta, no obstante el gran prestigio cultural y la extraordinaria influencia política que llegó a alcanzar, era primordialmente religiosa. Y son sus aspectos espirituales los que determinan su actuación política y cultural y no al contrario.

Acertadamente señala Sánchez Albornoz que, como consecuencia de la presencia de los monjes de Cluny en la Península, se estrecharon los vínculos entre la clerecía ultra y cispirenaica.

Pero habría que añadir que no se trata de un estrechamiento de relaciones con la clerecía cispirenaica en general, en una especie de *apertura* espiritual a Europa. Por el contrario, recibe su impulso de los monjes sometidos a la Reforma y tiene como fin la inclusión de los territorios peninsulares y sus monasterios en la esfera de influencia política y religiosa de los monjes de Cluny, quienes llegan, así, a dominar el horizonte espiritual de la Iglesia peninsular.

En general se puede atribuir al Islam de España la responsabilidad directa de haber contribuido con su presencia bélica, culminante hacia fines del siglo x con las campañas de Almanzor, al desorden de vida monástica y religiosa que permitió que la consiguiente reorganización se hiciese bajo el

---

[9] C. Sánchez Albornoz, *Enigma*, I, p. 281.

signo de la reforma cluniacense, lo cual sin el Islam posiblemente no se diera o no se diera con la exclusividad con que
se dio en la Península[10].

En consecuencia de la presencia de los monjes de la regla
de Cluny en la Península, por las razones que fueran, el aislamiento de España con respecto a Europa deja de ser para
convertirse en estrecho contacto. Por esta razón creemos que
un análisis de las peculiaridades que separan y distinguen la
espiritualidad española de la europea, y la tragedia de los
malogrados destinos de España y los españoles, debiera incluir un estudio de esta aproximación de la espiritualidad
peninsular a la cluniacense y la influencia que ésta, directa o
indirectamente, tuvo en aquélla y, en consecuencia, también
en el ser de los españoles.

Cluny

A comienzos del siglo X, un noble borgoñés, Bernón, fundador y abad del monasterio de Gigny y restaurador del de
Baume, se dirigió al piadoso Guillermo VIII, duque de Aquitania, pidiéndole para sus monjes una aldea solitaria y os-
cura, Cluny. En septiembre del año 910, el duque accede a la
petición y el abad Bernón procede a la fundación de un nuevo monasterio. Aunque había establecido los demás monasterios por él fundados bajo la regla de San Benito según la
reforma aniana, para ésta prefiere el abad Bernón una nueva interpretación de la Regla[11].

La nueva fundación ni constituyó un acontecimiento de
notable importancia, ni la reforma que introdujo se puede
considerar como algo nuevo en el horizonte del llamado siglo
«ferreum, oscurum». Por el contrario, la reforma de Cluny

---

[10]   Justo Pérez de Urbel, *Los monjes españoles en la Edad Media*, ob. cit., II, pp. 395-400; Maur Cocheril, *Études sur le monachisme en Espagne et au Portugal*, ob. cit., pp. 80 ss.; Philibert
Schmitz, *Histoire de l'Ordre de Saint Benoît*, ob. cit., I, p. 214.
[11]   Emile Amann y Auguste Dumas, *L'Église au pouvoir des
laïques (888-1057)*, en *Histoire de l'Église*, ob. cit., VII, pp. 320-332;
Ernst Sackur, *Die Cluniacenser in ihrer kirchlichen und allgemein-
geschchtlichen Wirksamkeit*, Halle, 1892-1894, I, pp. 36-71.

en sus comienzos no es más que un ejemplo, aunque humilde, claro de los ideales monásticos contemporáneos que buscaban la perfección evangélica de sus monjes en la huida del mundo en su sentido más literal. Como otros monjes que buscaban una forma de vida e independencia espiritual semejantes, también el abad Bernón buscaba para los suyos una reforma espiritual del individuo sin celo misionero y basada, primordialmente, en la independencia de toda interferencia de poderes políticos y eclesiásticos y en el alejamiento de su corrupción ambiciosa. Para asegurar esta independencia, el nuevo monasterio estaría exento de toda otra autoridad que la del Sumo Pontífice, a quien estarían subordinados directa y exclusivamente. Como señal de esta dependencia, el monasterio se comprometía a pagar al Papa la suma de diez *soldi* de oro.

Es muy poco probable que el abad Bernón y Guillermo el Piadoso, conde Auvernia y duque de Aquitania, soñaran, y menos planearan, la importancia que la reforma cluniacense iba a adquirir. En justicia, ésta debería atribuirse a sus primeros abades: Bernón, abad de 910 hasta 926; San Odón, de 926 a 942; Aymart, de 942 a 954; San Mayeul, de 954 a 994; San Odilón, de 994 a 1049; San Hugo, de 1049 a 1109; y Pedro el Venerable, desde 1122 a 1156.

Las dotes personales de estos abades extraordinarios y la longevidad nada común de que gozaron contribuyeron, conjuntamente, al desarrollo y prestigio de la reforma desde sus humildes comienzos hasta convertirse muy pronto en el alma del espíritu de reforma que inunda la Iglesia entera a partir del siglo XI. Bajo su dirección, la reforma extiende su influencia por todas las cortes europeas, desde la de Enrique II el Santo (1002-1024), emperador de Alemania, y la de Roberto el Piadoso (996-1031) de Francia, a la del rey Esteban (997-1038) de Hungría, recientemente convertido al Cristianismo. En todas ellas, los monjes cluniacenses aparecen defendiendo un concepto de reforma religiosa que ya se aplica a la sociedad y que va a traducirse muy pronto en una nueva teoría político-religiosa de Iglesia y Estado.

En la España de la Reconquista, el siglo X llega a su término con las terribles destrucciones causadas a los cristianos por Almanzor (m. 1002); Zamora, Simancas, Barcelona, Coimbra, León, Astorga y, finalmente, en 997, Santiago de Compostela [12]. El siglo XI es un siglo de reconstrucción monástica [13]. Para que participen en la reconstrucción moral y religiosa del reino Sancho Garcés (1000-1035) de Navarra invita a los monjes de la Reforma a entrar en su reino.

La reforma cluniacense había sido introducida en la Península por Guarin, del monasterio franco de Lezet, quien, en 962, había sido llamado por Seniofredo, conde de Barcelona, para que se hiciera cargo de la reforma del monasterio catalán de Cuxá. El famoso Oliva, abad del monasterio de Ripoll, conde «por la gracia de Dios», como dicen las crónicas, y más tarde obispo también de Vich, la favorece, con todo su prestigio y autoridad [14].

Desde Cataluña, las noticias de la reforma llegan a Navarra, cuyo rey, Sancho el Mayor, interesado en la reconstrucción de la vida monástica en su reino, entabla relaciones con San Odilón, abad de Cluny:

> Habiendo oído —dice— que no había en toda la Iglesia comunidad más observante que la del monasterio cluniacense, envié allá, en la devota compañía de otros hombres buenos, a uno de nuestros compatriotas, varón religioso y timorato, llamado Paterno, que vivía con algunos compañeros apartados del siglo [15].

En 1025, y tras su noviciado en Cluny, Paterno regresa a la Península, y el rey Sancho le encomienda la reforma de San

---

[12] Justo Pérez de Urbel, «Los primeros siglos de la Reconquista...», en *Historia de España*, ob. cit., VI, pp. 159-166; E. Levi-Provençal, *España musulmana...*, en *Historia de España*, ob. cit., IV, pp. 418-429.

[13] Ph. Schmitz, *Histoire de l'Ordre de Saint Benoît*, I, p. 216, J. Pérez de Urbel, *Los monjes españoles en la Edad Media*, ob. cit., II, pp. 398 ss.

[14] Ricardo del Arco y Garay, «España cristiana...», en *Historia de España*, ob. cit., VI, pp. 381 ss.; J. Pérez de Urbel, *Los monjes españoles en la Edad Media*, ob. cit., II, pp. 416-420; Marcelin Defourneaux, *Les français en Espagne aux XIᵉ e XIIᵉ siècles*, París, 1949, pp. 18-21.

[15] R. del Arco y Garay, «España cristiana...», en *Historia de España*, ob. cit., VI, p. 381.

Juan de la Peña, «expeliendo todos los deleites de los seculares y gentes de mal vivir»[16].

Hacia el año 1030, el monasterio de San Millán de la Cogolla acepta la reforma y, en 1032, el abad Paterno, por encargo del rey, introduce la Regla en el monasterio de Oña. En 1033, la regla cluniacense es adoptada en Cardeña y, más tarde, en los monasterios navarros de Irache, Leyre y San Victoriano de Asán. Con motivo de la reforma de Oña, el rey explica su interés por la Orden de Cluny.

Vehementemente dolido de que el orden monástico,

> el más perfecto de todos los órdenes de la iglesia, fuera desconocido en nuestra patria, propúseme iluminar sus tinieblas con la claridad de su perfección, según el imperio que Dios había puesto en mis manos[17].

El mismo interés por la reforma mostraron hijos y nietos del rey Sancho. Fernando I de Castilla (1037-65) prometió pagar a Cluny una suma anual de mil monedas de oro y Alfonso VI (1072-1109), su más generoso patrón, dobló el censo a la vez que concedía nuevos privilegios y larguezas.

Ya a mediados del siglo XI, la nueva espiritualidad había adquirido influencia suficiente para conseguir que los padres del Concilio celebrado en Coyanza (hoy Valencia de don Juan), el año 1055, decretaran

> que todos los abades y abadesas se dirigiesen a sí mismos, a sus religiosos y a sus monasterios según la regla de San Benito[18].

Fr. Justo Pérez de Urbel ve, en esta obligación a seguir la regla benedictina, una alusión a aceptar su interpretación clu-

---

[16] R. del Arco y Garay, «España cristiana...», en *Historia de España*, ob. cit., VI, p. 381.

[17] R. del Arco y Garay, «España cristiana...», en *Historia de España*, ob. cit., VI, p. 382. Cf., también, J. Pérez de Urbel, *Los monjes españoles en la Edad Media*, ob. cit., II, p. 423.

[18] Citado por J. Pérez de Urbel, *Los monjes españoles en la Edad Media*, ob. cit., II, p. 412.

niacense [19]. Con toda probabilidad tiene razón y ello sería a la vez testimonio de que el nuevo espíritu, aunque extranjero, ya había comenzado a transformar el ideal y la realidad de la vida monástica peninsular. Sin embargo, un inciso introducido en el decreto conciliar según el cual se exigía de los monjes sumisión y obediencia a sus obispos es prueba del deseo, por parte de algunos prelados, de oponerse a una disminución en los derechos jurisdiccionales que tradicionalmente se les reconocía [20]. Esta resistencia de los obispos mozárabes a los cambios propuestos por los monjes de Cluny en la vida político-eclesiástica peninsular es causa de la abierta oposición de los monjes cluniacenses a las tradiciones mozárabes convertidas en símbolo de la independencia espiritual de los peninsulares.

Como es sabido, la Iglesia hispana no fue capaz de impedir la absorbente expansión de Cluny y, ya a fines del siglo XI, los monasterios reformados, agrupados según la organización cluniacense en torno a monasterios centrales, llegaron a formar verdaderas confederaciones. Oña, por ejemplo, estaba a la cabeza de setenta y tres monasterios y Arlanza, que contaba con unos doscientos monjes, había reunido en torno suyo treinta monasterios de menor importancia [21].

Espiritualidad cluniacense

En el orden interno el ascetismo propugnado por Cluny tomó formas claramente pietistas que modificaron aspectos básicos de la regla de San Benito [22]. El principio característico de la vida benedictina, *ora et labora,* que intenta estable-

---

[19] J. Pérez de Urbel, *Los monjes españoles en la Edad Media,* ob. cit., II, p. 412.

[20] «*Sint obedientes et per omnia subditi suis episcopis*»; cf. M. Cocheril, *Études sur le monachisme en Espagne et au Portugal,* ob. cit., p. 82.

[21] J. Pérez de Urbel, *Los monjes españoles en la Edad Media,* ob. cit., II, pp. 450, 540 ss.

[22] Se ha prestado mayor atención a los aspectos jurídicos y políticos de la historia de Cluny. A pesar de desviaciones y abusos en la observancia de la regla reformada, de los que los mismos monjes eran con frecuencia penosamente conscientes, la espiritualidad de la reforma tuvo, según creemos, una gran impor-

cer un equilibrio entre la vida de oración y la activa de los monjes es abandonado en favor del *opus Dei*, el canto de las horas canónicas y los oficios litúrgicos. Toda la vida contemplativa del monje gira en torno a la liturgia, que se convierte desde muy pronto en alma de la nueva reforma, a la que dedican sus monjes la magnífica fábrica de sus templos. Ahora bien, el ejercicio de los oficios litúrgicos se convirtió, también, muy pronto en una dedicación que ocupaba gran parte del día y absorbía, con frecuencia, todas las energías de los monjes [23]. Un testimonio de esta austeridad proviene de persona tan poco sospechosa como es San Pedro Damián (1007-1072), quien observó, durante la semana que pasó en Cluny, en el año 1063, que los monjes estaban tan ocupados con sus tareas litúrgicas en el coro que apenas les quedaba libre más de media hora, incluso durante la estación del año en que los días son más largos [24]. Y es conocida la objeción de San Anselmo (1033-1109) a la regla cluniacense, cuando pensaba en la posibilidad de ingresar en uno de sus monasterios, precisamente porque su observancia tan rigurosa (*districtio ordinis*) le hacía temer «que el tiempo que había empleado en aprender fuese perdido» [25]. El *ordo cluniacense*, en efecto, determina hasta el menor detalle la distribución de los trabajos diarios del monje [26].

---

tancia en la formación de la espiritualidad europea. Sobre la espiritualidad cluniacense, cf. E. Amann y A. Dumas, *L'Église au pouvoir des laïques*, en *Histoire de l'Église*, ob. cit., VII, pp. 326-328; Jean Leclercq, *Espiritualidad occidental. Fuentes*, Salamanca, 1967, pp. 105-199; íd., *Espiritualidad occidental. Testigos*, Salamanca, 1967, pp. 143-174.

[23] Noreen Hunt, *Cluny under Saint Hugh, 1049-1109*, Notre Dame, Indiana, 1967, pp. 99-123.

[24] Pedro Damián, *Epistolae*, VI, 5; Migne, *Patrologia latina*, CXLV, c. 380: «Cuando recuerdo la vida cotidiana de vuestra abadía tan estricta y llena, reconozco que es el Espíritu Santo quien os guía. Pues tenéis un turno tan lleno y continuo de servicios, pasáis tanto tiempo en el servicio del coro, que incluso en medio verano, cuando los días son más largos, apenas hay una media hora cuando los hermanos pueden hablar en el monasterio.»

[25] Eadmero, *Vita Anselmi*; Migne, *Patrologia latina*, CLVIII, c. 53.

[26] Sobre el *horarium cluniacense*, cf. N. Hunt, *Cluny under Saint Hugh...*, ob. cit., pp. 99-114.

La regla benedictina recomendaba el silencio como medio para favorecer la meditación y desarrollar mejor una vida interior. Bernón manda a sus monjes no conversar entre ellos sino usando de signos hechos con las manos. Se puede afirmar que los monjes cluniacenses intentan realizar el ideal de una época que creía en la eficacia particular de la plegaria constante y colectiva y que a este ideal se van sacrificando todos los demás tradicionales en la regla benedictina[27]. Así, el trabajo solamente recibe una atención muy secundaria. En los *scriptoria* toda la actividad de los monjes se concentra en la copia de sus códices y en su adorno con miniaturas[28]. Los monjes se distinguen también por la pintura de frescos y, sobre todo, por las innumerables y magníficas iglesias que edificaron en todas partes hasta el punto que el arte románico se llama también arte cluniacense[29]. El trabajo del campo, por el contrario, se abandona en manos de colonos y familiares[30].

Tampoco hay en Cluny interés intelectual ni estudio propiamente dicho. En los monasterios hay escuelas para niños, pero no parece que llegaran a tener gran importancia o que su plan de enseñanza se extendiera más allá de las necesida-

---

[27] E. Sackur, *Die Cluniacenser...*, ob. cit., I, pp. 53 ss; E. Amann y A. Dumas, *L'Église au pouvour des laïques*, en *Histoire de l'Église*, ob. cit., VII, pp. 324-326.

[28] Pedro el Venerable, *Epistolae*, I; Migne, *Patrologia latina*, CLXXXIX, c. 97: «Es más importante poner la mano sobre la pluma para trazar letras divinas, que sobre el arado para trazar surcos en los campos. Siembra en la página la semilla de la palabra de Dios, y, cuando madure la cosecha, cuando tus libros estén acabados, el lector hambriento se satisfará con su cosecha abundante.» No se trata, claro está, de una defensa de trabajos intelectuales en general, sino de la copia de libros sagrados por la que los cluniacenses sentían gran afición, contra la política colonizadora del campo, defendida por los cistercienses.

[29] R. García Villoslada, *Edad Media... La Cristiandad en el mundo europeo y feudal*, en *Historia de la Iglesia católica*, ob. cit., II, p. 285 ss.; N. Hunt, *Cluny under Saint Hugh...*, ob. cit., pp. 121 ss.

[30] N. Hunt, *Cluny under Saint Hugh...*, ob. cit., pp. 68-74; J. Pérez de Urbel, *Los monjes españoles en la Edad Media*, ob. cit., II, pp. 460-464.

des prácticas de la vida monástica. Ni hay estudio propiamente dicho, tan solo lectura de piadosa edificación [31].

Es conocida la actitud nada favorable para con las *litterae saeculares* de Mayeul y Odilón [32]. La ignorancia de los monjes de Cluny está denunciada con dureza en el poema satírico de Adalberón de Laón (m. después de 1030) [33]. Y Pedro el Venerable, de quien hablaremos más tarde, escribe una larga epístola a un maestro Pedro en los términos siguientes:

> Lloro por la manera vana como pierdes el tiempo [...]. Sin las consideraciones de Platón, sin las disputaciones de las Academias, sin los lazos de Aristóteles, sin la doctrina de los filósofos se puede saber dónde está y cómo se alcanza la bienaventuranza. ¿Por qué, entonces, mi muy querido, andas perdido por las escuelas, por qué quieres aprender y enseñar? [34].

Si Dom E. C. Butler, uno de los mejores conocedores del monasticismo, puede afirmar que «todos los servicios de los benedictinos a la civilización, a la educación y a las letras han sido solo productos secundarios» [35], a ninguna reforma be-

---

[31] Sobre la educación de los novicios y de los *pueri oblati* en los monasterios cluniacenses, vid. N. Hunt, *Cluny under Saint Hugh...*, ob. cit., pp. 94-99; sobre la *lectio et meditatio*, pp. 114-120. Cf. Jean Leclercq, *The Love of Learning and the Desire for God*, ob. cit., pp. 23-26, 77-79.

[32] Odilón, abad de Cluny desde el año 994 hasta 1049, termina el retrato de las virtudes de su antecesor con las frases, ya lugar común en la literatura del monasticismo observante: «A los silogismos dialécticos, a los temas retóricos, al ingenio de todos los filósofos, prefería el testimonio, digno de ser proclamado por todas partes, de la simplicidad apostólica». Cf. *Vita sancti Maioli; Bibliotheca cluniacensis, in qua S. S. Patrum Abb. Clun. Vitae, Miracula, Scripta, Statuta ect.*, ed. Martinus Marrier et Andreas Quercetanus, París, 1614 [reimp. 1915], c. 286c.

[33] El *carmen ad Rotbertum regem* tiene, además, gran importancia por la crítica que en él se hace del espíritu 'belicoso' y 'guerrero' de la orden de Cluny; cf. C. Erdmann, *Die Entstehung des Kreuzzugsgedankens*, ob. cit., pp. 338-347.

[34] Pedro el Venerable, *Epistolae*, l. I, ep. IX; *Bibliotheca cluniacensis*, ob. cit., c. 630.

[35] E. C. Butler, *Monasticims*, en *The Cambridge Medieval History*, Cambridge, 1911, I, pp. 538 ss.

nedictina se puede aplicar esto con mayor justicia que a Cluny y, más tarde, al Cister.

Desde el punto de vista cultural, la reforma cluniacense acelera, en los monasterios que a ella se someten, el empobrecimiento de la obra cultural carolingia que, ya en declive, se había refugiado en los monasterios. Se puede, hasta cierto punto, hablar de las escuelas monásticas, pero no se trata, claro está, de instituciones donde un maestro instruye con regularidad sobre temas y problemas específicos, ni es frecuente encontrar en monasterios medievales traza alguna de salas especiales dedicadas a la enseñanza. Esta es, esencialmente, religiosa: plegarias, las reglas de la orden, sermones, *collationes* y, sobre todo, la Biblia; es además pragmática y dirigida hacia la preparación de los monjes para sus funciones: latín, canto.

A la influencia directa de Cluny es, sin duda, atribuible el renacimiento del latín que se observa en la España cristiana durante el siglo XIII y que coincide con el que se percibe en otros centros de influencia cluniacense [36]. Pero no se puede hablar de un sentido humanista ni una inclinación por los estudios en general, para los que no tenían tiempo libre, ni eran intenciones que entrasen en el ideal de la perfección monástica. En este sentido, la reforma de Cluny en nada contribuye al desarrollo de la cultura literaria, filosófica, teológica y científica de los siglos anteriores. En España, como en el resto de Europa, los monasterios de Cluny y sus monjes quedaron al margen de las inquietudes intelectuales del llamado renacimiento del siglo XII y más tarde, durante el siglo XIII, de las que se desencadenan en torno a la llamada Escolástica.

Teoría política cluniacense

En el orden externo, el número y prestigio de los monasterios adheridos a la reforma cluniacense y el consiguiente

---

[36] A él hace referencia C. Sánchez Albornoz, *Enigma*, I, p. 253. Ya había hablado de la influencia cluniacense, al tratar del uso del latín en España, R. Menéndez Pidal, *Orígenes del español. Estado lingüístico de la Península hasta el siglo XI*, Madrid, 1956[4], pp. 460 y 481.

prestigio e influencia en la vida religiosa y política de sus monjes hacen del siglo XI un verdadero *saeculum cluniacense*, que pone fin al siglo «oscuro» y «de hierro» con que había terminado el llamado renacimiento carolingio.

La reforma cluniacense había nacido, según ya hemos indicado, con la protección de nobles y obispos piadosos, como parte de un movimiento de alejamiento de la sociedad establecida, como protesta contra la relajación de la vida monástica, de la clerecía e incluso de la jerarquía eclesiástica plagada, más que nunca, por el pecado de simonía y por ambiciones materiales y políticas.

Por ello, y para conseguir una exención de la autoridad eclesiástica y laica, el abad Bernón puso las nuevas fundaciones bajo la autoridad directa de San Pedro y sus sucesores, los papas romanos [37]. Esta *libertas romana* no era un concepto nuevo, ni, necesariamente, hubiera de tener repercusiones políticas. Sin embargo, basándose en ella, los monjes de la reforma cluniacense formularon un concepto de Iglesia que es, a la vez, político y misionero, de extraordinaria importancia para la historia política y espiritual de Europa.

Los monjes de la reforma comenzada en Cluny, como ya hemos indicado, tenían como primer objetivo la propia perfección espiritual, y no se interesan directamente por los infieles ni por la reforma universal de la vida política y eclesiástica de la Cristiandad. Sin embargo, sin Cluny y el enorme esfuerzo de sus monjes, no se puede comprender los afanes bélicos, misioneros y reformadores de la llamada reforma gregoriana [38].

En cierto sentido, la reforma cluniacense puede conside-

---

[37] E. Amann y A. Dumas, *L'Église au pouvoir des laïques*, en *Historie de l'Église*, ob. cit., VII, pp. 341-343; R. García Villoslada, *Edad Media...*, en *Historia de la Iglesia católica*, ob. cit., II, pp. 157 ss., 239 ss.

[38] Como muy bien dice R. García Villoslada, *Edad Media...*, en *Historia de la Iglesia católica*, ob. cit., II, p. 295, «el punto más tenso y culminante de esa curva reformatoria lo señala Gregorio VIII. Por eso se habla de la 'reforma gregoriana'». No es menos cierto que es la orden de Cluny la base que hace posible la reforma. Aunque con toda probabilidad se puede afirmar que Gregorio VII no perteneció a la orden (pp. 301 s.), fue protector y amigo de sus abades cuyas aspiraciones compartía.

rarse como una renuncia a la estructura político-religiosa predominante, al menos en teoría, desde Carlomagno. Se retiene el concepto de identidad entre sociedad e Iglesia, entre cristianos y súbditos del Imperio. *Christianitas y res publica christiana* son conceptos a la vez religiosos y políticos. Pero rechaza el concepto de Emperador como la única fuente de autoridad en el gobierno de la sociedad cristiana. Al Papa, no al Emperador corresponde el *jus supremum*. Solo la autoridad papal es suprema. Él solo es Vicario de Cristo y su autoridad divina, por ello, toda otra autoridad debe someterse a la del Papa. Al mismo tiempo, se mantiene, con nuevo auge, el concepto carolingio que justificaba el uso de la potestad secular para la defensa, expansión y reforma espiritual de la Cristiandad [39].

De todas las colecciones de legislaciones canónicas, apellidadas gregorianas por ser del tiempo de Gregorio VII, el gran reformador, ninguna es tan importante como la de Juan Graciano, hecha hacia 1140 [40]. Según el *Decretum Gratiani* «el reino de los cielos es otorgado por Dios a quien muere en defensa de los cristianos» [41]; «los herejes deben ser inducidos a aceptar la salvación, aun contra su voluntad» [42]; «los sacerdotes no deben esgrimir las armas, pero sí exhortar a otros a tomarlas para defensa de los oprimidos y ataque contra los enemigos de Dios» [43]; «no debemos perseguir a los judíos, sino a los sarracenos» [44]. Se trata en estos casos de fórmulas basadas en expresiones usadas por los papas, desde León IV (844-

---

[39] Sobre el concepto carolingio, K. F. Morrison, *The Two Kingdoms. Ecclesiology in Carolingian Political Thought*, ob. cit., pp. 26-36. Sobre el concepto gregoriano, Augustin Fliche, *La Réforme grégorinne et la Reconquête chrétienne (1057-1123)*, en *Histoire de l'Eglise*, ob. cit., VIII, pp. 63 ss., 110-119.

[40] R. García Villoslada, *Edad Media...*, en *Historia de la Iglesia católica*, ob. cit., II, pp. 769, 825 ss.

[41] Graciano, *Decretum*, l. II, c. XXIII, q. VIII, c. IX; Migne, *Patrologia latina*, CLXXXVII, c. 1248.

[42] Graciano, *Decretum*, l. II, c. XXIII, q. IV, c. XXXVIII; Migne, *Patrologia latina*, CLXXXVII, c. 1198.

[43] Graciano, *Decretum*, l. II, c. XXIII, q. VIII, c. VI, p. II; Migne, *Patrologia latina*, CLXXXVII, c. 1248.

[44] Graciano, *Decretum*, l. II, c. XXVIII, q. VIII, c. XI; Migne, *Patrologia latina*, CLXXXVII, c. 1249.

855) hata Alejandro II (1061-1063), que así reciben una autoridad canónica.

No se puede afirmar que todos ellos sean conceptos conscientemente formulados desde el comienzo de la Reforma, pero sí que están contenidos en ella como en semilla y que cuando vayan germinando serán siempre los monjes cluniacenses sus defensores más destacados. Tampoco se puede decir que se trate de una teoría política nueva, puesto que en muchos puntos se aproxima al concepto de *res publica christiana* e *imperium* o *regnum christianum*, base de la teoría política de un Sacro Imperio Romano. Incluso el cambio esencial de la fuente y sede del poder supremo del emperador al Papa había sido postulado ya por teólogos carolingios [45] y demostrado necesario por las profundas desavenencias entre el papado y los emperadores durante el siglo x [46]. No se trata necesariamente de ambiciones puramente políticas de una supremacía imperialista por parte de la Iglesia, sino de una estructura de la sociedad en la que los valores espirituales reinan supremos sobre los políticos y sociales [47].

Consecuencia natural de esta teoría política, defendida por el Papado y puesta en práctica con la ayuda cluniacense, son los problemas que tanto afectaron a la vida política y espiritual de Europa, a saber, la subordinación e insubordinación del poder real al Papado y la idea del rey temporal como

---

[45] Aunque una formulación clara del «monismo» político-religioso de los papas no se dio hasta el pontificado de Nicolás I (858-867), los principios en que esta doctrina se basa habían sido propuestos ya y aplicados a las relaciones de los pontífices con los príncipes temporales, desde muy temprano, durante el período carolingio. Cf. K. F. Morrison, *The Two Kingdoms...*, ob. cit., pp. 258-269.

[46] A causa, unas veces, de la debilidad de pontífices romanos y emperadores, y, otras veces, de la debilidad del pontífice romano frente a la figura enérgica del emperador, este período ha sido llamado, ya desde el siglo XVII, *saeculum ferreum oscurum*. Cf. R. García Villoslada, *Edad Media...*, en *Historia de la Iglesia católica*, ob. cit., II, p. 112.

[47] G. Landner, «The Concepts of *Ecclesia* and *Christianitas* and their Relations to the Idea of Papal *Plenitudo potestatis* from Gregory VII to Boniface VIII», en *Miscellanea histor. pontif.*, XVIII, 1954, pp. 49-77.

representante de la autoridad de Dios y de la potestad espiritual para la defensa de la integridad de la Iglesia.

En Europa, se trata de un conflicto entre las teorías políticas de un ya viejo concepto de Sacro Imperio Romano y, en él, de la estructura jerárquica de la autoridad y, en definitiva, de la relación entre el poder político nacional o imperial con el universal de la Iglesia. En los problemas exteriores de defensa de la Iglesia contra sus adversarios, se trata del derecho de la Iglesia a una postura militante, incluso a acciones militares, sancionables por la autoridad eclesiástica con apelación al principio de defensa inmediata de valores espirituales. En la reforma europea se traduce, *ad intra*, en las llamadas luchas de las Investiduras; *ad extra*, en las guerras de Cruzada.

Si la reacción hispana ante los ideales de la reforma propuestos por los monjes de Cluny es distinta de la que vemos en las demás naciones y reinos europeos, no lo es debido a una idiosincrasia especial de los hispanos, españoles ya o no todavía, sino, más bien, a las circunstancias que rodean el desarrollo inicial de la reforma en la Península y, en cierto modo, a la presencia del Islam. Aunque, como ya decíamos de los conflictos religiosos mozárabes, también ahora a la influencia del Islam habría que atribuir no el conflicto, sino solamente que a causa de la presencia islámica en la Península la reforma cluniacense siga unos caminos distintos de los que sigue en otros países europeos.

Se puede, en efecto, atribuir al Islam de España la responsabilidad directa de su presencia bélica en León y Castilla a fines del siglo x. Con las incursiones de Almanzor en el corazón del territorio cristiano, Zamora, Simancas, Barcelona (985), Coimbra, León (987 y 988), Astorga (995), Santiago de Compostela (997), gran número de monasterios fueron destruidos o abandonados por sus monjes. La consiguiente desorganización de la vida monástica y religiosa fue causa a su vez de que la reorganización de los monasterios se hiciera bajo el signo de la reforma de Cluny con una exclusividad que posiblemente no se diera sin el Islam.

En la Península, los reyes hispanos, que nunca habían reconocido la autoridad de los emperadores francos, permanecían totalmente inmersos en unas tareas de reconstrucción, cuyo perfil geográfico, político y religioso era todavía visigodo, ajenos a la espiritualidad universalista del imperio carolingio.

La Reforma cluniacense, con el monopolio espiritual que le conceden el gran número e importancia de sus monasterios y la poderosa influencia de los reyes que la protegían, se dedicó con gran ardor a la imposición de sus ideales a la espiritualidad hispana. En sus relaciones con los demás países cristianos, se trata de un intento de transformación en universalismo religioso y político del particularismo tradicional de los mozárabes, y con el Islam de convertir en empresa general de cristianos el sentido tradicional político y geográfico de las guerras de Reconquista.

Si restamos importancia a estos dos aspectos de la restauración cristiana que los monjes cluniacenses propugnan para España, corremos el riesgo de distorsionar el proceso de formación de la nueva religiosidad. En realidad, ni «el catolicismo absorbió la religiosidad totalitaria de los moros y, sobre todo, de los judíos» como Américo Castro afirma [48]; ni «la sumisión de la cristiandad española al Pontífice no pudo ser sino fruto maduro de la antibiosis o pugna de los cristianos peninsulares contra los musulmanes», como sostiene Sánchez Albornoz [49]. La sumisión de la cristiandad española al Papado y el sentido de su religiosidad totalitaria y agresiva es el resultado directo de la política de los monjes, abades y obispos sometidos a la reforma cluniacense; no es producto de un aislamiento de la espiritualidad europea, sino consecuencia, más bien, de la imposición de solo un aspecto suyo.

Res publica hispana

En la esfera política, con la intervención y consejo de legados y consejeros cluniacenses, los reyes de España establecen repetidas veces, como es sabido, lazos de unión matrimonial con las casas de Borgoña y Aquitania. Ramiro I, hijo natural de Sancho III, rey de Aragón (1035-1063), contrajo segundas nupcias con una hija de Guillermo, duque de Aquita-

---

[49] C. Sánchez Albornoz, *Enigma*, I, p. 353.

[48] A. Castro, *España en su historia: Cristianos, moros y judíos*, ob. cit., p. 176.

nia. Alfonso VI de León y Castilla (1065-1109) se casó con Inés, hija de Guillermo VIII de Aquitania y, al fallecimiento de ésta, contrajo matrimonio con Constanza de Borgoña, descendiente de Guillermo III de Aquitania. También fue francesa Isabel, su tercera esposa y, probablemente, Beatriz, su quinta esposa. Urraca, hija legítima de Alfonso VI, fue esposa de Raimundo de Borgoña, de cuya unión nació Alfonso Raimúndez, el futuro Alfonso VIII. Una hija bastarda de Alfonso VI, Teresa, se casó con Enrique de Borgoña. Felipa de Tolosa, viuda de Sancho Ramírez, rey de Aragón (1063-1094), contrajo segundas nupcias con Guillermo IX, duque de Aquitania. Pedro I, rey de Aragón (1094-1104), contrajo matrimonio con una hermana de Guillermo IX, y Ramiro II, el Monje, rey de Aragón (1134-1137), con Inés de Poitiers, hermana de Guillermo X de Aquitania.

El ascendiente político que estas uniones matrimoniales y dinásticas proporcionaron a los monjes de Cluny es innegable. Pero es muy debatible afirmar, así, sin más, que todas las acciones de los monjes cluniacenses, franceses o no, durante los siglos XI y XII, estén motivadas por un plan unificado de situar los territorios españoles en la órbita política de Aquitania y Borgoña.

Como es una excesiva simplificación y un juicio injusto la afirmación de Américo Castro, quien escribe que

> la orden religiosa (de Cluny) es una institución ligada a los intereses del siglo y los cluniacenses estaban, ante todo, al servicio de los intereses políticos del ducado de Borgoña... Los designios franceses, en lo que hace a su esquema, eran en 1100 análogos a los de 1800; el Napoleón de entonces era el abad de Abades, Hugo de Cluny [50].

Mucho más probable y lógico sería suponer que los monjes de Cluny, que tan rápidamente llegaron a ser propugnadores y representantes de la espiritualidad universalista de la Cristiandad reformada, intentaban reformar la tradición de nacionalismo visigótico con su inclusión en la nueva *res publica christiana*.

---

[50] A. Castro, *España en su historia...*, ob. cit., p. 152; íd., *Realidad histórica*, p. 373.

Las discusiones en torno a la liturgia que llevaron a la abolición definitiva del rito mozárabe y a la adopción obligatoria del romano en el territorio peninsular es solo un aspecto de la importancia que se daba a la integración total de la Iglesia hispana en el universalismo que la *lex romana* representaba y que los Pontífices propugnaban desde hacía ya siglos.

La oposición a la liturgia mozárabe ni es cluniacense ni comienza con los papas reformadores [51]. La intervención de los monjes de Cluny en la controversia no es otra que la de servir de instrumento efectivo en la manera como se impone en la Península la solución romana y sus móviles son consecuentes con los ideales universalistas de la Reforma. Ya en el siglo VIII la liturgia visigoda se había hecho sospechosa de herejía al ofrecer a Elipando de Toledo una base de tradición para sus argumentos en favor de la doctrina adopcionista [52]. Y, aunque, años más tarde, durante el reinado de Ordoño II (910-924), el papa Juan X, tras una investigación, aprobó y confirmó el «laudabile officium» de la Iglesia hispana, según relata el *Chronicon Iriense* [53], la aversión romana hacia el individualismo litúrgico peninsular y la desconfianza que inspiraba su ortodoxia incierta debieron continuar.

Es posible, como afirma Américo Castro, que fueran los monjes cluniacenses «los primeros en llamar la atención del rey Sancho el Mayor de Navarra sobre la anormalidad del rito mozárabe o toledano» [54]. En la *Historia Compostelana*, dice un francés, o adicto a Francia, que «Hispania seguía la ley toledana, no la romana» [55]. Es también lógico pensar que

---

[51] M. Cocheril, *Études sur le monachisme en Espagne et au Portugal*, ob. cit., pp. 97 ss.; R. García Villoslada, *Edad Media...*, en *Historia de la Iglesia católica*, ob. cit., II, pp. 328-330.

[52] R. García Villoslada, *Edad Media...*, en *Historia de la Iglesia católica*, ob. cit., II, p. 329. También los obispos, en su defensa del adopcionismo, recurrieron a argumentos sacados de la liturgia mozárabe. Cf. *Epistola episcoporum Hispaniae ad episcopos Galliae*, VIII; Migne, *Patrologia latina*, CI, c. 1324.

[53] Enrique Flórez, *España sagrada*, ob. cit., XX, p. 603; apen. 3, p. XXX.

[54] A. Castro, *Realidad histórica*, p. 404, n. 28.

[55] R. García Villoslada, *Edad Media...*, en *Historia de la Iglesia católica*, ob. cit., II, p. 329.

la actitud general de los monjes cluniacenses, sobre todo de
los de origen francés, debía ser contraria a aceptar el rito
mozárabe que, para ellos, representaba claramente las fuerzas
de la contrarreforma, el particularismo nacional hispano y el
compromiso con las formas de vivir tradicionales en la Península, incluso con la presencia de los árabes. Es también posible que ellos llamaran la atención de los pontífices romanos
sobre lo que consideraban un caso de rebeldía, religiosa y
política, hispana, aunque la iniciativa parte, de hecho, del
papa Alejandro II (1061-1063), reformador, amigo y protector de los monjes, pero que no era miembro de la orden de
Cluny [56]. Sus razones son claras: el rito hispánico es irregular,
confuso y aun sospechoso de herejía. Así, al menos, escribe,
en 1071, en la carta privilegio al abad de San Juan de la Peña:

> Había llegado a nuestros oídos que en las regiones de
> España la unidad de la fe había perdido su plenitud y
> que casi todos [¿los monjes?] se habían alejado de la
> disciplina eclesiástica y de la regularidad de los oficios
> divinos [57].

Para poner remedio a estos males —continúa— había enviado
a España, por los años 1064-1065, a su legado el hábil e influyente cardenal Hugo le Blanc (Cándido).
    Con anterioridad a 1068, ya en la Marca Hispánica la li-
turgia romana había desplazado totalmente a la mozárabe o,
al menos, convivían ambos ritos. En 1074, Gregorio VII feli-
cita al rey Sancho Ramírez por haber restablecido la unidad
de sus estados. Dos años más tarde, la Navarra incorporada
a Aragón aceptó también el rito romano [58]. Para Gregorio VII,
como antes para Alejandro II, la cuestión del rito no es tanto preferencia por una tradición legítima como un peligro de
cisma o herejía. Así lo dice éste en su carta de exhortación

---

[56] Tampoco hay evidencia de que Gregorio VII fuese monje
cluniacense, aunque sí fue gran amigo y protector de la Orden;
cf. N. Hunt, *Cluny under Saint Hugh...*, ob. cit., pp. 143 ss.
[57] Citado por R. García Villoslada, *Edad Media...*, en *Historia
de la Iglesia católica*, ob. cit., II, p. 329, n. 46.
[58] A. Ubieto Arteta, «La introducción del rito romano en Aragón y Navarra», en *Hispania sacra*, I, 1948, pp. 299-324.

escrita, en 1024, a los reyes Alfonso VI de Castilla y Sancho IV de Navarra:

> [Os pido] que reconozcáis a la Iglesia Romana como verdadera madre vuestra, en la que nos veáis a nosotros como vuestros hermanos y aceptéis las ordenanzas y el oficio de la Iglesia Romana, no de la de Toledo ni de ninguna otra cualquiera, sino de aquella fundada por Pedro y Pablo en Cristo y consagrada con sangre [...] [59].

La oposición de Castilla, donde el elemento mozárabe era más fuerte, es bien conocida. Contra la supresión, además de los obispos hispanos rebeldes, se alzó también el pueblo. Para resolver el problema, según nos refieren los *Anales Compostelanos*, el *Cronicon Burgense* y Rodrigo Jiménez de Rada, se apeló a un *juicio de Dios*. El duelo, celebrado en 1077, se decidió en favor del rito mozárabe, aunque el rey Alfonso VI, más atento a los deseos de Cluny y Roma, se negó a reconocer sus resultados y a aceptar la sentencia [60].

En carta a San Hugo de Cluny, el rey demuestra su sumisión, a la vez que expresa la impopularidad de la imposición del rito romano:

> A causa del oficio romano que por mandato tuyo hemos recibido nuestro reino está en profunda desolación [61].

Por decreto real, «allá van leyes, do quieren reyes», el rito mozárabe fue abolido quedando triunfante el romano. Las crónicas anotan el hecho sin comentario. El *Cronicon Burgense* dice «El año MCXVI de la Era [1078] la ley romana entró en España» [62]. Y la *Historia Compostelana* testifica: «En ese

---

[59] Citado por R. García Villoslada, *Edad Media...*, en *Historia de la Iglesia católica*, ob. cit., II, p. 332, n. 50.

[60] R. García Villoslada, *Edad Media...*, en *Historia de la Iglesia católica*, ob. cit., II, pp. 331 ss.; Marcelin Defourneaux, *Les français en Espagne aux XIe et XIIe siècles*, ob. cit., pp. 28 ss.

[61] M. Cocheril, *Etudes sur le monachisme en Espagne et au Portugal*, ob. cit., p. 96; C. Sánchez Albornoz, *Enigma*, I, p. 254.

[62] Enrique Flórez, *España sagrada*, ob. cit., XXIII, p. 309.

tiempo (Diego Peláez, 1077-1088) la ley toledana fue abolida entre los hispanos y la ley romana fue recibida»[63].

Compostela cluniacense

La *Historia Compostelana* nos da las razones por las que se había introducido la reforma cluniacense en Santiago:

> Y porque la iglesia del bienaventurado Santiago en aquellos tiempos era indisciplinada y poco culta *(rudis)* se decidió (Dalmacio, m. 1096) a introducir las normas de las iglesias de Francia [64].

Dalmacio, monje cluniacense y obispo de la diócesis Iria-Compostela obtuvo en el Concilio de Clermont (1095), que la sede iriense pasara a Compostela, quedando ésta exenta de la jurisdicción de toda otra metrópoli excepto la romana. A su muerte, la mayoría de los miembros del capítulo de Compostela eran monjes cluniacenses. Para suceder a Dalmacio, fue elegida una de las figuras más notables e intrigantes de su tiempo, el famoso Diego Gelmírez (antes de 1070-1140). Hijo de familia noble, se había criado en el palacio de Alfonso VI, fue canciller de Raimundo de Borgoña, esposo de Urraca, y tutor, más tarde, de su hijo Alfonso VII, heredero de Galicia. Fue amigo, además, del cluniacense Suger, famoso abad de San Denis, en Aquitania, y protegido de papas, especialmente de los cluniacenses Pascual II y Calixto II, hijo del conde de Borgoña, y tío, por tanto, de Alfonso VII rey de Castilla, León y Galicia. A este hombre singular y a sus relaciones íntimas con los poderosos de su tiempo y especialmente con los monjes de Cluny, se debe la grandeza e importancia política y jurídica que la Sede compostelana adquiere hasta el punto de rivalizar con la metropolitana de Toledo.

De importancia política también, puesto que se relaciona con sus ambiciones políticas, pero de gran transcendencia

[63] *Historia Compostellana*, l. I, c. II; E. Flórez, *España sagrada*, ob. cit., XX, p. 16.
[64] *Historia Compostellana*, l. II, c. III; E. Flórez, *España sagrada*, ob. cit., XX, p. 255.

para la vida espiritual y la sensibilidad religiosa del pueblo
hispano, es el interés que Gelmírez toma por la presencia del
cuerpo de Santiago en Compostela. Aunque la noticia del hallazgo del cuerpo del Apóstol, más leyenda que historia, puede
ser remontada hasta mediados del siglo IX, permanece sin mayor repercusión hasta el tiempo de Gelmírez. A él se le pueden
atribuir, como resultado de su visión político-religiosa, los
aspectos centrales de la promoción, planificación y organiza
ción de las peregrinaciones al sepulcro del Apóstol [65]. A él se
debe la organización de la fiesta litúrgica y el proyecto de la
nueva catedral. Es posible que ya en su visita a Cluny donde
es recibido con gran esplendor, en 1104, se tratase del aspecto
universal de la devoción: él fue, en efecto, quien transformó
el sepulcro del Apóstol en el centro más importante, tras
Roma y los Lugares Santos, de toda la espiritualidad occidental. En la empresa de Santiago, los monjes cluniacenses
colaboran con Gelmírez con un interés y eficacia inigualables.
El camino de Santiago es un camino cluniacense [66].

Renovatio Imperii

Américo Castro decía, hace años, que «Aquitania y Borgoña
utilizaron la peregrinación [a Santiago de Compostela] en
beneficio propio, con miras a la dominación de la España
cristiana» [67], y lo repitió después, en formulaciones varias,
refiriéndose siempre a sus fines y ambiciones de expansión
universal [68]. Es, ciertamente, posible. Pero de mayor interés
para la historia del ser español es la interpretación que los
monjes cluniacenses dan al interés de Aquitania y Borgoña

---

[65] Reyna Pastor de Togneri, «Diego Gelmirez: Une mentalité
à la page. À propos du rôle de certaines élites de pouvoir», en *Mélanges offerts a René Crozet*, ed. P. Gallais y Y. J. Riou, Société
d'Études Médiévales, Poitiers, 1966, II, pp. 597-603; R. García Villoslada, *Edad Media...*, en *Historia de la Iglesia católica*, ob. cit.,
II, pp. 412-414.

[66] R. Pastor de Togneri, «Diego Gelmirez: Une mentalité à la
page...», art. cit., pp. 603-608.

[67] A. Castro, *España en su historia: Cristianos, moros y judíos*,
ob. cit., p. 152.

[68] A. Castro, *Realidad histórica*, p. 362.

por la España cristiana, un interés que, como ya hemos indicado, los monjes mismos ayudaron a despertar. Desde este punto de vista, y en parcial defensa de los monjes, habría que afirmar que los intereses e ideales religiosos de Cluny no están subordinados a los seculares de la casa de Borgoña, sino que, por el contrario, los monjes intentan servirse de éstos para la promoción de aquéllos.

Percy E. Schramm afirma que el espíritu que movía al abad Suger de San Denis y a los reyes Capetos era la *renovatio imperii Karoli magni*[69]. P. E. Schramm y otros han estudiado, además, los medios usados para presentar al piadoso Luis VI y a Luis VII como herederos auténticos y legítimos del emperador Carlomagno[70]. Ahora bien, este Carlomagno, a quien se invocaba con su *renovatio* no era tanto su figura real y sus hechos históricos como la ficción idealizada del gran Emperador tal como se encontraba, ya en imagen legendaria, en la *Chanson de Roland*[71].

El autor del poema, escrito hacia el año 1100, describe a Carlomagno como soberano de un reino cristiano universal y sitúa su campo de acción más en el sur de Francia y España que en Aquisgrán. En la Península Ibérica da crédito al Emperador Carlomagno por campañas victoriosas que le llevan hasta la misma Córdoba, corazón y capital del Islam español (vs. 70-71).

Al menos tres cuartos de siglo antes que el autor de la *Chanson de Roland* diera forma definitiva a la idealización de Carlomagno, habían comenzado ya los juglares a popularizar una versión idealizada de las gestas del Emperador que estaba ya incorporada en la crónica que el monje Adhemar de Chabannes dedica a la historia y a los condes de Aquitania[72].

---

[69] Percy E. Schramm, *Der König von Frankreich: Das Wesen der Monarchie vom 9. zum 16. Jahrhundert*, Weimar, 1939, pp. 138 ss.

[70] P. E. Schramm, *Der König von Frankreich...*, ob. cit., pp. 138 ss.

[71] P. E. Schramm, *Der König von Frankreich...*, ob. cit., p. 137; Eleanor S. Greenhill, «Eleanor, Abbot Suger and Saint Denis», en *Eleanor of Aquitain, Patron and Politician*, ed. William Kibler, Austin, Texas, 1976, pp. 83 ss.

[72] R. Menéndez Pidal, *La Chanson de Roland et la tradition épique des Francs*, París, 1960², pp. 271, 367 ss.

Las crónicas monásticas posteriores aceptan ya como realidad histórica la versión épica de las gestas carolingias y es esta versión glorificada de un Emperador campeón de la cristian·dad la que los monjes intentan resucitar en Aquitania.

Las cruzadas que los caballeros franceses llevan a cabo contra los musulmanes de España, durante los siglos XI y XII, son, sin duda, respuesta a los deseos de los papas y conse-cuencia de los lazos que unían a los condes y duques francos con los reyes hispanos. Pero son, también, un intento de hacer que la realidad histórica correspondiera con la leyenda áurea carolingia de juglares y crónicas monásticas. En numerosas ocasiones, nobles franceses cruzaron los Pirineos a la cabeza de poderosos contingentes de provenzales, aquitanos y nor-mandos. Guillermo VIII, el señor más poderoso de su tiempo, había dirigido en persona «la primera cruzada de España», en 1063 [73]. Y el famoso trovador Guillermo IX de Aquitania, visitador frecuente del Sepulcro de Santiago, había luchado al frente de un gran ejército cuando, en 1118, la fortaleza de Cutanda cayó en manos de Alfonso el Batallador [74]. Para el duque Guillermo X, padre de la famosa Eleonor de Aquitania, Santiago tenía además, sin duda, la atracción de la memoria de sus antepasados guerreros en España, devotos también del Apóstol. Es posible que Guillermo X conociese la realidad histórica de la malograda aventura de Carlomagno tal como la narra su biógrafo Einhard (m. 840), pero, sin duda, también había tenido ocasión de absorber la glorificación de la leyen-da carolingia tal como la narraban peregrinos, juglares y monjes en las rutas del camino de Santiago. El duque mismo pudo muy bien haber creído que Carlomagno había sido el primer peregrino al abrir la ruta desde Port de Cize en la frontera sur de su territorio hasta Santiago y que el Empera·dor había conquistado toda España [75]. Ramón Menéndez Pi·dal ha presentado suficientes evidencias de que, a fines del siglo XI, semejante tradición existía en los monasterios his-

---

[73] M. Defourneaux, *Les français en Espagne au XIe et XIIe siècles*, ob. cit., p. 132.
[74] M. Defourneaux, *Les français en Espagne au XIe et XIIe siècles*, ob. cit., pp. 159 ss.
[75] E. S. Greenhill, «Eleanor, Abbot Suger and Saint Denis», art. cit., p. 84.

panos a lo largo de la ruta de peregrinación hacia Santiago [76].

Es lógico pensar que los monjes de Cluny, instrumentos en la creación de la figura de Carlomagno como soberano universal de la Cristiandad y en el establecimiento de los lazos con los reyes hispanos, fueran, al mismo tiempo y por las mismas razones, instrumentos también de la *renovatio imperii Karoli magni* a través de las cruzadas en España. Prueba de ello pudiera ser el evidente esfuerzo realizado por monjes, obispos cluniacenses y papas reformadores para convertir la reconquista de la Península en una edad heroica, guerrera y religiosa.

No es, pues, de extrañar que los monjes escritores y autores de crónicas den a las batallas contra los sarracenos una magnitud de proporciones épicas. Ejemplo de ello nos lo ofrece la llamada *Chronica Adefonsi imperatoris*, escrita, hacia 1147, por Arnaldo, obispo de Astorga y monje cluniacense, probablemente del monasterio de Sahagún [77]. En los trescientos ochenta y siete versos con que termina la *Chronica*, que se conocen con el nombre de *Poema de Almería*, su autor adopta unos tonos épico-religiosos tanto más interesantes cuanto son producto de una idealización conscientemente buscada. Compuesto el poema casi inmediatamente después de los acontecimientos que narra, no hay tiempo para una paulatina idealización legendaria; así, en un sentido u otro, el tono específico del poema parece que debiera atribuirse al cluniacense Arnaldo de Astorga. El poema es profundamente religioso, como es religioso el sentido guerrero de la contienda. Religiosa y guerrera es también la intervención de los obispos de León y Toledo, quienes «desenvainada la espada divina y el acero» (v. 26), exhortan a los cristianos «prometiendo a todos la recompensa en esta vida y en la otra» (v. 30). Y el propio Arnaldo, «cuya esclarecida espada relumbra», también alienta a las tropas, a punto de desfallecer, pidiendo mayor confianza en Dios, «el único que, propicio, hizo milagros por nosotros» (v. 372). Todo ello va en consonancia con la espiritualidad europea durante los años en que el cisterciense Bernardo de Claraval (1091-1153), con la autorización

[76] R. Menéndez Pidal, *La Chanson de Roland...*, ob. cit., p. 389.
[77] H. Salvador Martínez, *El «Poema de Almería» y la épica románica*, Madrid, 1975, pp. 120 ss.

de otro cisterciense, el papa Eugenio III (1145-1153), usa sus
grandes dotes para exhortar al mundo cristiano a emprender
la segunda Cruzada. Más peculiar de la situación española y
del espíritu cluniacense son las referencias explícitas a las
gestas del emperador Carlomagno con quien Alfonso VII
debiera ser comparado: *facta sequens Caroli, cui compelit
aequiparari* (v. 5).

Medio siglo antes, aproximadamente, también el *Carmen
Campidoctoris*, obra, con toda seguridad, de una pluma monástica, toma tonos épicos en su alabanza de las victorias del
Cid sobre los moros [78]. El *Poema* comienza con una referencia
a los héroes de las guerras de Troya, Paris, Pirro y Eneas,
hecha para introducir, en la segunda estrofa, la transición y
comparación de lo clásico y viejo con lo nuevo:

> Cantemos así las batallas recientes
> del caudillo Rodrigo (v. 8).

En la estrofa tercera el autor del *Poema* insiste en sus referencias clásicas para exaltar no ya la calidad, sino la cantidad
de sus *memoranda:*

> De tan gran campeón
> las victorias todas, ni en mil libros
> cupieran aunque las cantara Homero
> con esfuerzo maestro (vv. 9-12).

El héroe del que se habla es el Cid guerrero que «lucha contra los moros, asola todas las regiones de la España [musul-
mana] y arrasa sus ciudades» (v. 65). En consecuencia «los
reyes todos de la España [musulmana] le pagan tributo»
(v. 85). El *Poema*, incompleto, termina con la descripción del
Cid armado:

> con tales armas vestido y a caballo
> ni Paris ni Héctor lo fueron mejor
> jamás, en la guerra de Troya
> ni nadie hoy (vv. 125-9).

Y una oración, o arenga ya perdida (v. 129 ss.).

----

[78] Lo editó R. Menéndez Pidal, *La España del Cid*, ob. cit., II,
pp. 882-886.

Es cierto que las referencias clásicas, en la introducción y en el texto, pueden ser consideradas como un caso más, por lo demás frecuente, del uso de un *topos* y lugar común literario en la poesía medieval. Pero la importancia que, para el análisis literario, pueda tener la identificación de un *topos* nada tiene que ver con su valor cultural. Por el contrario, cuanto más común es su uso, más claro es para la audiencia el sentido de la referencia que con él se intenta. En este caso sería el de la magnitud épica de las gestas del Cid contra el infiel y de su persona como campeón cristiano.

En contraste, se podría citar la versión juglaresca de este poema conocida con el nombre de *Mio Çid*. En ella, el interés del autor, más dependiente de la mentalidad vigente, por las contiendas del Cid contra el musulmán, *qua* infiel, es tema muy secundario en el *Poema*. Se da, es evidente, pero es efemérides y acontecimiento.

Como en el *Poema de Almería*, también en *Mio Çid* es evidente el perfil guerrero que toman los obispos cluniacenses [79]. En *Mio Cid* es la figura histórica de Jerome, monje cluniacense, francés y obispo más tarde de Valencia. No solamente incita al Cid a dar batalla sin cuartel al infiel para gloria de los cristianos:

> *Las provezas de mio Cid andavalas demandando*
> *sospirando ques viesse con moros en el campo*
> *que si fartas lidiando e firiendo con sus manos*
> *a los dias del sieglo non le llorassen cristianos*
> (vv. 1292-1295),

sino que él mismo se convierte en guerrero de magnitud épica en su terrible matanza de moros:

> *El obispo don Iheronimo priso a espolonada,*
> *E yva-los ferir a cabo del albergada*
> *Por la su ventura e Dios quel amava.*
> *A los primeros colpes dos moros matava de la lança:*

---

[79] Norman Daniel, *The Arabs and Medieval Europe*, ob. cit., p. 81, ha observado también esta actitud belicosa, aunque, según Daniel, el obispo Jerónimo lucha por una «amiable eccentricity» tan solo: «his motive is the honour, rather than the extension of Christendom». Creemos que no lo entiende bien.

El hastil ha quebrado e metio mano al espada;
Ensayavas el obispo, Dios que bien lidiava!
Dos mató con lanca, e cinco con el espada.
Los moros son muchos, derredor le cercavan:
Davan-le grandes colpes, mas nol falssan las armas
(vv. 2386-2394)

El obispo don Jerome, caboso coronado
quando es farto de lidiar con amas las sus manos,
non tiene en cuenta los moros que ha matado:
lo que caye a el mucho era sobeiano
(vv. 1794-1797)

Guerra santa hispana

En éste, que podríamos llamar proceso de reelaboración del concepto de Reconquista y transformación en edad heroica hispana, en que los monjes parecen tan seriamente embarcados, los conceptos tradicionales de teología providencial, al recibir una nueva interpretación, cambian fundamentalmente.

De antiguo, la intervención divina en todos los acontecimientos de la vida humana, individual y social, incluso en sus guerras y batallas, era aceptada como parte integral de la doctrina cristiana. Los casos más conocidos que demostraban esta doctrina eran la liberación de San Pedro de sus cadenas con la ayuda directa de un ángel [80] y la victoria de Constantino sobre Majencio milagrosamente conseguida con ayuda del monograma cristiano con que las tropas de Constantino habían adornado sus escudos y estandartes [81]. En consecuencia, la ayuda benevolente de Dios y la intercesión de sus santos era solicitada privadamente y con oficios litúrgicos públicos, y, una vez conseguida, era atribuida a Dios con piadoso reconocimiento de votos y donaciones.

Desde el punto de vista tradicional, la ayuda divina en

---

[80] *Hechos de los Apóstoles*, XII, 1-20.
[81] No nos referimos aquí a la realidad histórica de los hechos acaecidos en torno a la batalla de Constantino junto al puente Milvio. Se trata, más bien, de su aceptación posterior. Cf. R. García Villoslada, *Edad Media...*, en *Historia de la Iglesia católica*, ob. cit., II, pp. 383-387.

contiendas bélicas, como en otras circunstancias de la vida
del creyente, se debe en primer lugar a la rectitud moral del
individuo o a la justicia religiosa de su causa. En todo caso,
la ayuda divina tiene como fin la justificación del creyente y
la glorificación de la única religión verdadera y se pensaba
realizada a través una divina intervención, milagrosa o no, a
la que el creyente no tenía ningún derecho ni podía merecer
a título de justicia. En este sentido, la mayor parte de los casos de atribución a Dios de intervenciones y ayudas en favor
de sus creyentes tiene un significado teológico que no debiera
ser interpretado de una manera literal. Éste es, por ejemplo,
el caso de la liberación del abad Mayeul, cautivo de piratas
sarracenos, que su biógrafo explica, piadosamente, haber tenido lugar *Christo auxiliante* [82]. Siglos más tarde, reflexio-
nando don Juan Manuel sobre la misma doctrina, afirma que
«si Dios da el vencimiento a los cristianos [...] Él lo fizo et
non ellos» [83]. Claudio Sánchez Albornoz ha visto bien este
punto, que discute en muy acertadas y eruditas páginas [84],
aunque su énfasis en la elucidación y prueba, desde el punto
de vista de la guerra contra el moro, pudiera dar la impresión de que este punto de teología providencialista es aplicable
tan solo a las acciones bélicas. No es así. Con tanta o mayor
frecuencia que a los *casus belli* esta doctrina se aplica a todas las obras de la vida cristiana [85].

Ahora bien, con el desarrollo del sentido político del concepto de *christianitas* y de la teoría del Imperio cristiano
defendido por monjes y papas reformadores, también su defensa contra herejes e infieles fue considerada desde un nuevo punto de vista, que dio lugar, lógicamente, a una nueva

---

[82]   Odilón, *Vita sancti Maioli; Bibliotheca cluniacensis*, ob. cit.,
c 290E.

[83]   Don Juan Manuel, *Libro de los Estados*, 1.ª parte, c. LXXVII,
en *Escritores en prosa anteriores al siglo XV*, ed. Pascual Gayan-
gos, Madrid, Biblioteca de Autores Españoles, LI, p. 324. Aunque
en otras ocasiones don Juan Manuel parece expresarse más en
términos de atribución directa a Dios de una participación en la
contienda: «Et Dios, por que ellos [los cristianos] lidian [contra
los moros] lidiará por ellos, et serán siempre vencedores» [c.
LXXVI] (p. 324).

[84]   C. Sánchez Albornoz, *Enigma*, I, pp. 335-340.

[85]   Ya hemos hablado de ello; cf. pp. 119 y ss.

teología de la guerra y de la intervención divina en sus lances. En consecuencia, los cristianos creían luchar en empresas de Dios más que en las suyas propias y la intervención divina, aunque milagrosa y apartada, por tanto, del orden natural de las cosas, entraba en el ámbito de la esperanza cierta, de bida no tanto al individuo como a la justicia religiosa de la causa. De esta manera, la relación de los guerreros cristianos con Dios cambia de una manera esencial, aunque no ilógica, respecto a lo que había sido anteriormente.

En consonancia con este cambio, la relación de Dios con la contienda contra el infiel también se altera convirtiendo a Dios en protagonista directo, a sus santos en emisarios belicosos y a los cristianos en instrumentos divinos. Ésta es, evidentemente, la visión que los cronistas de esta época tienen de la Reconquista, y es asimismo clara la influencia que en ella debió tener la espiritualidad cluniacense. Prueba de esto son, entre otras, la *Crónica Silense* y la *Historia compostelana*, ambas escritas bajo la influencia de la reforma cluniacense y según su espíritu. El monasterio de Silos había aceptado la reforma cluniacense introducida por Santo Domingo (m. 1073), conocido también con el nombre *de la Calzada* por su interés en la construcción del camino para los peregrinos a Santiago. Bajo su dirección, la influencia de la reforma se extiende hasta Arlanza. Desde este centro de influencia cluniacense, el monje de Silos contempla la historia [86]. La *Historia compostelana*, escrita por inspiración del arzobispo Gelmírez, lo es, para su exaltación, por tres cronistas, dos de ellos franceses, los tres, con toda seguridad, cluniacenses [87].

El mismo espíritu religioso y combativo que se descubre en las crónicas de origen cluniacense aparece también, y por las mismas razones, en la literatura en lengua vulgar de la época. Notable es el caso de Gonzalo de Berceo, por ser el

---

[86] J. Pérez de Urbel, *Los monjes españoles en la Edad Media*, ob. cit., II, pp. 434, 438 ss.; R. García Villoslada, *Edad Media...*, en *Historia de la Iglesia católica*, ob. cit., II, p. 422; A. Castro, *Realidad histórica*, p. 354.

[87] R. Pastor de Togneri, «Diego Gelmirez: Une mentalité à la page...», en *Mélanges offerts a René Crozet*, ob. cit., pp. 599-601; M. Defourneaux, *Les français en Espagne aux XIᵉ et XIIᵉ siècles*, ob. cit., pp. 71 ss.

primer poeta castellano de nombre conocido y por haber sido incorporado al tema del conflicto de España, desde que Américo Castro afirmó descubrir en él efectos de la influencia hispano-islámica [88]. Con numerosos y poderosos argumentos lo negó Sánchez Albornoz afirmando, en cambio, que es Berceo «horro del impacto de lo islámico»:

> Su vinculación con lo occidental es indiscutible y su integración en la más auténtica estructura de vida castellana no menos segura [89].

Es cierto. Pero no es menos seguro que la base de esta vinculación y de su espiritualidad sea cluniacense, a juzgar, *a priori*, por el monasterio en que se educó, San Millán de la Cogolla, centro de influencia cluniacense ya desde el siglo XI [90], y, *a posteriori*, por los temas religiosos que prefiere y la postura espiritual que adopta para tratarlos. Aunque sus obras son fundamentalmente religiosas y devocionales, su poema sobre la vida de San Millán revela, además, un concepto agresivo de guerra religiosa, de acuerdo enteramente con la nueva espiritualidad.

Según Berceo, los ejércitos de «el rey Abderramán sennor de los paganos, / un enemigo mortal de todos los cristianos» (estr. 369) fueron derrotados «ca la ira de Christo las avie confondidas» (estr. 434). No se trata de una atribución a Dios de sentido teológico, paralela a toda intervención divina y, como toda otra, necesaria. La intervención que Berceo atribuye aquí a Cristo-Dios es real y trasciende los límites concretos de los combatientes y, en su ira contra el enemigo de la Cristiandad entera y ante la incapacidad cristiana de derrotarlo, Dios interviene directamente en la contienda, enviando dos guerreros montados sobre corceles blancos, el obispo San Millán y Santiago, quienes, según Berceo nos relata:

---

[88]	A. Castro, *España en su historia: Cristianos, moros y judíos*, ob. cit., p. 332.
[89]	C. Sánchez Albornoz, *Enigma*, I, 423.
[90]	J. Pérez de Urbel, *Los monjes españoles en la Edad Media*, ob. cit., II, p. 434.

quando çerca de tierra fueron los caballeros
dieron entre los moros dando golpes çerteros
fiçieron tal domage en los más delanteros
que plegó el espanto a los más postremeros. (estr. 441)

La misma combinación de teología y teoría política parece ser la base del concepto de Reconquista que encontramos en el *Poema de Fernán González*, compuesto durante el siglo XII por un monje del monasterio de San Pedro de Arlanza, que había sido incorporado por Santo Domingo de Silos a la reforma en las postrimerías del siglo XI y donde, según dijo el papa Honorio III (1216-1224) «se vive según Dios, según la regla del bienaventurado Benito y el instituto de los hermanos cluniacenses» [91].

Estudiosos de la literatura medieval española atribuyen al autor del poema un motivo primordialmente económico, como producto de una rivalidad de clérigos, celosos de la honra y del provecho de sus respectivos monasterios [92]. En cambio para Manuel de Montolíu, el poema

es todo él un canto en loor del héroe de la independencia castellana y una manifestación entusiasta del amor a la pequeña patria a la que prodiga ingenuas y ardientes alabanzas [93].

Ambas interpretaciones, de enamorada ingenuidad o interesada rivalidad económica, son posibles, sobre todo si no se las concibe, como se hace, con absoluta exclusividad. En todo caso, es de notable importancia la visión de la contienda, de que el autor del poema, sean las que fueren sus razones para componerlo, hace gala. No solo ve la historia entera, desde los godos hasta su presente, bajo una unidad histórica profundamente religiosa, sino que, además, la contienda, como tal, está considerada como una lucha entre «cristianos»

---

[91] Citado por J. Pérez de Urbel, *Los monjes españoles...*, ob cit., II, p. 434.
[92] Brian Dutton, *La vida de «San Millán de la Cogolla» de Gonzalo de Berceo. Estudio y edición crítica*, Londres, 1967, p. 173.
[93] Manuel de Montolíu, «La poesía heroicopopular castellana y el mester de clerecía», en *Historia general de las literaturas hispánicas*, ob. cit., I, p. 350; cf., también, p. 395.

o «crusados» y «una gente renegada», «descreyda» o «paganos». Se echa, además, en cara al rey don Sancho:

> *feziste te amigo de los pueblos paganos*
> *feziste guerra mala a los pueblos cristianos* (estr. 286),

con lo que parece hacer referencia al *impium foedus* de los Sumos Pontífices. Las relaciones de Dios con los reyes hispanos es expresada con frecuencia en términos políticos de vasallaje y servidumbre. Por ello, el reconocimiento de vasallaje al musulmán toma aspecto de apostasía religiosa:

> *Los rreyes de Espanna con derecho pavor,*
> *oluidaron a ty que eres su Sennor,*
> *... ... ...*
> *tornaron se vas[s]allos del moro Almoçor.*
> *Quando yo vi que ellos fueron en tal error,*
> *[e] por miedo de muerte fyzieron lo peor,*
> *nunca de su conpanna despues ove sabor,*
> *por fer a ty servicio non quis mas su amor.* (estr. 393s)
> *Sennor, tu syervo so con mis cavalleryas,*
> *'nom' partyre de ty en todos los mis dias.* (estr. 399)

La campaña contra Almanzor es, así, en realidad un duelo entre Dios y sus enemigos, entre los cristianos de España y «los moros todos de Oriente vecinos» (estr. 383). Fernán González y sus huestes juegan en ella un papel instrumental y éste por orden directa y milagrosa de Dios. En el poema, San Pelayo se aparece al conde Fernán González y le revela la voluntad expresa de Dios de que se alce en armas contra el ejército de Almanzor y le anuncia la victoria del conde sobre los moros con la ayuda milagrosa de Santiago y la suya propia:

> *Aun te dize mas el alto Criador,*
> *que tu eres su vas[s]allo e el es tu Sennor,*
> *con los pueblos paganos lidias por su amor,*
> *manda que te vayas lidiar con Almoçor.* (estr. 406)

Santos matamoros

El papel de protector directo e inmediato de los cristianos en sus contiendas bélicas no requiere, podríamos decir, cualidades especiales. A todos los ángeles y santos del Cielo puede Dios asignar la misión de asistencia bélica a los cristianos. Sin embargo, en la historia de las intervenciones milagrosas de los emisarios divinos no hay capricho ni arbitrariedad. Ciertos títulos y razones especiales pueden ser aducidos siempre que explican su designación en cada uno de los casos en que intervienen. De esta manera el emisario divino llega a constituirse en símbolo de la protección divina y expresión del juicio de Dios a favor de la causa cristiana. De estos títulos unos son más bien históricos y están relacionados con las vidas y las obras del santo tal como, en forma más o menos legendaria, se las conoce o interpreta. Otros son más particulares o locales y responden, por lo general, a las razones que hacen del santo una figura de especial devoción.

El Oriente cristiano parece haber preferido los primeros y, ya al menos desde el siglo X, el ejército bizantino veneraba como patronos de combate a los santos soldados Demetrio, Teodoro y Sergio. Caso especial es el de San Jorge, soldado y mártir, a quien, ya en el siglo VII, se le proclama «campeón del reino». En el Occidente latino, las tradiciones más antiguas responden, por el contrario, al segundo tipo y se invocan como protectores de los ejércitos a aquellos santos cuya devoción y culto se podían considerar como más populares: Remigio, Hilario, Martín, Manrico, etc. Solo más tarde se añade a estos los santos guerreros bizantinos [94].

En la España de la Reconquista, más todavía que en el resto de Europa, son los santos del segundo tipo los que se veneran como campeones y patronos en la guerra. Los santos así invocados con mayor frecuencia, Isidoro, Millán y Santiago no tienen mayor título al papel del guerrero que el lazo creado por su presencia en reliquias y la devoción del pueblo que les invoca. En este papel, como es sabido, Santiago adquiere mayor importancia, hasta llegar a convertirse en Santiago Matamoros, relegando a todos los demás santos a lugares muy secundarios. De esta manera Santiago, apóstol, misionero y peregrino, se convierte en batallador, guerrero y terror de infieles y páganos, heraldo oficial de los dere-

---

[94] C. Erdmann, *Die Entstehung des Kreuzzugsgedankens*, ob. cit., pp. 255 ss.

chos de la cristiandad sobre los territorios todavía no reconquistados.

Mucha atención se ha prestado a la devoción medieval a
Santiago que se considera, con frecuencia, como símbolo de
la actitud cristiana, en la Península, hacia la guerra contra los
moros. Es cierto que la historia de España durante el medioevo, y aún más tarde, es incomprensible sin la devoción al
Santo y la atracción sentida, durante siglos, hacia su templo
en Compostela. Pero esta certeza se hace polémica en cuanto
se intenta explicar y evaluar el carácter especial que la devoción a Santiago va tomando a través de los siglos.

Para Américo Castro, como es sabido, la figura bélica de
Santiago es una continuación de cultos paganos, sobrevivien-
tes en España a pesar del cristianismo, y la importancia que
se le da es un calco de la espiritualidad belicosa de los musulmanes. Para el insigne maestro, «de no haber sido España
sumergida por el Islam, el culto a Santiago de Galicia no hubiera prosperado»[95] y, analizando su influencia en el sentir
español, añade:

> tal creencia salió del plano humilde del folklore y asu-
> mió dimensión incalculable como respuesta a lo que es-
> taba aconteciendo en el lado musulmán: a una guerra
> sostenida y ganada por la fe religiosa, se intentó oponer
> (no racionalmente, claro está) otra fe bélica, grandiosa-
> mente espectacular, apta a su vez para sostener al cris-
> tiano y llevarlo al triunfo. Del mismo modo que se imi-
> taba a los musulmanes en múltiples aspectos de su exis-
> tencia, se establecía también una correlación en cuanto
> al uso bélico de las creencias[96].

De esta manera, para bien o para mal, es el Islam quien crea
a Santiago, y éste, el ser de los españoles.

Claudio Sánchez Albornoz y Fray Justo Pérez de Urbel,
entre otros, se han opuesto con poderosos argumentos a la
interpretación de Américo Castro. Para Pérez de Urbel, el
origen de la devoción es auténticamente cristiano y su beli-
cismo una derivación posterior[97]. Para Sánchez Albornoz la

---

[95] A. Castro, *Realidad histórica*, p. 108.

[96] A. Castro, *Realidad histórica*, p. 109.

[97] Justo Pérez de Urbel, «Orígenes del culto de Santiago en
España», en *Hispania sacra*, V, 1952, pp. 1-31.

realidad de esa devoción hay que explicarla de otra manera,
pues es «Santiago hechura de España y no España obra de
Santiago»[98]. Para García Villoslada, en fin, es probable que
los españoles no hubieran tenido noticia antes del año 800
de la predicación de Santiago en España. Y añade:

> No se demuestra que hubiese en Iria ningún culto a
> Santiago —ni las excavaciones arqueológicas lo han de-
> mostrado hasta ahora—: de haber existido, hubiese sido
> sobre el sepulcro del santo; ahora bien, todos tienen que
> admitir que el lugar del sepulcro era ignorado al tiem-
> po de la invención[99].

De mayor importancia todavía que el hallazgo del sepulcro del Apóstol y los orígenes de su devoción en la Península
es la polémica en torno a cómo la devoción a Santiago llegó
a ser tal como fue, es decir, cómo y por qué derroteros Santiago y su culto llegan a convertirse en centro de espirituа-
lidad y símbolo del sentido religioso de las contiendas contra los moros.

En la polémica en torno a Santiago, apenas se presta atención a la indeterminación primera de una devoción bélica en
busca de un santo guerrero y su fijación en Santiago, con el
consiguiente desdoblamiento que sufre la personalidad del
Santo, en la devoción posterior, de Apóstol misionero y peregrino en campeón belicoso y guerrero.

Teniendo esto en cuenta, se puede afirmar, en parcial
acuerdo con Sánchez Albornoz, que es España quien crea a
Santiago y no al revés, es decir, que no es la devoción tradicional al Apóstol lo que crea un Santiago guerrero y matamoros, sino, al contrario, una devoción bélica y guerrera la
que transforma la devoción tradicional. Es así, también,
como hay que entender la afirmación de Américo Castro:

> El torrente de aquella fe brotó de fuentes populares
> y remotas; su canalización fue tarea eclesiástica y po-
> lítica, a la vez nacional e internacional[100],

---

[98] C. Sánchez Albornoz, *Enigma*, I, p. 265.
[99] R. García Villoslada, *Edad Media... La Cristiandad en el
mundo europeo y feudal*, en *Historia de la Iglesia católica*, ob. cit.,
II, pp. 417 ss.
[100] A. Castro, *España en su historia...*, ob. cit., p. 131.

pues, además de una canalización de la devoción popular de peregrinación al Sepulcro del Apóstol misionero y peregrino, se trata de un cambio y transformación de las antiguas devociones.

El culto y veneración de las reliquias, como es sabido, había florecida ya en el siglo IV sin que Padre o escritor de la Iglesia hubiera pensado en poner restricción alguna [101]. En el Occidente latino, Gregorio I el Magno (590-604) fue, con su autoridad y prestigio, quien le dio mayor auge [102]. Pero con su veneración, habíanse introducido en la Iglesia también los excesos; y la lucha contra éstos y su condenación, convertido con frecuencia en duras polémicas e irreconciliables desviaciones religiosas que recibieron el nombre de herejías iconoclastas. Una de ellas, polémica y herejía, dividía profundamente la Iglesia oriental y occidental durante el siglo IX [103].

En el Occidente latino, la aproximación adopcionista a la doctrina iconoclasta y la postura de los obispos carolingios y del Emperador contra el papa Adriano I, a causa de su reconocimiento como concilio ecuménico del sínodo griego reunido en Nicea en 787, hace de la veneración de las reliquias el punto central de la ortodoxia cristiana. Todavía, en el año 825, el sínodo reunido en París bajo Ludovico Pío critica la posición del Papa y, por los mismos años, Claudio de Turín, originario de la Marca Hispánica y discípulo de Félix de Urgel, predica una doctrina violentamente iconoclasta [104]. Como reacción, crece, en oleada inmensa, la devoción a los santos y

---

[101] A. Harnack, *History of Dogma*, ob. cit., IV, p. 313.

[102] A. Harnack, *History of Dogma*, VI, pp. 268 ss.

[103] Aunque el culto a las imágenes es, en sí, algo distinto del culto a los santos y la veneración de sus reliquias, los tres aspectos se confundieron con frecuencia en unas polémicas a las veces más políticas que dogmáticas y doctrinales. Cf. R. García Villoslada, *Edad Media...*, en *Historia de Iglesia católica*, ob. cit., II, pp. 180-189; E. Amann, *L'époque carolingienne*, en *Histoire de l'Église*, VI, pp. 107-127, 229-246.

[104] E. Amann, *L'époque carolingienne*, en *Histoire de l'Église*, ob. cit., VI, pp. 120-127; R. García Villoslada, *Edad Media...*, en *Historia de la Iglesia católica*, ob. cit., II, pp. 188 ss., 267; Marcelino Menéndez Pelayo, *Historia de los heterodoxos españoles*, ob. cit., II, pp. 93-117.

sus reliquias. De ello, la hagiografía del tiempo nos da conocido testimonio.

Para Sancho I de León (m. 966), es riqueza de gran valor
el cuerpo del mártir San Pelayo, que había conseguido hacer
traer de Córdoba, y Fernando I de León y Castilla (1035-1065),
al firmar las paces con el rey Al-Mu'tadid de Sevilla, estipuló
que se le entregasen los restos de las mártires Justa y Sabina, recibiendo a cambio, ya que no pudieron ser descu-
biertos, las reliquias de San Isidoro [105]. En este mundo de fe
y de devoción, fueron halladas las reliquias que se identifica-
ron como las del Apóstol Santiago.

La atención que se presta al hallazgo de las reliquias, su
identificación y la consiguiente devoción están en consonancia con la espiritualidad predominante en la Cristiandad. Se
relacionan directamente, como reacción de oposición, con las
polémicas y herejías iconoclastas de este período. También
pueden responder a la necesidad y deseo sentidos por los
cristianos peninsulares, durante los primeros siglos de la Reconquista, de un punto de referencia devocional, dado que
todas las reliquias de santos, mártires y confesores habían
quedado en el territorio dominado por el Islam. Solo en
Oviedo había, ya en tiempo de Alfonso II el Casto (792-842),
reliquias «de todos los apóstoles» [106]. Pero, más allá de esto,
no parecen tener relación directa alguna con la Reconquista
peninsular ni con la guerra contra el moro.

Fray Justo Pérez de Urbel ha estudiado los orígenes de
la devoción a Santiago como predicador misionero de España y cree ver sus raíces en los siglos anteriores a la invasión musulmana [107]. La continúa, nos dice, en los años de la
Reconquista temprana, Beato de Liébana (m. h. 798), de
quien afirma:

---

[105] C. Sánchez Albornoz, *Enigma*, I, pp. 325 ss.; J. Pérez de Urbel, «Orígenes del culto de Santiago en España», art. cit., pp. 10 ss.
Sobre el traslado del cuerpo de San Isidoro nos informa la *Crónica Silense*, en E. Flórez, *España sagrada*, ob. cit., XXVII, pp.
256-323.

[106] E. Flórez, *España sagrada*, ob. cit., XXXVII, pp. 278 ss.

[107] J. Pérez de Urbel, «Orígenes del culto de Santiago en España», art. cit., p. 13.

Podemos considerar a Beato de Liébana como el gran propagandista de la devoción a Santiago en los primeros tiempos de la reconquista. Si en su Comentario [sobre el Apocalipsis] recogió jubiloso la noticia de su predicación en la península, con el himno le dio un estado oficial; la introdujo en la Iglesia y en la corte y, por medio de él, la llevó más allá de las fronteras, aún a la iglesia de Toledo [108].

Se refiere al himno que comienza con las palabras *O Dei verbum Patris ore proditum*, escrito, probablemente, entre los años 783 y 788 y, aunque en realidad anónimo, atribuible, según Pérez de Urbel, al mismo Beato [109]. En él, por primera vez aparece el Apóstol invocado como especial protector de los españoles:

Apóstol, el más santo y digno,
Cabeza refulgente y dorada de España
Especial patrono nuestro y protector [110].

Es fácil ver un comienzo de sentido belicoso y guerrero en estos versos, pero no lo tienen. De la misma manera que nada hay de belicoso en la asignación de Roma a Pedro, las Galias a Felipe, Asia a Juan y a Tomás la India, tampoco la hay en la de Hispania a Santiago [111]. El himno, además, no es un canto de reconquista, sino una afirmación teológica contra las doctrinas adopcionistas de Elipando de Toledo, con quien Beato estaba enzarzado en no suave polémica [112].

[108] J. Pérez de Urbel, «Orígenes del culto de Santiago en España», art. cit., p. 18.
[109] J. Pérez de Urbel, «Orígenes del culto de Santiago en España», art. cit., pp. 16 ss.
[110] J. Pérez de Urbel, «Orígenes del culto de Santiago en España», art. cit., p. 18; R. García Villoslada, *Edad Media...*, en *Historia de la Iglesia católica*, ob. cit., II, pp. 416 ss.
[111] J. Pérez de Urbel, «Orígenes del culto de Santiago en España», art. cit., pp. 15 y 18. Sobre estas y otras muchas atribuciones semejantes, cf. Bernardino Llorca, *Edad Antigua. La Iglesia en el mundo grecorromano*, en *Historia de la Iglesia católica*, ob. cit., I, pp. 119 ss., 160 ss.
[112] M. Menéndez Pelayo, *Historia de los heterodoxos españoles*, ob. cit., II, pp. 20-32 ;J. Pérez de Urbel, «Orígenes del culto de Santiago en España», art. cit., p. 16.

Con toda razón, concluye Fray Justo Pérez de Urbel:

> Todavía no ha surgido el Santiago que maneja la espada y alienta a los guerreros, ni es ésta la imagen que convenía presentar a un rey pacifista como era Mauregato: «Asiste piadoso a la grey que te ha sido encomendada; sé dulce pastor para el rey, para el clero y para el pueblo; aleja la peste, cura la enfermedad, las llagas y el pecado a fin de que con tu ayuda nos libremos del infierno y lleguemos al goce de la gloria en el reino de los cielos» [113].

Tampoco es necesariamente bélica y guerrera la protección que espera Alfonso III (866-910) al hacer donaciones al Apóstol. Es cierto que el rey mismo afirma que quiere favorecer al Apóstol «para que nos concedas en este mundo la victoria sobre los enemigos» [114], pero se trata de intervención de favor divino, no participación directa y personal de Santiago en las contiendas.

Con razón, nos advierte Sánchez Albornoz que la fe de los cristianos en la protección de sus santos, e incluso de Dios en sus empresas bélicas, está suficientemente documentada ya desde los primeros siglos de la Reconquista. Y nos cita como caso especial el *Cronicon Iriense*, con las invocaciones y promesas de Ramiro II al enfrentarse con la amenaza del temible 'Abd ar-Rahman II (822-852) [115].

Se trata, es cierto, de fe en la protección divina y en la intervención de Dios en los asuntos humanos, incluso los bélicos. Ahora bien, el problema, más de teología que de historia, consiste en determinar el sentido de las invocaciones que se hacen. Un examen detenido de su concepto teológico demostraría fácilmente que no se ha llegado, en ellas, a dar el paso necesario que media entre la idea de guerra justa y la de guerra santa. Se trata de protección, intercesión en el nivel espiritual, donde se determinan las acciones humanas, pero

---

[113] J. Pérez de Urbel, «Orígenes del culto de Santiago...», art. cit., p. 22.

[114] Aunque así lo parece entender J. Pérez de Urbel, «Orígenes del culto de Santiago...», art. cit., quien cree que, en este texto, «Santiago empieza a desplegar sus actividades bélicas» (p. 22).

[115] C. Sánchez Albornoz, *Enigma*, I, pp. 272-274.

no, todavía, de la cmplicidad de los santos, incluso de Dios, en acciones de cristianos, consideradas ya acciones de Dios. Con razón dice J. Pérez de Urbel:

Estamos todavía muy lejos de Santiago Matamoros. Ni es aún una empresa y devoción que crea singularidades espirituales frente a Europa donde la devoción a los santos, la veneración de sus reliquias y peregrinación a sus santuarios es común y de un carácter semejante al que toman en la Península [116].

De carácter especial, y peculiar de la religiosidad peninsular, es la tendencia absorbente de la devoción a Santiago, hasta llegar a ser no solo el santo guerrero más popular, sino el Matamoros por antonomasia. Ahora bien, ello es una transformación muy tardía en la historia de la Reconquista. Como hemos indicado más arriba, los monjes que compilan en lengua vulgar motivos e historias hagiográficas y devocionales no manifiestan todavía, a mediados del siglo XIII, una clara preferencia por uno u otro santo matamoros.

En las esferas políticas esta transformación no es mucho más temprana, aunque sí es discernible a medida que, con la protección de la orden de Cluny, el Santuario de Santiago en Compostela se convierte en centro de espiritualidad cristiana. Fernando II de León (1157-88) había nombrado patronos especiales a San Isidoro y Santiago, cuya ayuda creía haber recibido en varias ocasiones, pero Santiago fue elegido patrono suyo personal y de su reino, llamándose «beati Iacobi vexillifer» desde el comienzo de su reinado [117]. A su muerte, Fernando II fue enterrado en la catedral compostelana. Alfonso IX (1188-1229), su hijo y sucesor a la corona de León, continuó y acrecentó la preferencia por Santiago. Al principio de su reinado, el rey atribuye al Apóstol la conservación de su persona y la posesión de su trono, «a quien debemos nuestra persona y el trono» [118]. En varias ocasiones y a lo largo de su reinado, reconoció la protección especial que creía

[116] J. Pérez de Urbel, «Orígenes del culto de Santiago...», art. cit., p. 22.
[117] Julio González, *Alfonso IX*, Madrid, 1944, I, p. 419.
[118] J. González, *Alfonso IX*, ob. cit., I, pp. 419 ss.

haber recibido de Santiago, «quien me ha librado del mal», y
añade:

> Reconocemos que por su conmiseración fuimos pues-
> tos en el trono del reino paterno y con su protección he-
> mos sido protegidos hasta hoy de muchos ataques [119].

Por el especial interés de Alfonso IX se terminó e hizo la
consagración de la Iglesia de Santiago en 1211, en lo que también vio la intervención del Apóstol, «quien todos los nego-
cios los dispone de antemano suavemente y hace prosperar
todas las cosas mucho más de lo que yo podía esperar» [120]. Son
palabras que, estrictamente hablando, se pueden dirigir solo
a Dios, aceptables y aceptadas, sin duda, por representar una
actitud espiritual en consonancia con la considerada ortodoxa
por la Iglesia. Es fácil, así, sentirse inclinado a ver en todo
este desarrollo de la devoción a Santiago una verticalidad
que se aproxima a la imposición de santos e ideales. No es
Santiago famoso porque la devoción de los pueblos así lo
hace, sino que, por el contrario, posiblemente la devoción
misma nace de la fama que monjes y reyes le atribuyen, lo
cual, justo es decirlo, tampoco sería un caso único en la
Cristiandad occidental durante el medioevo y aún mucho
después.

Cruzada y nación

A pesar de la evidente ventaja de orden político y militar
que podía procurar la interpretación cluniacense de la guerra contra el Islam, la proximidad física y la necesidad de
contactos diarios, no todos, ni siempre, bélicos, debió ser
causa de que en la Península no llegara a predominar el concepto abstracto de *christianitas* como el motivo real de la contienda. La Reconquista española, en efecto, a pesar de la influencia de los monjes de la reforma, continuó siendo en su
esencia una lucha territorial, en la que los reyes y nobles
estaban primeramente interesados en el dominio político y

---

[119]   J. González, *Alfonso IX*, ob. cit., I, p. 420.
[120]   J. González, *Alfonso IX*, ob. cit., I, p. 420.

militar de los territorios peninsulares, no en la creación de una *potestas christiana* en el sentido cluniacense.

En la Península Ibérica, la atracción romántica de la guerra santa en el Este siempre fue sentida más fuertemente que el carácter religioso de las propiaś guerras de reconquista. Así, el cluniacense Urbano II tuvo que hacer regresar a su sede a Bernardo, primer arzobispo de Toledo, quien la había abandonado y, en 1099, apareció en Roma dispuesto a unirse a la primera cruzada [121]. Más tarde, otro monje cluniacense, el papa Pascual II (1099-1118), desaconsejó a los caballeros españoles que participasen en las cruzadas de Oriente, para que no descuidasen la que tenían en su casa [122]. Y en los cánones del primer concilio ecuménico de Letrán, celebrado en 1123 durante el papado de Calixto II, al reafirmar la obligación de cumplir los votos de cruzada, no se hacían distinción entre las cruzadas a Tierra Santa y las de España [123].

Sin embargo, en contra de las declaraciones oficiales de papas y concilios, Jerusalén, la peregrinación a Tierra Santa y las Cruzadas contra los infieles en el Oriente continuaron cautivando la piedad española con una atracción romántica sin igual [124]. Así, Raimundo Lulio (1232-1316), en su *Libro de Caballería*, nos dice:

---

[121] C. Erdmann, *Die Entstehung des Kreuzzugsgedankens*, ob. cit., p. 295; M. Defourneaux, *Les français en Espagne aux XIᵉ et XIIᵉ siècles*, ob. cit., p. 35.

[122] R. García Villoslada, *Edad Media...*, en *Historia de la Iglesia católica*, ob. cit., II, p. 352.

[123] R. García Villoslada, *Edad Media...*, en *Historia de la Iglesia católica*, ob. cit., II, p. 357 Marcelin Defourneaux, *Les français en Espagne...*, ob. cit., pp. 125-193, dedica un largo capítulo a las «cruzadas de España». Debería darse más importancia a la espiritualidad cluniacense que las inspiró. Cf. C. Erdmann, *Die Entstehung des Kreuzzugsgedankens*, ob. cit., pp. 292 ss.

[124] Lo mismo se puede decir de los cristianos europeos. También, para ellos, el fin de la peregrinación a Tierra Santa y la liberación de los Santos Lugares era la finalidad primordial; la lucha contra el infiel nunca lo fue en la interpretación «romántica» de las masas. Así, al menos, lo parece indicar la poesía a que tales empresas dieron inspiración; cf. F. W. Wentzlaff-Eggebert, *Kreuzzugsdichtung des Mittelalters. Studien zu ihrer geschichtlichen und dichterischen Wirklichkeit*, Berlín, 1960.

Por la fe que tienen los caballeros bien acostumbrados, van en peregrinación a la Tierra Santa de ultra-
mar, pelean contra los enemigos de la Cruz y son mártires cuando mueren por exaltar la fe católica [125].

Con estas palabras, Lulio combina la obligación de caballero
de peregrinar a Jerusalén y luchar contra el infiel con su
dignidad martirial, si muriese en la contienda. El tema debió
ser una obsesión espiritual, ya que a él, entre otras obras de
menor importancia, dedica dos de sus libros, *Libro del pasaje*,
escrito en 1228, y *De acquisitione Terrae Sanctae*, en el que
ofrece al papa Clemente V un atrevido e interesante plan
para la conquista de Constantinopla [126]. Hacia fines del siglo XII, un poeta anónimo compone todavía un lamento a la
caída de Jerusalén, en el que, con mayor sentimiento lírico
y religioso que conocimiento real, intenta mover a los españoles a una cruzada a Tierra Santa [127].

Frente a esta idea europea, eclesiástica y defendida en la
Península por los monjes de la reforma, se alza el mantenimiento del concepto ya tradicional de la territorialidad de la
contienda. José Antonio Maravall, en un excelente estudio,
ya insistió y aclaró hace años el sentido del título de *rex
magnus* o rey de reyes con que se conoce a Alfonso III el
Magno (866-910) [128]. Según Maravall, actúa sobre su uso el
ejemplo carolingio [129]. Es muy posible, aunque se debiera insistir en que, en esta imitación de los carolingios, entran como
consideración tan solamente las relaciones del Rey Magno
con los demás reyes, no las relaciones con la Iglesia ni los
problemas de un Imperio Sacro. Es decir, no entra en la

---

[125] Raimundo Lulio, *Libro de la Orden de Caballería*, 6.ª parte,
n. 3, en *Obras literarias. Libro de Caballería, Blanquerna, Poesías*,
ed. M. Batllori *et alii*, Madrid, 1948, p. 133.
[126] R. García Villoslada, *Edad Media...*, en *Historia de la Iglesia católica*, ob. cit., II, pp. 812-817.
[127] M. C. Pescador del Hoyo, «Tres nuevos poemas medievales», en *Nueva Revista de Filología Hispánica*, XIV, 1960, pp. 242-
247.
[128] J. A. Maravall, *El concepto de España en la Edad Media*,
ob. cit., pp. 424-429.
[129] J. A. Maravall, *El concepto de España en la Edad Media*,
ob. cit., p. 425.

imitación la idea de la teoría religioso-política de los teólogos carolingios.

A través de las vicisitudes causadas por las relaciones tan
cambiantes que existían entre los reyes y reinos cristianos.
durante los siglos x al xii, llegamos a Alfonso X (1252-1284),
emperador electo del Sacro Imperio romano-germánico. Con
toda seguridad, Alfonso X tenía sobrada noticia del concepto
político y del fundamento doctrinal del Imperio a que aspiraba. Ahora bien, añade Maravall:

> De ese fondo doctrinal, el elemento más importante,
> precisamente, el que hacía referencia al universalismo
> cristiano romano del Imperio, ha quedado convertido
> en los escritores españoles que, como Alfonso X o el
> infante don Juan Manuel, conocen la teoría, en una re-
> miniscencia inerte, en un factor inoperante [130].

Para Alfonso X el Imperio es, en definitiva, dominio sobre
extensas tierras; para don Juan Manuel, una institución política europea muy concreta, que poco o nada tenía que ver
con España [131].

Durante este período continúa como aspecto característico de la Reconquista la creciente inclinación de los reyes
cristianos a aceptar la presencia y permanencia en sus reinos de las varias religiones. Prueba de ello es el título de
«Rey de las dos religiones», adoptado por Alfonso VI (1072-

---

[130]   J. A. Maravall, *El concepto de España en la Edad Media*,
ob. cit., p. 460.

[131]   Manuel Torres, «La idea del Imperio en el *Libro de los Estados* de Don Juan Manuel», en *Cruz y Raya*, II, 1933, pp. 61-90.
M. Torres concluye, en su estudio: «El problema era universal y,
así, también en Castilla vibran Europa y sus cuestiones; y, así,
también entre nosotros había de preocupar el Imperio, y no ciertamente un Imperio peninsular [...] sino el universal Imperio
cristiano occidental, el Imperio Sacro Romano Germánico» (p. 90).
Creemos, por el contrario, que don Juan Manuel no discute el
asunto del Imperio como teoría política de validez universal en el
mundo cristiano sino como un problema político que no atañe a
España. En realidad, don Juan Manuel, tan europeo en su cultura, como veremos, se muestra, aquí, notablemente hispánico. Habría que corregir, en este sentido, las conclusiones de su estudio.

1109) [132], inconcebible dentro de la teoría imperial de los teólogos carolingios y menos todavía, si cabe, en el concepto de
christianitas de cluniacenses y papas reformadores. Al mismo principio de posible coexistencia de las varias religiones
habría que atribuir también la fácil magnanimidad con que
casi todos ellos concedían derechos religiosos tras la capitulación del adversario. Magnanimidad y concesiones que, con
frecuencia, llevaron a los reyes a una oposición abierta frente
a los dictámenes de papas, abades y obispos [133]. Con razón te-
mían éstos que, con semejante tolerancia de otras religiones,
la base del reino se hiciera más política que religiosa, lo cual
era contrario a la tradición carolingia y, sobre todo, a la
transformación que ésta había sufrido desde los comienzos
de la llamada reforma gregoriana.

Aún más, si no parece haber en la Península una objeción
formal a la coexistencia con una religión musulmana desnuda
de poder militar y político, tampoco hay un reconocimiento
formal del *impium foedus*, tal como predicaban los papas romanos desde el tiempo del Papa Juan VIII (872-882). Los ejem-
plos de alianzas de reyes cristianos con los musulmanes, para
conseguir una tregua pacífica con ellos, o la ayuda bélica en
sus contiendas con otros reyes musulmanes y cristianos, son
parte esencial del panorama de la Reconquista hispana. Un
caso de especial «gravedad» es el de la batalla de Graus en
1063. Cuando el rey Ramiro I de Aragón emprendió el asedio
de la plaza de Graus, esta acción fue entendida como amenaza
a la seguridad del reino musulmán de Zaragoza, tributario a
la sazón del Imperio leonés [134]. La batalla entre los aragoneses de Ramiro y los musulmanes de al-Muqtadir de Zaragoza,
ayudados por los caballeros del infante Sancho, terminó con
la victoria del rey zaragozano y de sus aliados castellanos.

---

[132] R. Menéndez Pidal, *El Imperio hispánico y los cinco reinos*,
ob. cit., pp. 110 ss.; íd., *La España del Cid*, ob. cit., I, p. 347, y
II, p. 753. Debería hacerse notar, y no se hace, que el título de
«Rey de las dos religiones» está usado solamente en documentos
dirigidos a los reyes musulmanes.
[133] Sobre la capitulación de Toledo y el conflicto que causan
sus condiciones, cf. M. Defourneaux, *Les français en Espagne aux
XIe et XIIe siècles*, ob. cit., pp. 33 ss.
[134] R. Menéndez Pidal, *La España del Cid*, ob. cit., I, pp.
143-146.

En la refriega o a consecuencia de ella, murió el rey aragonés [135].

La gravedad del caso es, naturalmente, su persepectiva eclesiástica y europea. No solo es el papa Alejandro II un gran defensor y, de hecho, promulgador de cruzadas contra el infiel [136], sino que, probablemente, todavía el mismo año dirige el Pontífice una carta al clero vulterense (?) anunciando una indulgencia plenaria a cuantos participen en la campaña contra los sarracenos españoles [137]. El ejército reunido al mando del Gonfalonero del Papa, el normando Guillermo de Montreuil, consiguió en 1064, la conquista de Barbastro en la contienda que recibiría el nombre de «primera cruzada de España», treinta años antes de la primera cruzada a Tierra Santa [138]. La interpretación monástica de su importancia nos la dejó el monje Amatus de Montecassino en su *Ystorie de li Normant*, escrita antes de 1086. Según él, el ejército cristiano fue congregado en cumplimiento de votos hechos y para destruir «la maldita locura» de los sarracenos. Los creyentes, tras la batalla, dieron gracias a Dios por la victoria que les había concedido [139].

No fue un caso aislado y los papas no siempre podían dar por descontada la cooperación y ayuda de los reyes hispanos en las empresas de cruzada. Así, por ejemplo, en bula papal fechada en febrero de 1209, el papa Inocencio III pedía al arzobispo de Toledo, Rodrigo Ximénez de Rada, que amonestase a Alfonso VIII para que se uniera a la cruzada contra los almohades con la amenaza de que, en caso de no hacerlo, el

[135] A. Ballesteros y Beretta, *Historia de España...*, ob. cit., II, pp. 320 ss.
[136] Augustin Fliche, *La Réforme grégorienne et la Reconquête chrétienne (1057-1123)*, en *Histoire de l'Église*, ob. cit., VIII, París, 1946, pp. 48-54.
[137] Ph. Jaffe, *Regesta Pontificum Romanorum...*, ob. cit., p. 573, n. 4530. Cf. R. García Villoslada, *Edad Media...*, en *Historia de la Iglesia católica*, ob. cit., II, pp. 366 ss.; C. Erdmann, *Die Entstehung des Kreuzzugsgendankens*, ob. cit., p. 125.
[138] A. Fliche, *La Réforme grégorienne...*, en *Histoire de l'Église*, ob. cit., VIII, pp. 52 ss.; M. Defourneaux, *Les français en Espagne...*, ob. cit., pp. 132-135.
[139] R. García Villoslada, *Edad Media...*, en *Historia de la Iglesia católica*, ob. cit., II, p. 365.

Papa permitiría que sus súbditos lo hicieran bajo el mando del rey de Aragón. Años más tarde, en 1210 y en abril de 1212, en vísperas ya de la famosa cruzada contra los almohades, el papa Inocencio III pidió a los arzobispos de Toledo y de Compostela que impusieran una tregua entre León y Castilla y que exigieran de los reyes ayuda mutua en la guerra contra los enemigos de la Cruz. El Papa amenazaba de nuevo con su excomunicación a todos aquellos que osaran atacarse entre sí o buscar alianza con los musulmanes [140].

Con razón insiste Américo Castro en que la coexistencia de las religiones es una característica de la contienda española. Con no menor razón propone Claudio Sánchez Albornoz el aspecto bélico de la contienda. Ambos son aspectos muy reales y ambos tienen una gran importancia en el proceso del llegar a ser de los españoles como son y en la determinación del destino hispánico en la comunidad del Occidente cristiano. Ahora bien, si belicosidad y coexistencia son reales, no tienen ambas un mismo origen, ni se yuxtaponen a los mismos niveles. El sentido bélico, como hemos ido viendo, nace de las teorías políticas de Iglesia y Estado que se imponen en Europa desde los comienzos de la llamada reforma gregoriana, y entra en la Península con las reformas monásticas que dominan la restauración cristiana peninsular. La coexistencia, por el contrario, se manifiesta, sobre todo, en los aspectos pragmáticos. Estos fueron, como es bien sabido, en el orden interno, la necesidad de incrementar la población de los nuevos reinos atrayendo colonos que habitasen sus tierras; en el orden externo, la necesidad de conseguir nuevas alianzas que ayudaran a los reyes a sobrevivir política y militarmente, fueran los que fueran los adversarios.

Conflicto profundo de la espiritualidad y política de los hispanos es que esa coexistencia, que bien pudiéramos llamar postura tradicional, está en abierta contradicción con la espiritualidad de las órdenes monásticas predominantes en la Península. No es, por ello, arbitrariedad personal lo que mueve al cluniacense Bernando de Sedirac, primer arzobispo de Toledo, a romper las condiciones de capitulación concedidas a los musulmanes de la ciudad por Alfonso VI en 1085. El rey les había concedido el uso de la mezquita mayor con-

---

[140] J. González, *Alfonso IX*, ob. cit., I, p. 144.

virtiendo todas las demás en iglesias, pero, durante su ausencia de Toledo, la mezquita fue ocupada por orden del arzobispo, quien se apresuró a convertirla al uso cristiano [141]. Se
trata, en efecto, de la puesta en práctica de una doctrina
eclesiástica predominante ya en Europa y característica de
los monjes reformadores.

Un siglo más tarde, en 1179, el III Concilio Lateranense,
undécimo general, celebrado por Alejandro III (1159-81) puso
fin oficial a la idea de una convivencia liberal de las razas y
religiones en sus cánones concernientes a judíos y sarracenos.
En el canon veintiséis se determina que judíos y sarracenos,
bajo ningún pretexto, tengan esclavos cristianos; que los
cristianos que vivan con ellos sean excomulgados; que, en
todo juicio y proceso, la palabra de un cristiano sea preferida al testimonio de un judío; que los judíos deberían estar
sometidos a los cristianos y ser tratados con bondad tan solo
por sentimientos humanos [142]. Aunque la Península no está
nombrada aquí explícitamente, las disposiciones de este canon afectan directamente a la sociedad entera en tierras de
Reconquista, en las que los judíos y musulmanes eran también señores de tierras y siervos. A la luz de esta actitud oficial, no puede parecer extraño el fin trágico de Pedro II de
Aragón, en 1213. Acusado por los obispos del concilio de
Lavour de apoyar a los herejes, súbditos y vasallos suyos, y
desautorizado por el papa Inocencio III, murió luchando contra los cruzados de Simón de Montfort [143]. Pobre es la defensa que Menéndez Pelayo hace de la ortodoxia del rey Pedro
de Aragón, «que hubiera quemado vivo a cualquier albigense

---

[141] M. Defourneaux, *Les français en Espagne...*, ob. cit., pp.
33 ss. No es un caso aislado; por el contrario, se le podría considerar característico en las relaciones de la Iglesia hispana con los
musulmanes y judíos hasta su expulsión de España.

[142] Phillip Hughes, *The Church in Crisis. A History of the General Councils*, Nueva York, 1964, pp. 233 ss.

[143] M. Gelabert *et alii, Santo Domingo de Guzmán visto por
sus contemporáneos*, Madrid, 1966, pp. 68-72; R. García Villoslada,
Edad Media..., en *Historia de la Iglesia católica*, ob. cit., II, pp.
483 ss.; M. Menéndez Pelayo, *Historia de los heterodoxos españoles*, ob. cit., II, pp. 212-222.

o valdense que osara presentarse en sus Estados» [144]. Mas no se trata de ello, sino de la solución pacífica, que buscaba para sus vasallos y súbditos, ya inaceptable para la Iglesia.

La espiritualidad inflexible, aunque doctrinalmente clara, de obispos y monjes reformados halla un eco de aceptación popular, sin duda, cada vez más fuerte. El temor a ella movió a los musulmanes de Toledo a suplicar a Alfonso VI que no interviniera en su favor contra el arzobispo Bernardo, pues, de hacerlo, «se convertirán ellos en objeto de odio para los cristianos» [145].

Así nace en la Península una espiritualidad ambivalente entre los dos polos de pragmatismo tolerante y fanatismo religioso-político. Un ejemplo, por demás notable, de esta actitud ambivalente de coexistencia de religiones, por una parte, pero, a la vez, rozando ya líneas divisorias de un concepto de nación que se divide de acuerdo con la religión que se profesa, nos lo ofrece el infante don Juan Manuel (1282-1349). Descendiente directo de la familia real de Castilla y emparentado por sus matrimonios con la casa de Aragón, caballero guerrero, político ambicioso, aliado y en guerra con los reyes cristianos y musulmanes de su tiempo, hombre, a la vez, de una gran cultura de signo europeo y eclesiástico, al hablar de las razones de la contienda contra los moros, dice:

> [Los seguidores de Mahoma] se apoderaron de muchas tierras, et aun tomaron muchas, et tienen las hoy día de las que eran de los cristianos [...] et por eso la guerra entre los cristianos et los moros, et habrá fasta que hayan cobrado los cristianos las tierras que los moros les tienen forzadas; ca cuanto por la ley nin por la secta que ellos tienen non habrían guerra entre ellos [146].

Las palabras de don Juan Manuel son interpretadas comúnmente como prueba de tolerancia religiosa y, a la vez, de la importancia del aspecto político durante la Reconquista

---

[144] M. Menéndez Pelayo, *Historia de los heterodoxos...*, ob. cit., II, p. 217.
[145] M. Defourneaux, *Les français en Espagne...*, ob. cit., p. 34.
[146] Don Juan Manuel, *Libro de los Estados*, 1.ª parte, c. XXX, ed. cit., p. 294.

española [147]. No creo que lo fueran. Y en su interpretación, habría que tomar en cuenta dos premisas: primera, que, según don Juan Manuel, las guerras de Reconquista en la Península, en las que él mismo con frecuencia tomaba parte, no eran guerras misioneras,

> ca Jesucristo nunca mandó que matasen nin apremiasen a ninguno porque tomase la su ley, ca él non quiere servicio forzado sinon el que se face de buen talente et de grado [148].

La segunda premisa sería que solamente la religión, y no el nacimiento, era determinante del derecho de dominio de la tierra. España era un país cristiano y legítimamente pertenecía a los cristianos, no a los musulmanes, hubiesen o no nacido en la Península.

En sus comienzos, como ya hemos visto, la reconquista de territorios dominados por los invasores era considerada una guerra justa por ser los cristianos históricamente los legítimos sucesores de los reyes visigodos. Ahora, la legitimidad del poder y el derecho de gobernar los territorios peninsulares se apoyaban en argumentos religiosos. España pertenecía no a los visigodos, ni a los musulmanes, sino a los cristianos. De esta manera nace en la Península la idea de nación, basada, sobre todo, en una idea de ortodoxia religiosa. Víctimas directas, y testimonio evidente, de este concepto político-religioso de nación y nacionalidad serán, al correr de los siglos, todos aquellos peninsulares a quienes fueron negados los derechos a su nación por su falta de ortodoxia religiosa.

En conclusión, habría que afirmar que tanto la intransigencia de la ortodoxia española como el sentido religioso que adquiere la contienda de la Reconquista y el concepto de nación hispana se deben al desarrollo político-religioso del que la influencia de las reformas monásticas son causa directa e

---

[147] R. Menéndez Pidal, *La España del Cid*, ob. cit., II, p. 675; A. Castro, *España en su historia...*, ob. cit., pp. 206 ss. Américo Castro atribuye esta actitud tolerante de los hispanos a que «los españoles cristianos vivían bajo un horizonte de tolerancia trazado por el Islam» (p. 207).

[148] Don Juan Manuel, *Libro de los Estados*, 1.ª parte, c. XXX, ed. cit., p. 294.

inmediata en la Península. Es cierto que esta actitud religiosa, en la Península, nunca correspondió exactamente a un concepto universal de *res publica christiana*, pero no es menos cierto que los móviles de la Reconquista se hicieron cada vez más religiosos. Y, en lógica consecuencia, la expansión del Reino cristiano y el mantenimiento de la ortodoxia religiosa se convirtieron en piedra angular de la nación española. Cuando Alonso de Cartagena, en 1403, defendía la preeminencia de España sobre Inglaterra, en el Concilio de Basilea, en los términos siguientes:

> El señor rey de Inglaterra aunque faze guerra, pero non es aquella guerra divinal [...] ca nin es contra los infieles, nin por ensalçamiento de la fe católica, nin por estension de los términos de la cristiandat [149],

ya equipara la fe católica y la cristiandad con la historia política de Castilla.

No debe ello atribuirse simplemente a un producto de simbiosis, por coexistencia u oposición bélica, con la espiritualidad musulmana; tampoco a un resto de tradiciones visigodas. La contribución o culpa de musulmanes y judíos no es otra que la de haber sido ocasión directa, por su presencia e importancia cultural y social, de que esta política «divinal» tomara unas proporciones en España que no pudo adquirir en otros países europeos.

Nación e Iglesia

Mucho se ha discutido sobre la teoría política de Gregorio VII (1073-1085) y sus sucesores a los que se acusa de absorber derechos y poderes que son del Estado y de arrogarse el poder directo aún en las cosas temporales [150]. Creemos que es esto una excesiva simplificación del problema y que las ambiciones políticas de que se acusa a los papas reformadores

---

[149] Citado por A. Castro, *Realidad histórica*, pp. 84 ss.
[150] R. García Villoslada, *Edad Media...*, en *Historia de la Iglesia católica*, ob. cit., II, pp. 317 ss., 624 ss.; A. Fliche, *La Réforme grégorienne...*, en *Histoire de l'Église*, ob. cit., VIII, pp. 76-119.

no son sino lógica consecuencia del perfil político y económico de la Iglesia que reyes y emperadores habían ayudado a crear desde la caída del Imperio romano, aunque sería erróneo atribuir el conflicto a las rivalidades entre la Iglesia y el Estado, ambos ambiciosos de un mayor poder.

El conflicto, a la vez que político, es profundamente religioso con consecuencias directas para el concepto teológico de *Ecclesia*, su ser y su obrar en el mundo. A fines del siglo VI, San Gregorio Magno ya advierte al emperador Mauricio:

> Nadie puede gobernar las cosas terrenas si no sabe cómo tratar las divinas y que la paz del estado *(res publica)* depende de la paz de la Iglesia universal [151].

Durante el imperio carolingio, muchas de las acciones del Emperador sugieren una estructura cuya cabeza secular era, a la vez, jefe del orden eclesiástico. Los teólogos carolingios hacen de la realidad teoría. Así, por ejemplo, el visigodo Teodulfo de Orleáns alaba a Carlomagno, en sus poemas, afirmando que San Pedro, que tiene poder sobre las llaves celestiales, había concedido otras semejantes a Carlomagno para gobernar la Iglesia, eclesiásticos y pueblo [152].

El renacimiento carolingio del siglo IX llega, en el siguiente, a constituir el que generalmente se conoce con el nombre de *saeculum ferreum obscurum*, en el que las únicas figuras importantes son las de los emperadores otones [153].

La debilidad del Papado y de la mayoría de los papas que ejercen su función durante la segunda mitad del siglo X preparó el predominio político sobre la Iglesia, introducido por Otón III (983-1002).

En su tiempo, el Imperio se desnacionaliza y se convierte en una entidad esencialmente católica sin distinción de naciones. Italia y Alemania se funden, con la capital en Roma

---

[151] Gregorio I, *Registrum*, V, n. 37; *Monumenta Germaniae Historica, Epistolae*, I, p. 312. Cf. R. Manselli, «La *res publica christiana* e l'Islam», en *L'Occidente e l'Islam nell'Alto Medioevo*, ob. cit., I, pp. 118 ss.

[152]. K. F. Morrison, *The Two Kingdoms. Ecclesiology in Carolingian Political Thought*, ob. cit., pp. 28 ss.

[153] R. García Villoslada, *Edad Media...*, en *Historia de la Iglesia católica*, ob. cit., II, p. 270.

y Bizancio, como ejemplo. De sí y de sus títulos, escribía el propio Otón:

> Yo, Otón, romano, sajón e italiano, servidor de los apóstoles, por la gracia divina Emperador Augusto del mundo [154].

El carácter político de los cargos eclesiásticos y la autoridad cada vez mayor que asumía el Emperador, y todos los monarcas, en la concesión de estos cargos —investidura laica— llevó, con los primeros papas enérgicos y reformadores, a una lucha por la independencia eclesiástica, conocida por la lucha de las Investiduras.

En el curso de la lucha, el Imperio y la Iglesia se separan irremediablemente. Punto dramático de esta separación tuvo lugar en la asamblea de obispos reunida por el emperador Enrique IV en Worms, el año 1076, en la que se votó la deposición del Papa. A este ataque, Gregorio VII responde con la excomunión de los obispos y del Emperador. Contra el Emperador lanza el Papa, además, la siguiente imprecación:

> En el nombre de Dios omnipotente, Padre, Hijo y Espíritu Santo, con tu [de San Pedro] poder y tu autoridad, al rey Enrique, hijo del emperador Enrique, que con inaudita soberbia se alzó contra la Iglesia, le prohíbo el gobierno de todo el reino alemán y de Italia, desobligo a todos los cristianos del juramento de fidelidad que le han prestado o prestarán y mando que nadie le sirva como a rey [...], y le cargo de anatemas, a fin de que todas las gentes sepan y reconozcan que tú eres Pedro y sobre esta piedra el Hijo de Dios vivo edificó su Iglesia y las puertas del infierno no prevalecerán contra ella [155].

«Cuando el anatema pontificio llegó a los oídos del pueblo —anota Bosón— todo el orbe romano se estremeció sobrecogido de pavor», y, a los que preguntaban si el Papa te-

---

[154] R. García Villoslada, *Edad Media...*, en *Historia de la Iglesia católica*, ob. cit., II, p. 136.

[155] Gregorio VII, *Registrum*, III, n. 6; *Monumenta Germaniae Historica, Epistolae*, II, pp. 252 ss. Cf. R. García Villoslada, *Edad Media...*, en *Historia de la Iglesia católica*, ob. cit., II, pp. 311 ss.

nía derecho sobre reyes, Gregorio VII respondía: «¿Acaso los reyes no están incluidos, como cualquier cristiano, en aquella palabra universal de Cristo "apacienta mis ovejas"?» [156].

El ejercicio de autoridad papal de que hizo uso Gregorio VII con la excomunión de Enrique IV es ya teoría y principio en el curioso documento que lleva el título de *Dictatus papae*, y en el que aparecen compendiados todos los derechos y prerrogativas de los sumos pontífices [157].

Con frecuencia y, a veces, usando casi los mismos términos, advierten los papas a los reyes cristianos la estructura político-religiosa que ellos ven en la sociedad con la subordinación de los poderes políticos a los espirituales. Así, en 1080, Gregorio VII escribió a Guillermo el Conquistador:

> Vuestra prudencia no ignora, así creemos, que entre las dignidades del mundo hay dos que por la voluntad de Dios son superiores a todas las demás: la dignidad apostólica y la dignidad real [...]. De estas dos, la religión cristiana ha mantenido una tal superioridad que es, ante Dios, con el cuidado del Apóstol que es gobernada, la dignidad real [158].

Años más tarde, el papa Urbano II (1088-1099) escribía al rey Alfonso VI en los mismos términos y usando casi las mismas palabras:

> Dos dignidades, rey Alfonso, gobiernan principalmente este mundo: la de los sacerdotes y la de los reyes; pero la dignidad sacerdotal, hijo carísimo, sobrepasa

---

[156] R. García Villoslada, *Edad Media...*, en *Historia de la Iglesia católica*, ob. cit., II, p. 312.

[157] El texto latino se encuentra en Gregorio VII, *Registrum*, II, 55; *Monumenta Germaniae Historica, Epistolae*, II, pp. 201-208. Sobre su importancia, cf. R. García Villoslada, *Edad Media...*, en *Historia de la Iglesia católica*, ob. cit., II, pp. 317-326; A. Fliche, *La Réforme grégorienne...*, en *Histoire de l'Église*, ob. cit., VIII, pp. 116 ss.

[158] Gregorio VII, *Registrum*, VII, 25; *Monumenta Germaniae Historica, Epistolae*, II, pp. 505 ss. Cf. A. Fliche, *La Réforme grégorienne...*, en *Histoire de l'Église*, ob. cit., VIII, pp. 116 ss.

tanto a la potestad real, que de los mismos reyes tenemos nosotros que dar cuenta exacta al Rey de todos [159].

No se trata de una absorción del poder real en el del Papa, sino de una sumisión del poder temporal al espiritual, de la potestad política a la eclesiástica, del Rey y del Emperador al Papa.

Consecuencia natural de esta teoría política de los papas y monjes cluniacenses van a ser, en los siglos siguientes, los problemas que tanto afectaron a la vida de la Iglesia y también de España: la subordinación del poder real al Papado y la idea del rey como instrumento de Dios para la defensa de la integridad de la Iglesia.

Este sentido de sumisión se hace oficial con el reconocimiento del vasallaje al Papado, aceptado u ofrecido por algunos reyes de este período. Entre ellos, en la Península, está el reino de Aragón, cuyo rey Sancho Ramírez se declaró en Roma, el año 1068, *miles sancti Petri* y, más tarde, durante el pontificado del cluniacense Urbano II, feudatario de Roma (1088-1089), obligándose a pagar un tributo anual; el condado de Barcelona se ofreció a pagar tributo en 1091 [160].

Más complejo y difícil de explicar, pero, evidentemente, no una manifestación más de «pretensiones teocráticas e imperiales sobre España» como las llama R. Menéndez Pidal [161], es el problema de la soberanía de los papas sobre España [162]. No se sabe exactamente la naturaleza y el origen de los documentos en que se basa el supuesto derecho de los pontífices sobre los territorios hispanos, incluso aquéllos todavía bajo el dominio de lo musulmanes.

En ambos documentos, años aparte, en que se alude a esta

---

[159] Urbano II, *Epistolae*, VI; Migne, *Patrologia latina*, CLI, c. 289. Cf. R. García Villoslada, *Edad Media...*, en *Historia de la Iglesia católica*, ob. cit., II, p. 344.

[160] C. Erdmann, «Gregor VII, als Lehnsherr Aragons» [Exkurs IV], *Die Entstehung des Kreuzzugsgedankens*, ob. cit., pp. 347-362; A. Fliche, *La Réforme grégorienne...*, en *Histoire de l'Église*, ob. cit., VIII, pp. 113 ss.

[161] R. Menéndez Pidal, *La España del Cid*, ob. cit., I, p. 256.

[162] A. Fliche, *La Réforme grégorienne...*, en *Histoire de l'Église*, ob. cit., VIII, pp. 123 ss.; R. García Villoslada, *Edad Media...*, en *Historia de la Iglesia católica*, ob. cit., II, pp. 322-326.

soberanía, Gregorio VII apela a tradiciones y constituciones antiguas que concedían a Pedro y sus sucesores el derecho de propiedad sobre los territorios peninsulares.

En 1073, cuando los barones franceses estaban planeando una incursión en los territorios musulmanes de la Península, Gregorio VII les escribió en los siguientes términos:

> No creemos que ignoréis que el reino de España fue desde antiguo de la jurisdicción propia de San Pedro y, aunque ocupado tanto tiempo por los paganos, pertenece por ley de justicia todavía en vigor a la Sede Apostólica solamente y a ningún otro mortal [...]. Así el conde Ebles de Roucy [...] que desea entrar en esa tierra por gloria de San Pedro y arrancarla de las manos de los paganos ha recibido la siguiente concesión de la Sede Apóstolica: que retenga, con las condiciones pactadas con Nos por parte de San Pedro, todos aquellos territorios de que él mismo o con la ayuda de otros pueda arrojar a los paganos [163].

Cuatro años más tarde, en 1077, el mismo Papa se dirige «a los reyes, condes y demás príncipes de España», recordándoles los mismos derechos del Patrimonio de San Pedro:

> Os queremos, además, advertir de una cosa que a nosotros no nos es lícito callar y a vosotros es muy necesaria para la gloria venidera y para la presente, a saber, que el reino de España por antiguas constituciones fue entregado en derecho y propiedad a San Pedro y a la Santa Iglesia Romana [164].

Un siglo más tarde, el papa Alejandro III (1159-1181) otorga título de rey a Alfonso Enríquez (1179) en reconocimiento de sus esfuerzos bélicos contra los musulmanes [165].

---

[163] Gregorio VII, *Registrum*, I, 7; *Monumenta Germaniae Historica, Epistolae*, II, pp. 11 ss.

[164] Gregorio VII, *Registrum*, IV, 28; *Monumenta Germaniae Historica, Epistolae*, II, pp. 343 ss. Cf. R. García Villoslada, *Edad Media...*, en *Historia de la Iglesia católica*, ob. cit., II. p. 322.

[165] También Alfonso Enríquez se había declarado años antes vasallo de la Iglesia; Fortunato de Almeida, *Historia da Igreja em Portugal*, I, *Desde a fundaçao da monarchia ate ao fim do reinado de Dinis (1325)*, Coimbra, 1910, pp. 170-173.

De esta manera, la religión cristiana y el reconocimiento pontificio se convierten en base de la legitimidad real en España.

Císter

En la polémica sobre el enigma y la realidad histórica de España, apenas se ha prestado atención alguna a la llamada reforma cisterciense. Hay para este descuido razones que parecen poderosas. Por una parte, el momento de mayor esplendor de la reforma cisterciense coincide, en la Península, con el cenit de la influencia política y religiosa de Cluny; por otra, las diferencias, hechas controversia, entre la espiritualidad de Cluny y la del Císter, durante los siglos XII y XIII, parecen hacerlas incompatibles en una forja común de la historia espiritual y cultural de los peninsulares. Sin embargo, un detenido análisis de los hechos nos llevaría fácilmente a una conclusión totalmente distinta. A saber, que la contribución cisterciense a esta forja de la espiritualidad hispana no es solamente compatible, sino muy real y, de hecho, continuadora precisamente de los ideales religiosos de Cluny.

Ya desde fines del siglo XI y comienzos del siglo XII, como es sabido, se había dejado sentir en el Occidente cristiano la necesidad de una reforma. Como siglos antes y en repetidas ocasiones, también entonces se trataba de un deseo individual de algunos monjes de huir de la vanidad del mundo y buscar refugio espiritual en el regreso a una observación más estricta de los estatutos de la Regla benedictina [166].

Si el deseo era el mismo, no lo era la situación espiritual, pues si, en los albores del siglo X el declive de la espiritualidad monástica y del clero en general podía ser atribuido a la falta de autoridad y prestigio social y político de la Iglesia, ahora, por el contrario, todos los males morales que aquejaban a la vida monástica se atribuían a la excesiva influencia y riqueza de abades y obispos que les convertían en víctimas de las ambiciones políticas de nobles y reyes y también, con frecuencia, de las propias. Desde otro punto de vista,

---

[166] A. Fliche, *La Réforme grégorienne...*, en *Histoire de l'Église*, ob. cit., VIII, p. 401.

Cluny, con sus diez mil monjes esparcidos por toda Europa, con sus monasterios opulentos, con posesiones inmensas y con sus monjes ocupando los cargos más importates, incluido el Papado, y ejerciendo una influencia extraordinaria sobre reyes y emperadores, era a la vez motivo y punto de partida de los nuevos deseos de reforma. Cluny sirve también de «cabeza de turco» para justificar las nuevas interpretaciones de la Regla benedictina y la necesidad de la reforma [167].

Como ya había sido el caso siglos antes, también entonces los intentos reformadores son numerosos, ninguno con afanes de reforma universal, sino estrictamente personal y, por ello, se busca la soledad para iniciar unas congregaciones de una dirección espiritual penitente, pauperística, popular, con frecuencia anacorética y dirigida siempre a la perfección personal del monje. Esta reacción, más que reforma, está representada por Roberto de Abrissel, Bernardo de Abbeville, Vital de Tierceville, Guillermo de Vercelli y otros predicadores que, como ellos, se retiraron a lugares solitarios a instituir congregaciones benedictinas de una observancia más estricta y rígida [168].

Uno de ellos fue el monje Roberto, abad por un tiempo de Moutier-la-Celle y prior de Saint Ayoul que, con trece de sus compañeros, se retiró a unas ermitas de Molesme en las cercanías de Troyes con el propósito de vivir la Regla benedictina sin paliativos. En 1098, Roberto de Molesme, buscando la oportunidad para una observación todavía más rigurosa, se dirigió a un breñal desierto y pantanoso en las cercanías de Dijon, llamado Citeaux, el *Cistercium* latino. Unos años más tarde, en 1112, con el ingreso en Citeaux de un noble borgoñés, Bernardo de Fontaines, que llegó acompañado de otros treinta caballeros, a quienes había inducido a abrazar la vida monástica, la reforma se estabiliza y comienza a difundirse. En

---

[167] No se pueden tomar al pie de la letra todas las violentas y acerbas críticas contra la Orden. La más famosa es la dirigida por San Bernardo contra la conducta de los monjes en el comer, vestir y boato exterior; cf. *Apologia ad Guillelmum*, en Migne, *Patrologia latina*, CLXXXII, cc. 895-918.

[168] R. García Villoslada, *Edad Media...*, en *Historia de la Iglesia católica*, ob. cit., II, p. 639; A. Fliche, *La Réforme grégorienne...*, en *Histoire de l'Église*, ob. cit., VIII, pp. 448 ss.

1115, al monje Bernardo se le encomienda la fundación de un monasterio en Clairvaux, o Claraval, del cual Bernardo fue el abad más famoso [169].

En la Península, los orígenes de la reforma cisterciense son atribuidos ya a la intervención directa de San Bernardo. Con toda probabilidad, la regla cisterciense entra en la Península importada desde el monasterio de Morimond, el cual poseía, ya en el siglo XII, una serie de filiales en el sur de Francia. De ellas, la reforma pudo difundirse por toda Navarra, Aragón y Cataluña. En 1140, Alfonso VII ofrece al abad de l'Escaladieu unas donaciones territoriales para una fundación cisterciense. Los monjes se establecen, tras corta vacilación, en Fitero, en los confines de Navarra, Castilla y Aragón, que llega así a ser la primera fundación cisterciense en España [170].

A partir de 1141, las fundaciones cistercienses dependientes de Claraval y Merimond se multiplican rápidamente, repartiéndose los territorios reconquistados. Claraval inunda con sus monasterios Galicia, Asturias, León, los territorios occidentales de Castilla y todo el reino de Portugal y, a través de sus dependencias de Grandselve y Fuentefrida (Fontfroide), también en Cataluña. Merimond se extiende a lo largo de los Pirineos y en casi toda Castilla [171].

Contra la política centralizadora de Cluny, el Císter restaura la autonomía básica de los antiguos monasterios, sin organización jerárquica estructurada, en la que el Abad de Abades es considerado solamente como *primus inter pares*. Si este tipo de organización es un factor que ayuda a evitar e impedir la posibilidad de que el Císter adquiera una influencia política semejante a la de Cluny, no es obstáculo a esfuerzo coordinado. Así lo demuestra el notable reparto de territorios peninsulares en la política de expansión del Císter en la Península. La mayor parte de monasterios cistercienses de la región noroeste, incluyendo a Portugal, estaban

---

[169] A. Fliche, *La Réforme grégorienne...*, en *Histoire de l'Église*, ob. cit., VIII, p. 449-452.

[170] Maur Cocheril, *Études sur le monachisme en Espagne et au Portugal*, ob. cit., pp. 146 ss.; Justo Pérez de Urbel, *Los monjes españoles en la Edad Media*, ob. cit., II, pp. 495 ss.

[171] M. Cocheril, *Études sur le monachisme en Espagne...*, ob. cit., pp. 147 ss.

afiliados al monasterio de Claraval, mientras que los monasterios de la región norte y centro lo estaban a Merimond, en zonas bastante determinadas [172].

Los cluniacenses se habían derramado, en un principio, especialmente por las regiones pirenaicas. Los cistercienses, en cambio, empiezan a echar raíces más hacia el sur, donde su régimen de trabajo manual los convierte en instrumentos necesarios para la repoblación y organización de las tierras recientemente reconquistadas o todavía sin colonizar. Como afirma Fray Justo Pérez de Urbel,

> los reyes miraron como providencial la aparición de aquellos hombres que lejos de recluirse en el monasterio para consagrarse al rezo continuo, como los cluniacenses, proclamaban el trabajo de las manos como un rasgo esencial de la Regla benedictina. No necesitaban colonos, ni vasallos; más aún, su posesión era contraria a los primitivos Estatutos de la Orden. Ellos mismos debían cultivar las posesiones que rodeaban el monasterio, y sus conversos las granjas lejanas [173].

El ideal de las primeras generaciones de cistercienses es resumido por Luis Lekai:

> Una separación absoluta del mundo fue impuesta: todos vivían en la mayor pobreza, los monjes se negaban a aceptar beneficios eclesiásticos y toda clase de rentas, y se esforzaban en ganar su sustento con el trabajo manual más duro. Eran extremadamente hospitalarios y generosos con los pobres, pero ellos mismos se contentaban con la vestimenta y comida más basta. Guardaban un silencio perpetuo y extendían la regla de la pobreza hasta la liturgia y los vasos sagrados [174].

Como consecuencia de este programa ideal, el Císter restringe, todavía más que lo había hecho Cluny, el tiempo que

---

[172] M. Cocheril, «Implantation et localisation des abbayes», apéndice de *Études sur le monachisme en Espagne...*, ob. cit., pp. 345 ss. Cf., también, R. A. Donkin, «The Growth and Distribution of the Cistercian Order in Medieval Europe», en *Studia Monastica*, IX, 1967, pp. 275-286.

[173] J. Pérez de Urbel, *Los monjes españoles en la Edad Media*, ob. cit., II, p. 505.

[174] Louis Lekai, *Les Moines Blancs*, París, 1957, p. 23.

los monjes pueden dedicar a la lectura y suprime toda clase de escuelas externas. Las *Instituta capituli generalis* de 1134 prohíben la enseñanza, dentro de los límites del monasterio, a todos «excepto el monje o a quien haya sido aceptado como novicio. A éstos se les permite aprender durante el tiempo de lectura» [175]. De una manera especial, se prohíbe la enseñanza de la jurisprudencia y de las bellas letras, excluyendo, así, toda preocupación retórica o literaria [176]. Pero no se trata de si los primeros cistercienses eran o no enemigos de los estudios. Evidentemente, no lo eran y su actitud no requiere defensa, aunque sí, quizá, mejor comprensión. Es evidente que los estudios, como tales y, en consecuencia, la educación del monje no formaban parte del ideal cisterciense. Y solo como instrumento necesario se concedía a la educación del monje un lugar, aunque secundario, en la jornada de la comunidad. Se trata, en términos generales, de la actitud tradicional, opuesta en principio al saber secular, ahora no tanto por oposición a un paganismo ya sin vida, sino como parte de un concepto ascético y como medio para evitar los peligros del error y de la vanidad. San Bernardo, por ejemplo, no habla contra los *docti* y *litterati* en sus *Sermones*, pero subordina la *scientia litterarum* a la salvación del alma. Y ésta no hay que buscarla primordialmente en el saber [177].

Durante el primer siglo y medio desde la fundación de Claraval, el Císter parece absorber las ansias de renovación espiritual y, gracias a la personalidad extraordinaria de San Bernardo que la desarrolla y da impulso, la nueva reforma sobrepasa la rapidez con que Cluny se había propagado durante sus primeros cien años.

En el régimen exterior, el Císter, con su renovada dedicación al trabajo manual y su sistema de colonización, podría

[175] Anselm Dimier, «Les premiers cisterciens etaient-ils ennemis des études?», en el colectivo *Los Monjes y los Estudios*, IV Semana de Estudios Monásticos, Poblet, 1963, p. 7.

[176] J. Pérez de Urbel, *Los monjes españoles en la Edad Media*, ob. cit., II, pp. 493 ss. Son evidentes los testimonios que se pueden aducir sobre este particular, aunque A. Dimier trata de explicarlos y suavizarlos en el estudio citado en la nota anterior.

[177] Agustín Altisent, «Inteligencia y cultura en la vida espiritual según los *Sermones super Cantica* de San Bernardo», en *Los Monjes y los Estudios*, ob. cit., pp. 154 ss.

ser considerado más bien una innovación que una reforma; en su vida interna, por el contrario, la austeridad de la observancia monástica más que innovación es renovación y mejora de las costumbres y observaciones cluniacenses. En efecto, la oposición entre Cluny y el Císter, hecha famosa en la *Apología* de San Bernardo, solo apunta a excesos y defectos de orden interno bien sabidos y corregidos, al menos en propósito e intento, por los mismos cluniacenses.

Así se explica que, en muchos casos, los monasterios cluniacenses aceptaron la observancia propuesta por la reforma cisterciense, aún sin unirse a ella ni cambiar la estructura de su organización externa, con el objeto de aprovecharse de la nueva espiritualidad para la reforma de las costumbres de sus monjes [178].

Este es un caso especialmente frecuente en la Península, donde habría que afirmar que el Císter en vez de poner fin a la espiritualidad cluniacense continúa y reafirma, con su extraordinario prestigio, los ideales ya introducidos por Cluny, participando así en la creación de las peculiaridades de la sensibilidad religiosa de los peninsulares.

Es, por ello, tarea difícil trazar una línea clara divisoria entre la espiritualidad de Cluny y del Císter o entre las devociones populares preferidas por la una o por la otra. La devoción a la humanidad de Cristo, cluniacense en un principio, es también característica del Císter y de San Bernardo, más tarde [179]. Lo mismo se puede decir de la devoción a la Virgen María. Aunque es San Bernardo su devoto por antonomasia y los cistercienses los propugnadores más declarados de su devoción, es el cluniacense Bernardo de Morlaix (m. h. 1140) uno de sus primeros poetas y sus versos tienen la misma unción y ternura de San Bernardo, a quien por algún tiempo se le atribuyeron [180]. Y no sería tampoco fácil ta-

---

[178] J. Pérez de Urbel, *Los monjes españoles en la Edad Media*, ob. cit., II, p. 501.

[179] Uno de los grandes devotos de la *humanidad* de Jesucristo fue el cluniacense Juan de Fecamp (1028-1078), autor de las famosas *Meditationes Sancti Augustini*. Cf. R. García Villoslada, *Edad Media...*, en *Historia de la Iglesia católica*, ob. cit., II, p. 648.

[180] R. García Villoslada, *Edad Media...*, en *Historia de la Iglesia católica*, ob. cit., II. p. 843.

rea en la Península distinguir las características específicas, cluniacenses y cistercienses, de la espiritualidad de Gonzalo de Berceo. Por la misma razón, el notable predominio que adquiere el arte gótico sobre el románico no se debe a una sustitución de cluniacenses por cistercienses en la Península, sino a preferencias arquitectónicas y estéticas y, sobre todo, a una aceptación de la espiritualidad reformada de los monjes cistercienses.

Aunque, en principio, los ideales cistercienses de perfección monástica exigían un apartamiento de la política del mundo, la realidad histórica de la orden es distinta y son cistercienses las dos figuras más influyentes en el mundo cristiano a mediados del siglo XII, San Bernardo de Claraval (1091-1153) y su discípulo el papa Eugenio III (1145-1153). No se opone el Císter a la teoría político-religiosa propugnada por los papas Gregorio VII y Urbano II y defendida por los monjes cluniacenses. En el tratado *De consideratione*, que dedica al Papa, su maestro San Bernardo habla de la dignidad incomparable del Vicario de Cristo, pastor universal, juez, árbitro pacificador de los pueblos. En Roma, dice, el Papa es soberano temporal, pues, además de sucesor de San Pedro, lo es de Constantino. Reclama también para el Pontífice la doble potestad: *spiritualis scilicet gladius et materialis*, aunque solo de la primera debe usar directamente: *exercendus ille sacerdotis, is militis manu, sed ad natum sacerdotis et jussum imperatoris*. No es claro el sentido de las palabras de San Bernardo ni el alcance que tiene su doctrina político-religiosa, pero su discípulo, el papa Eugenio III, quien pudiera ser considerado como su intérprete más auténtico, ha sido y es considerado por muchos historiadores como un gran campeón de la teocracia [181].

Tampoco se opone el Císter al concepto de una *christianitas* militante contra el Islam, aunque, a veces, parece hacer

---

[181] San Bernardo, *De consideratione;* Migne, *Patrologia latina*, CLXXXII, cc. 727-808. Sobre la doctrina política de San Bernardo, cf. A. Fliche, *Du Premier Concil du Latran à l'avènement d'Innocent III* (1123-1198), en *Histoire de l'Église*, ob. cit., IX, París, 1948, pp. 23-25, 35-38; John B. Morrall, *Political Thought in Medieval Times*, Nueva York, 1962, pp. 55 ss. Considera a Eugenio III campeón de la teocracia H. Gleber, *Papst Eugen III*, Jena, 1936.

uso de una retórica emotiva donde los monjes de Cluny hubieran quizá preferido el argumento de *jus terrae*. En ello, también es la figura de coloso del cisterciense San Bernardo quien define la dirección a seguir tanto para su orden como para la Cristiandad entera. Es conocida la intervención de San Bernardo en la predicación de la segunda Cruzada (1147-1149), de la que él es verdadero arquitecto, como también se sabe la multitud de leyendas extraordinarias y milagrosas que se han forjado en torno a este místico, tan lírico y emotivo y, a la vez, tan elocuente predicador de guerras contra el infiel [182].

Órdenes militares

De extraordinario interés, por su influencia en la espiritualidad europea, es el tratado que San Bernardo compuso *En alabanza de la nueva milicia*, con el que se consagra el concepto de monje guerrero de las incipientes Órdenes militares [183]. Escrito antes de 1136, a instancias de Hugo de Payens, primer Gran Maestre de la Orden de los Caballeros del Temple, fue causa de que muchos caballeros solicitaran el ingreso en la nueva milicia. La Orden fue así organizada definitivamente y aprobada por Eugenio III, en 1139. La historia y génesis de las Órdenes militares es larga y compleja y ha sido punto importante en la polémica de España. Américo Castro acepta la opinión expresada, hace ya más de siglo y medio, por el arabista José Antonio Conde: «de estos morabitos [almorávides] procedieron así en España como entre los cristianos de Oriente las órdenes militares» [184]. Contra esta interpretación escriben Claudio Sánchez Albornoz y, con él, directa o indirectamente, casi todos los más prestigiosos histo-

---

[182] Así lo llama R. García Villoslada, *Edad Media...*, en *Historia de la Iglesia católica*, ob. cit., II, pp. 385-388. Cf., también, A. Fliche, *Du Premier Concil de Latran à l'avènement d'Innocent III...*, en *Histoire de l'Église*, ob. cit., IX, pp. 191-198.

[183] San Bernardo, *De laude novae militiae;* Migne, *Patrologia latina*, CLXXXII, cc. 921 ss.

[184] J. A. Conde, *Historia de la dominación de los árabes en España*, Madrid, 1820-1821, I, p. 619. Cf. A. Castro, *Realidad histórica*, p. 408.

riadores que se han ocupado del desarrollo político y religioso del Medioevo europeo [185]. Américo Castro atribuye gran importancia al escrito de San Bernardo *De laude novae militiae*, a que nos hemos referido, y en el que ve una reacción «frente a esta novedad islámica», y comenta que, con la aprobación del santo cisterciense,

> penetraba en la cristiandad europea una doctrina y unos hábitos familiares al Islam desde hacía siglos, aunque nueva e inaudita para los monjes franceses del Císter y Cluny [186].

Aunque es ciertamente posible una aproximación de detalle, como de estrategia en las guerras, es totalmente inconcebible pensar que, en lo esencial, esa transformación del concepto del *miles Christi* ocurra así, alegremente, aceptando el capricho de un grupo de caballeros reducido y todavía sin organización definida. Américo Castro parece ignorar, además, la teoría política de la Iglesia y el Imperio, explícita ya desde los tiempos carolingios, y la intervención de Cluny y del Císter en su desarrollo posterior. La atribución hecha por Américo Castro del origen de las Órdenes militares no solo al Islam, sino al Islam de España abruma, además, al historiador con una serie de conflictos cronológicos, de cuya carga, con toda razón, Sánchez Albornoz se queja [187].

Solo indirectamente atañe el problema, y la polémica, a nuestro estudio. Pues nadie hay que, seriamente, sostenga que ese militarismo religioso organizado haya nacido en el mundo del Islam, de donde pasó para dominar y transformar la religiosidad hispana y, por influencia de ésta, la espiritualidad europea. Los historiadores, incluso aquellos que creen en el origen islámico de las Órdenes militares, con mayor razón todos los demás, sostienen que el impulso espiritual que las

---

[185] C. Sánchez Albornoz, *Enigma*, I, p. 302; R. García Villoslada, *Edad Media...*, en *Historia de la Iglesia católica*, ob. cit., II, pp. 699. ss. Cf., también, C. Erdmann, *Die Entstehung des Kreuzzugsgedankens*, ob. cit., pp. 185-211. R. García Villoslada y C. Erdmann ofrecen, además, interesante y fundamental información bibliográfica.

[186] A. Castro, *Realidad histórica*, pp. 409 ss.

[187] C. Sánchez Albornoz, *Enigma*, I, pp. 302 ss.

formaliza en la Cristiandad occidental no es hispano, sino
europeo. A esto podríamos añadir que el espíritu bélico a que
responden está en consonancia con el de la reforma de Cluny
y del Císter, y que a esta última cabe, para bien o para mal,
la responsabilidad mayor de la importancia que las órdenes
militares tienen en la espiritualidad peninsular.

El espíritu colonizador de la nueva Orden había inducido
a sus monjes a buscar para sus fundaciones los nuevos territorios sin poblar o todavía desorganizados que la reconquista
iba incorporando a los reinos cristianos. En consecuencia, ya
en el siglo XII, forman los monasterios cistercienses las avan-
zadas de la colonización cristiana y puntos de apoyo para los
reyes en sus contiendas contra los moros. Es en ellos donde
los monjes predican la guerra, donde los reyes y caballeros se preparan para ella, y adonde regresan para dar gracias
a Dios después de sus victorias. La historia espiritual peninsular gira ya menos alrededor de los antiguos monasterios,
Ripoll, Leyre, Cardeña, Silos, y más en torno a las nuevas fundaciones, Poblet, Las Huelgas, Monsalud, Alcobaza. En ellos
buscan los reyes también su último descanso, y Poblet y
Santas Creus se convierten en panteones de los reyes de Aragón, Las Huelgas de los príncipes e infantes de Castilla, Alcobaza de los monarcas de Portugal. Y los nobles del reino,
imitando a sus señores, escogen los monasterios cistercienses
de Belmonte, Matallama, Valbuena, Poblet y otros [188].

Figuras notables fueron el abad de Santa María de Huerta
y el abad de Fitero. Del interés belicoso de San Martín, abad
de Santa María de Huerta, nos habla su biógrafo [189]. De mayor
alcance y transcendencia es la espiritualidad belicosa del cisterciense Raimundo Sierra, abad de Fitero (m. 1165). Es Raimundo Sierra quien con un monje compañero suyo, Diego

---

[188]   J. Pérez de Urbel, *Los monjes españoles en la Edad Media*,
ob. cit., pp. 521-525.

[189]   «Todos los próceres de Castilla, al emprender la campaña
contra los sarracenos, se dirigían al santo varón Martín, para ser
fortalecidos con su bendición y sus oraciones y así alcanzar la victoria [...]. Después les señalaba su sepulcro en el recinto del
claustro, intimándoles que no volviesen de la expedición sino
muertos o vencedores»; cf. Fr. Ángelo Manrique, *Cisterciensium
Annales ant.*, citado por J. Pérez de Urbel, *Los monjes españoles
en la Edad Media*, ob. cit., II, pp. 521 ss.

Velázquez, se ofrece a ocupar la fortaleza de Calatrava, abandonada por los Templarios ante la amenaza musulmana. El éxito de la empresa movió a un número de aquellos guerreros a permanecer bajo la autoridad de Raimundo, organizándose así en orden religiosa, bajo la obediencia y la regla del Císter encargada de defender la frontera [190]. El año 1164, la Orden de Calatrava recibió la aprobación del papa Alejandro III y, en 1199, Inocencio III la tomó bajo su protección, confirmando sus costumbres y estatutos *secundum consilium Merimondensis abbatis* [191]. La impresión que, en la cristiandad hispana, causó la victoria de Alcántara y la aprobación que encontró la nueva fundación se pueden medir por la manera tan rápida como cundió el ejemplo. En pocos años fueron apareciendo los Freires de San Julián del Pereiro, conocidos también por Caballeros de Trujillo y finalmente como Caballeros de Alcántara; los Freires de Santa María de Évora, más tarde Caballeros de Avis; los Freires de Cáceres, mejor conocidos como Caballeros de Santiago de la Espada; la Orden de San Jorge de Alfama; la Orden de Cristo; la Orden de Montesa y la Orden de Nuestra Señora de la Merced. De ellas, cinco, Calatrava, Alcántara y Montesa en España, y Avis y de Cristo en Portugal, siguen la regla cisterciense [192].

Las órdenes militares cistercienses irán formando con su expansión un frente estratégico contra el Islam que, partiendo de Tomás y Avis en Portugal, sigue por la parte sur de Extremadura y Ciudad Real, en el Campo de Calatrava, hasta llegar al Maestrazgo de Montesa, en Valencia [193].

---

[190] R. García Villoslada, *Edad Media...*, en *Historia de la Iglesia católica*, ob. cit., II, pp. 703 ss.; J. Pérez de Urbel, *Los monjes españoles en la Edad Media*, ob. cit., II, pp. 522 ss. El monasterio de Fitero era una filial de la abadía cisterciense de Merimond; cf. M. Cocheril, *Études sur le monachisme en Espagne et au Portugal*, ob. cit., p. 377.

[191] Vid. el texto en Migne, *Patrologia latina*, CCXIV, cc. 590-593. Cf. R. García Villoslada, *Edad Media...*, en *Historia de la Iglesia católica*, ob. cit., II, p. 704.

[192] M. Cocheril, *Études sur le monachisme en Espagne...*, ob. cit., pp. 377-380; R. García Villoslada, *Edad Media...*, en *Historia de la Iglesia católica*, ob. cit., II, pp. 704-708.

[193] M. Cocheril, *Études sur le monachisme en Espagne...*, ob. cit. Véase el mapa al final del libro.

Orden de Predicadores

La Orden de Predicadores, fundada por Domingo de Guzmán (1170-1221) a principios del siglo XIII, es considerada generalmente como una participación hispana en la nueva espiritualidad de este período que se manifiesta en la aparición de numerosos movimientos religiosos populares, de los que las llamadas órdenes mendicantes son solo un aspecto. Es también frecuente que se vea un paralelismo espiritual con la orden llamada de «Hermanos menores», fundada por Francisco de Asís (1181-1226) durante los mismos años.

Según García Villoslada, los hombres del siglo XIII

> tenían que ser atraídos a la verdad evangélica por los caminos del corazón y por los de la inteligencia. Para lo primero, Dios hizo regalo a su Iglesia en el 'mínimo y dulce' Francisco de Asís; para lo segundo le dio un hijo de la meseta clara de Castilla [194].

Friedrich Heer incluye a los dominicos entre los movimientos populares —religiosos, políticos y sociales— waldense, franciscano, albigense y, después, husita y «evangélico», tan numerosos a principios del siglo XIII. Aunque, al distinguir después entre movimientos espirituales que él llama de «izquierda» y de «derecha» religiosa, solo el hispano parece, entre todos, pertenecer a ésta [195]. Sánchez Albornoz no hace más que una breve referencia al «cristianismo militante de Santo Domingo de Guzmán» [196]. Maurice de Wulf atribuye a los dominicos y a los franciscanos una gran influencia en el desarrollo de las escuelas de filosofía y teología de París y habla de la élite intelectual de los dominicos [197]. Todos ellos son aspectos muy reales de la historia dominica que incluyen, aun sin

---

[194]   R. García Villoslada, *Edad Media...*, en *Historia de la Iglesia católica*, ob. cit., II, p. 664.

[195]   Friedrich Heer, *The Intellectual History of Europe*, ob. cit., pp. 111-140.

[196]   C. Sánchez Albornoz, *Enigma*, I, p. 365.

[197]   Maurice de Wulf, *Philosophy and Civilization in the Middle Ages*, Nueva York, 1922 [repr. 1953], pp. 74 ss.

decirlo, la consideración de un desarrollo posterior o excluyen otros aspectos tan reales, aunque, quizá, de menor resonancia.

Para el análisis del conflicto que fue España, el punto de vista es otro, pues, más que los méritos que los dominicos han merecido a través de la historia, habría que tomar en cuenta cómo su espiritualidad se entronca con un pasado monástico y ayuda, así, a forjar el ser de los españoles tal como se había iniciado bajo la influencia de la reforma. Desde este punto de vista, el juicio de Heer sobre los dominicos como un movimiento conservador de «derecha» es, a la vez, de importancia e intrigante.

Como es sabido, el fenómeno religioso que constituye la aparición de las llamadas órdenes mendicantes se atribuye al crecimiento de la burguesía en ciudades cada vez más activas y florecientes. La urgencia de la educación religiosa de los pueblos y ciudades hace que el ideal eclesiástico de la misión cristiana se altere, pierda mucho del egocentrismo presente en el ideal de la perfección monástica y tome un sentido evangelizador de nuevo estilo. Al monje que vivía en su monasterio, alejado del mundo, dedicado al servicio litúrgico, a la contemplación y, en casos, al trabajo manual, sucede ahora el fraile (*frater*) que fraterniza con la gente del pueblo o de la ciudad donde él también reside, dedicado principalmente a la predicación y administración de los sacramentos.

Son muy conocidas, aunque no siempre tenidas en cuenta, las relaciones estrechas que Diego, obispo de Osma, y Domingo de Guzmán mantuvieron con la orden cisterciense y con los dignatarios eclesiásticos de su tiempo. Diego de Osma había adoptado el hábito de la Orden durante una visita al monasterio del Císter [198]. En 1206, Diego de Osma y Domingo de Guzmán se reúnen en Montpellier con el legado pontificio Arnaldo de Amaury, abad del Císter y otros abades de la misma orden para deliberar sobre la manera de reprimir la herejía albigense. En su compañía recorren los misioneros hispanos, durante dos años, las ciudades de Languedoc. A la muerte de Diego, ocurrida en Osma, el año 1207, Domingo continúa su predicación en Tolosa bajo la protección del

---

[198] M. Gelabert *et alii, Santo Domingo de Guzmán visto por sus contemporáneos,* ob. cit., pp. 63, 299-301.

monje cisterciense Fulco, obispo de la ciudad. Aunque no parece que tomara parte activa en la llamada cruzada contra los albigenses, como hicieron Amalrico y los demás monjes cistercienses compañeros suyos, durante su desarrollo continuó su apostolado bajo la protección del obispo Fulco y del jefe de los cruzados, Simón de Monfort. Tras la derrota de los herejes, para arrollar la herejía y llevar a cabo la reforma eclesiástica, se sustituyó, según los planes forjados por el Papa y sus legados, a todos los obispos sospechosos de herejía o simpatizantes con los herejes. Así fueron depuestos de sus sedes, en distintas fechas, los obispos de Tolosa y Carcasona, el arzobispo de Narbona y también los obispos de Rodez y de Auch, siendo reemplazados todos ellos por monjes cistercienses. Domingo de Guzmán fue elegido para las sedes de las diócesis de Beziers, Comminges y Conserans, cargos que rechazó para dedicarse, con apoyo y protección de los obispos cistercienses, a dar forma a la nueva orden [199].

En 1215, Inocencio III convoca el IV Concilio de Letrán, XII Ecuménico, para «reforma de la Iglesia universal, corrección de las costumbres, extirpación de la herejía y confirmación de la fe». En su decreto tercero *De haereticis* se ordena la institución de predicadores que fuesen cooperadores del obispo en la predicación y la administración de la penitencia. Con la aprobación y el favor de Inocencio III y de su sucesor Honorio III, recibe reconocimiento oficial una orden que, como pocas, supieron interpretar la espiritualidad oficial vigente [200].

No parece cierto que Domingo de Guzmán haya sido fundador de la Inquisición en el Langedoc, pues la diocesana ya

---

[199] M. Gelabert *et alii*, *Santo Domingo de Guzmán...*, ob. cit., pp. 63-70.

[200] R. García Villoslada, *Edad Media...*, en *Historia de la Iglesia católica*, ob. cit., II, pp. 668 ss.; M. Gelabert *et alii*, *Santo Domingo de Guzmán...*, ob. cit., pp. 79 ss.

Dante Alighieri hace clara referencia en su *Divina Commedia* al papel de campeón de la ortodoxia oficial desempeñado por Santo Domingo:

> *tal fu l'una rota della biga*
> *in che la Santa Chiesa si difese*
> *e vince in campo la sua civil briga* (*Paradiso*, XII, 106-109).

existía y la pontificia se introdujo diez años después de su muerte. Pero sí hay documentos suficientes para demostrar que Domingo ejerció funciones inquisitoriales. Con palabras de un biógrafo moderno:

> Santo Domingo quemando herejes es un mito creado por los enemigos del catolicismo. Santo Domingo castigándoles y librándoles con penas medicinales de la pena capital es un hecho histórico documentado [201].

Este espíritu agresivo inspira los comienzos de la universidad de Tolosa fundada, en 1229, para ayudar a combatir herejes en los territorios albigenses recién vencidos. De este espíritu es testimonio el lema que se da a la nueva universidad: *Pravos extirpat et doctor et ignis et ensis*. En la organización y enseñanza de esta Universidad intervienen los dominicos ya desde muy pronto.

Reveladora de las peculiaridades de la religiosidad hispana, en el siglo XIII, ya propugnadora de una ortodoxia sin compromisos, es la diferencia tan notable entre la espiritualidad del italiano Francisco de Asís (1182-1226) y la de su contemporáneo castellano Domingo de Guzmán (1170-1221). La actitud del «*poverello d'Assisi*» es clara protesta de «izquierda» religiosa, su ideal de perfección es más emotivo que doctrinal, sometido, pero al margen incluso opuesto, a las direcciones político-religiosas predominantes en su tiempo. Santo Domingo, por el contrario, es portavoz de una «derecha» espiritual, doctrinal y jerárquica, defensora resuelta de la ortodoxia oficial.

El día de la Asunción del año 1217, llamado día del Pentecostés dominico, mientras unos frailes se dirigen a París «para estudiar, predicar y fundar un convento» otros cuatro se dirigen a España [202]. Unas décadas más tarde los frailes dominicos tenían predicadores, consejeros y confesores en todas las cortes de los reyes hispanos, desde las que podían ejercer una influencia comparable con la que habían ejercido los monjes cluniacenses en siglos anteriores.

---

[201] L. A. Getino, *Santo Domingo de Guzmán, prototipo del apóstol medieval*, Madrid, 1939, p. 112.

[202] M. Gelabert *et alii*, *Santo Domingo de Guzmán...*, ob. cit., pp. 80-85.

Así, por ejemplo, fueron confesores del rey Jaime I el Conquistador (1215-1276) los frailes dominicos Esteban Suárez de Sylva, Miguel de Fabra, Arnaldo de Segarra, Berengal de Castellbisbal, más tarde obispo de Gerona, y Raimundo de Peñafort, segundo general de la Orden. El canciller del rey, Andrés Albalat, tercer obispo de Valencia después de la Reconquista, fue también dominico. Fray Guillermo Andrés fue confesor y predicador del rey Jaime II de Aragón (1291-1324). Fray Domingo de Segovia y fray González Telmo fueron predicadores en la corte del rey Fernando III el Santo (1217-1252). Fray Rodrigo González, arzobispo de Santiago y canciller mayor del reino de León, fue también, durante un tiempo, confesor de Alfonso X el Sabio (1252-1284) y, a su muerte, consejero de Sancho IV (1284-1295) y más tarde de Fernando IV el Emplazado (1295-1310). Fray Domingo de Robledo fue confesor de la reina doña María de Molina. Confesores del rey Alfonso XI (1312-1350) fueron los dominicos Juan de Entrega y Alonso de Zamora [203].

En relación a los estudios, las Constituciones de la Orden mantienen la actitud tradicional: se aprueba el estudio de las ciencias teológicas necesarias para la predicación, pero se prohíbe toda lectura vana o de doctrina sospechosa. Así, las más antiguas constituciones, 1215-1237, establecen que los frailes

> no estudien los libros gentiles o de los filósofos, aunque pueden examinarlos brevemente. No aprendan las ciencias seculares, como tampoco las artes, esas que llaman liberales; a no ser que, en alguna ocasión y para

---

[203] Información sobre éstos y otros muchos dominicos y sus relaciones con los reyes hispanos se puede encontrar en las antiguas colecciones bibliográficas y crónicas de la Orden de Predicadores; por ejemplo, J. Quetif y J. Echard, *Scriptores Ordinis Praedicatorum*, París, 1719-1721; F. Diago, *Historia de la Provincia de Aragón de la Orden de Predicadores*, Barcelona, 1599; Manuel J. de Medrano, *Historia de la Provincia de España de la Orden de Predicadores*. Cf., también, Celedonio Fuentes, *Escritores dominicos del Reino de Valencia*, Valencia, 1930; íd., *Escritores dominicos del Reino de Aragón*, Zaragoza, 1932; Thomas Kaeppeli, *Scriptores Ordinis Praedicatorum Medii Aevi*, I (A-F), Roma, 1972. Cf. Luis G. Alonso-Getino, «Dominicos españoles, confesores de Reyes», *Ciencia Tomista*, XIV, 1916, pp. 374-451.

algunos, el maestro de la orden o el capítulo general lo ordene de otra manera [204].

No hacen, en efecto, sino repetir prohibiciones anteriores. Con estas disposiciones, los dominicos solo aprueban y adoptan una postura de estricta observancia.

A pesar de los estatutos y prohibiciones, los dominicos europeos iban a entrar muy pronto en la corriente de estudios y enseñanza que dieron fama a la Orden. En España, en cambio, mantendrán, por mucho tiempo, el sentido conservador, tradicional en materias de estudio y cuidadoso, hasta timorato, en cuestiones doctrinales.

El restar importancia a estas direcciones político-religiosas en la Península y a la influencia de los monjes cluniacenses en la formación de la conciencia espiritual en la España de la reconquista nos lleva, con frecuencia, a una interpretación incompleta o, sencillamente, falsa de cómo los españoles llegaron a ser. En realidad ni «el catolicismo absorbió la religiosidad totalitaria de los moros y, sobre todo, de los judíos» [205], como Américo Castro afirma, ni «la sumisión de la cristiandad española al Pontífice no pudo ser sino fruto maduro de la antibiosis o pugna de los cristianos peninsulares contra los musulmanes» [206], como supone Sánchez Albornoz. La sumisión de la cristiandad española al Papado es resultado directo de la conciencia político-religiosa de monjes, abades y obispos sometidos a la reforma cluniacense. No es un producto de un aislamiento de la espiritualidad europea, sino consecuencia de haber aceptado exclusivamente un aspecto de ella.

La intransigencia oficial del catolicismo español está en consonancia con esta política, de la que debe ser considera-

---

[204] *Constitutiones antiquae ordinis fratrum praedicatorum* (1215-1237), *Dist.*, II, c. 28, ed. de A. H. Thomas, Lovaina, 1965. Trata de explicar estos estatutos, G. G. Meersseman, «*In libris gentilium non studeant*. L'étude des classiques interdite aux clercs au moyen age?», en *Italia medioevale e classica*, I, 1958, pp. 1-13.

[205] A. Castro, *España en su historia...*, ob. cit., p. 176.

[206] C. Sánchez Albornoz, *Enigma*, I, p. 353.

da consecuencia directa. La contribución a ella de musulmanes y judíos no es otra que la de haber sido ocasión directa, por su presencia e importancia cultural y social en la Península, para que esta política «divinal» tomara unas proporciones en España que no pudo adquirir en otros países europeos.

VI. ESPAÑA Y EL ISLAM

El mestizaje como problema

En las páginas que preceden hemos visto, en la medida que un proceso humano puede ser objeto de visión, cómo el sentido político-religioso de la reforma cluniacense europea y española, y su fervorosa continuación en el Císter, fue determinando la dirección belicosa de la restauración cristiana en la Península. En las que siguen, vamos a tratar de hacer ver cómo el hecho de que esta reforma estuviera dominada, en España más todavía que en el resto de Europa, por elementos ascéticos y en muchos sentidos anti-intelectuales, vino a determinar las singularidades culturales de España frente a Europa.

El problema adquiere una especial complejidad si tenemos en cuenta que la España de que se habla es, por una parte, la España mozárabe, en su sentido más estricto de arabizada, en sus relaciones culturales con el ser musulmán, cuya civilización, en el siglo XII, todavía estaba llena de orgullosa supremacía; por otra parte, se habla también de la labor mediadora que, generalmente, se atribuye a la España cristiana, durante los siglos XII y XIII, entre la cultura del Islam y la Europa cristiana ávida de saber. El primer aspecto ha sido definido por Américo Castro con su afortunada frase sobre el *mestizaje* hispano musulmán que, como es sabido, el distinguido escritor declara como una característica del ser español, fuente, a la vez, de singularidades frente a todos los demás pueblos que nunca pudieron tenerlo. El segundo a que ya se ha hecho referencia desde el siglo XVIII ha recibido formulación definitiva con la expresión de Ramón Menéndez Pidal *España, eslabón entre la Cristiandad y el Islam* [1].

Ambos aspectos están tratados, con frecuencia, como uno solo, como si España únicamente pudiera servir de eslabón tras un profundo mestizaje cultural y solo, entonces, para aquellos temas o ramas de ciencias en que el mestizaje hispano llegase a ser más productivo. El problema estriba en que éste, naturalmente, no es el caso español. La cultura cristiana de España, por el contrario, ni va a tono con la europea ni señala, al menos en principio, un gran mestizaje con la cultura de los musulmanes. De aquí, el conflicto que la evaluación de la cultura española nos presenta.

Américo Castro apunta acertadamente a esta singularidad hispana al afirmar que

> los cristianos del norte no pudieron forjarse una cultura a tono con la cristiana europea en filosofía, saberes y técnica [2].

También nota Sánchez Albornoz esta misma singularidad, aunque él y Castro no estén de acuerdo en las causas a que ésta se deba atribuir. Para Castro es «precisamente a causa del sistema de las tres castas» [3]. Para Sánchez Albornoz, es

> la inexorable necesidad de los cristianos libres del Norte de España de consagrar todo su ímpetu humano, todas sus energías vitales a la tarea de pelear [4].

Al señalar Américo Castro la importancia de las castas en el desarrollo, o la falta de desarrollo, de una cultura hispana a tono con la cristiana europea, indica el efecto, no la causa, del problema espiritual español. La causa señalada por Sánchez Albornoz es válida tan solo durante el primer siglo y medio de la Reconquista; más tarde, va sonando cada

---

[1] Título de la conferencia inaugural del Instituto Egipcio de Estudios Islámicos en Madrid, pronunciada el año 1952. El estudio, junto con otros, fue publicado como libro, con el mismo título, en 1956.

[2] A. Castro, *Realidad histórica*, p. 196.

[3] A. Castro, *Realidad histórica*, p. 196.

[4] C. Sánchez Albornoz, *Enigma*, I, p. 252.

vez más a excusa que a válida razón. Porque tan acosados y más estaban los hispano-árabes y, aún así, consiguen alcanzar su siglo de oro cultural durante los siglos XI y XII, cuando los cristianos tenían conciencia ya de vencedores y ellos de vencidos.

Sobre el papel que España desempeñó en la transmisión de los saberes hispano-árabes a Europa, reina, al menos en su formulación general, absoluta unanimidad. Aunque Europa no estuviera «sufriendo de universal ignorancia» mientras «los hispano-árabes hacían avances infinitos en tareas intelectuales»[5], como se ha dicho, es cierto que el Occidente latino ignoraba las obras griegas y helenísticas de las que solo tenían vagas o incompletas noticias y, asimismo, desconocían las producciones científicas y filosóficas de los musulmanes. En palabras de Sánchez Albornoz,

> España descubre a Europa las reliquias de la ciencia y la filosofía helénicas y las nuevas creaciones de los musulmanes de Oriente y Occidente[6].

Las autoridades que, de un modo u otro, han contribuido a demostrar y elucidar este aspecto de la cultura hispánica son muchas y de gran mérito y sus conclusiones irrebatibles, en la mayor parte de sus puntos.

Ahora bien, esta realidad histórica de España, tan evidente y clara si se considera el resultado de la transmisión del saber árabe por los canales hispánicos, se hace un tanto enigmática si se intenta, al propio tiempo, una evaluación histórica del papel real que la cultura hispánica jugó en la transmisión.

Para los historiadores de la cultura europea el problema se centra exclusivamente en los resultados: en lo que de los árabes, judíos, griegos y helenistas llega, en efecto, a Europa. La ruta hispana es, para ellos, poco más que una modesta raya en el diagrama geográfico de la transmisión.

---

[5] S. M. Imamuddin, *Some Aspects of the Socio-economic and Cultural History of Muslim Spain*, Leiden, 1965, p. 134. No es éste el único punto en que habría que contradecir este no muy logrado estudio.

[6] C. Sánchez Albornoz, «Islam de España», en *L'Occidente e l'Islam nell'Alto Medioevo*, ob. cit., I, p. 279.

El orientalista británico J. B. Trend nos dio, hace casi medio siglo, una evaluación sin compromiso, leída desde entonces por varias generaciones de estudiosos y que ha servido como punto axiomático de partida para innumerables lectores:

> Lo que no puede negarse es que, mientras la mayor parte de Europa estaba sumida en la miseria y decadencia material y espiritual, los musulmanes españoles crearon una civilización espléndida y organizaron la vida económica. La España musulmana desempeñó un papel decisivo en el desarrollo del arte, de la creencia, de la filosofía y de las letras, y su influencia llegó al más alto nivel alcanzado por el pensamiento cristiano del siglo XIII, el siglo de Dante y de Tomás de Aquino. Entonces era España la antorcha de Europa [7].

Es obvia la despreocupada ligereza con que usa el término España, y de un poco de la misma adolecen muy distinguidos investigadores, más interesados por lo hispánico que por lo árabe o europeo. Gonzalo Menéndez Pidal, en un trabajo incluido en una obra ya clásica sobre las literaturas hispánicas, escribió hace un cuarto de siglo:

> En la segunda mitad del siglo XIII aún ha de ser inmensa la resonancia de lo árabe en ciencia, filosofía, literatura y cuentística y todo este trasvase va a tener lugar principalmente a través de España [8].

Y así muchos, como si la gloria del vergel correspondiera al canal que deja correr el agua y no al vergel mismo que la aprovecha.

Desde el punto de vista hispánico y de cómo los españoles llegaron a ser, el problema debiera centrarse no en su participación en el trasvase de la cultura musulmana a Europa,

---

[7] J. B. Trend, «Spain and Portugal», en *The Legacy of Islam*, ed. Thomas W. Arnold y Alfred Guillaume, Oxford, 1931, p. 5. Esta opinión, tan cierta en el fondo como inexacta en sus perfiles, es todavía la más generalmente aceptada; cf. Anwar Chejne, *Muslim Spain. Its Culture and History*, ob. cit., pp. 397-411.

[8] Gonzalo Menéndez Pidal, «Alfonso X el Sabio», en *Historia general de las literaturas hispánicas*, ob. cit., I, p. 432.

sino en el beneficio que los cristianos peninsulares sacaron o pudieron haber sacado de semejante tarea y cómo ella contribuyó al ser cultural de los españoles y a forjar sus peculiaridades frente a Europa. Aunque los datos sean los mismos, el enfoque no lo es y, en consecuencia, tampoco lo serán las conclusiones.

En la polémica de España las posiciones son claras, como son extremas. Américo Castro, no muy preocupado por los problemas culturales de la Europa medieval, concentra su atención en un mestizaje vital de moros, judíos y cristianos. Según él, la cultura española es tanto más española y distinta de la europea cuanto más mestiza. Frente a esta posición, la no menos extrema de Claudio Sánchez Albornoz pone en tela de juicio incluso las bases más elementales de la teoría de Américo Castro:

> No es menor [contradicción] la que implicaría suponer, también con Castro, que los cristianos españoles, tras adoptar, por artes de magia, la vida psíquica de los musulmanes peninsulares, fueron sin embargo incapaces de captar los frutos de la filosofía, la ciencia y la técnica hispano-árabes. Los europeos venidos a España pudieron aprovechar las creaciones filosóficas, científicas, técnicas o literarias de los islamitas hispanos; los hispano-cristianos, que con ellos convivían y que habían recibido sus procesos de conciencia y sus mecanismos discursivos, no [9].

Con acertado juicio alude el distinguido historiador a una de las peculiaridades más notables de los hispanos medievales frente a Europa, a saber, su evidente incapacidad de aprovechar las creaciones culturales de los hispano-árabes e hispano-judíos de la misma manera y con la misma intensidad que lo hicieron sus contemporáneos de más allá de las fronteras con Europa. Como ya hemos visto en varias ocasiones, ambos distinguidos maestros han subrayado problemas reales en la historia cultural hispana y no son sus conclusiones antitéticas excepto en su universalismo absoluto del mestizaje o su negación a todo nivel y cubriendo todos los aspectos del vivir hispano.

---

[9] C. Sánchez Albornoz, *Enigma*, I, p. 253.

Creemos que una digresión podrá aclarar el error de ambas conclusiones. En una comparación entre, digamos, Palencia y París, sobre la relativa influencia que árabes y judíos ejercen en cada una, no se podría, así, sin más, dar juicio en favor de Palencia a pesar de todo el mozarabismo leonés y castellano. Con cautela típicamente dialéctica y medieval, habrá que establecer una distinción; en el sentido que Américo Castro da a la historia, de formas de ser y de sentir, habrá que reconocer que la influencia árabe y judía en la sociedad palentina es mayor que la que se puede observar en París. Ahora bien, en el sentido que Sánchez Albornoz da, en las líneas citadas más arriba, a la noción de influencias culturales, la que ejercen los pensadores árabes y judíos sobre el mundo intelectual de París no tiene igual en la Península. De manera que si es esto a lo que nos referimos, la decisión tendría que ser dada a favor de París, sobre Palencia, Salamanca y otras muchas ciudades hispanas. En nuestra opinión, éste es el verdadero problema y el no haberle prestado debida atención, razón primera para las dos vertientes tan opuestas de la polémica. En este problema, como en todo otro, en que conceptos de cultura, civilización, formas de vida, educación, etc., entren como datos a analizar, habría que comenzar, en buena tradición escolástica y medieval, con la definición de los términos. Como con otros, tampoco con éstos se quiere expresar siempre lo mismo.

Para el antropólogo, como es sabido, el término «cultura» incluye todo. Edward B. Tylor, uno de los más distinguidos pioneros en el campo de la antropología cultural, ofreció, hace ya más de un siglo, la siguiente definición, citada y aplicada con frecuencia todavía a los estudios más recientes:

> Cultura o civilización, tomada en su sentido lato etnográfico, es ese complejo que incluye conocimientos, creencias, arte, moral, ley, costumbres y toda capacidad o hábito que el hombre como miembro de la sociedad ha adquirido [10].

---

[10] Edward B. Tylor, *Primitive Culture*, Nueva York, 1874, I, p. 1. Cf., también, Thomas Glick y Oriol Pi-Sunyer, «Acculturation as an explanatory Concept in Spanish History», en *Comparative Studies in Society and History*, XI, 1969, pp. 136-154.

Es decir, cultura o civilización, así entendida, abraza todas las facetas posibles de la actividad humana en cuanto ser social. Pero es un concepto positivista que se basa y se extiende tan solo a los datos codificables. Es además un concepto que funciona en sentido horizontal, puesto que incluye a todos los miembros de la sociedad y en la misma forma.

Frente a éste el más común es el concepto de cultura aplicado principalmente al resultado del cultivo de los conocimientos humanos por medio del ejercicio de las facultades intelectuales del hombre. O como el famoso *Duden* alemán define: «*Gesamtheit der geistigen und künstlerischen Lebensäusserungen*».

Ambas nociones de cultura pueden referirse a los mismos datos y ser así prácticamente una y la misma. Pero no siempre, pues, frente al sentido generalizador, diríamos hoy democrático, de lo que llamamos cultura desde el punto de vista antropológico, cultura en su segundo sentido adquiere, con frecuencia, un carácter restringido, más exclusivo y aristocrático, de élite espiritual y artística. Ésta es, además, teórica a la vez que práctica, pues, al mismo tiempo que ofrece sus realizaciones, formula unos cánones ideales según los cuales esas realizaciones debieran ser evaluadas. En consecuencia, ni toda escultura u obra arquitectónica es representante por igual de esa cultura, ni todo sermón es revelación de la moralidad del pueblo. Cultura, en este sentido, toma, así, con frecuencia un carácter normativo y vertical, «de arriba abajo», de ideales y cánones que se procura enseñar.

Es evidente que los datos y conclusiones, en ambos casos, pueden ser, y, con frecuencia son, los mismos. Pero pueden no serlo y, con no menos frecuencia, nos encontramos que el segundo sigue consciente y decididamente una dirección opuesta y contraria al primero [11].

Aplicando estos conceptos a la situación hispana, vemos que, en sentido antropológico y social, es muy difícil negar a

---

[11]   Como ejemplo de ello, se podría citar todo estudio de valores éticos de un pueblo. Un análisis antropológico de su moralidad ofrecerá siempre datos muy distintos de los que ofrezca un análisis de moralidad 'vertical' y normativa. Un sermón nos manifiesta los cánones de una moralidad ideal, no las costumbres del pueblo. Y así, con todo.

la España mozárabe una influencia cultural árabe y musulmana, en el sentido ecléctico y sincretista que hemos venido
dando a la civilización del Islam en general y en la Península
más en particular. Pero, si tomamos como base de nuestro
análisis el segundo concepto de cultura, no es menos obvio
percibir que los mozárabes intransigentes, al principio, y los
cristianos, monjes y clérigos, después, siguen y tratan de imponer unos cánones espirituales estrictamente latinos, cristianos y europeos que, conscientemente, ignoran el Islam y sus
formas. Por ello al mestizaje de las formas de vida propuesto
por Américo Castro no se opone, como cree Sánchez Albornoz, la incapacidad que él ve, con razón, en los cristianos «de
captar los frutos de la filosofía, la ciencia y la técnica hispano-
árabe» [12].

Es decir, que a la pregunta sobre si hay o no un mestizaje
cultural hispano-árabe, no cabe dar una respuesta tajante
antes de definir, al estilo medieval y escolástico, los términos
de la pregunta. A la espera de esa definición, hay que con-
testar sencillamente *sí* y *no*.

Sí hay mestizaje

La prueba de la existencia del mestizaje que Américo Castro tan acertadamente postula sería tan larga y compleja
como fértil y fructífera, y ya ha sido labor de aquellos que
se han interesado por los estudios hispano-árabes. Pero no
se trata, necesariamente, como Sánchez Albornoz parece temer que todo lo hispano-árabe sea de origen estrictamente
árabe y musulmán. En el sentido que damos aquí a la noción
de cultura, cabría considerar aquí como parte del mestizaje
incluso aquellas formas que sin ser árabes de origen sino
peninsulares —romanas o visigodas— llegan a formar parte
de la cultura en su interpretación hispano-musulmana, simplemente, como producto de la selección que del sustrato
pre-muslim hicieron los hispano-musulmanes.

No se puede negar que la cultura llamada hispano-árabe
conserva muchos elementos pre-muslimes, hispano-romanos
y visigodos, muchos años después de la conquista de la Penín-

---

[12] C. Sánchez Albornoz, *Enigma*, I, p. 253.

sula. Como es también innegable que éste es el caso incluso en expresiones culturales, consideradas generalmente como las más típicas de la cultura hispano-musulmana. Para llamar la atención sobre «la perduración de lo premuslim», Sánchez Albornoz se ha referido a las investigaciones de numerosas autoridades en el campo de la lengua, la poesía, la música, la arquitectura y elementos escultóricos y decorativos [13]. Pero no es menos cierto ni son menos numerosos los estudios y autoridades que demuestran la influencia de esas mismas formas de cultura, más allá de los límites geográficos y cronológicos de la contienda, para llegar a formar parte de un mestizaje cultural tal como lo hemos explicado más arriba. En este sentido, aunque se imponga la necesidad de una mayor precisión de conceptos, hay que estar de acuerdo con Américo Castro. Se podría citar aquí también los mismos campos de lengua, literatura, música, elementos arquitectónicos y decorativos y, además, las artes de artesanía y técnicas del campo. La enumeración de las ramificaciones de toda influencia mudéjar en las artes españolas, arquitectura y decoración, sería, de por sí, estudio muy extenso, pero es ya, al menos en sus líneas generales, suficientemente conocido para requerir aquí más que mención pasajera [14].

También desde el punto de vista económico y social, la aportación de los mudéjares, moriscos más tarde, es más fácil de apuntar que de exponer en detalle [15]. En carta diri-

---

[13] C. Sánchez Albornoz, *Enigma*, I, pp. 140-157; *íd.*, «Islam de España», en *L'Occidente e l'Islam nell-Alto Medioevo*, ob. cit., I, pp. 182-275. Se apoya en citas de R. Menéndez Pidal, Gómez Moreno, Lambert, Terrasse, Torres Balbás, García Romo, y se podrían incluir otros muchos. Aunque, para ser más exacto, habría que insistir en que estas autoridades, en la mayoría de los casos, no niegan la existencia de una influencia árabe y musulmana oriental, sino solamente que los hispano-árabes comenzasen siempre desde cero.

[14] La lista de autoridades que aceptan la existencia de un auténtico mudejarismo hispano repite fácilmente la anterior. No es preciso insistir, otra vez, en que no se trata de una originalidad estricta de las formas árabes, sino de una transformación de formas indígenas bajo su influencia.

[15] Durante el verano de 1968, intenté usar los documentos relativos a los moriscos valencianos que se conservan, muchos de

gida en 1608, por el arzobispo-patriarca de Valencia, Juan de
Ribera, a un ministro de Felipe III, se dice de los moriscos:

> Las ciudades y lugares grandes se sustentan con la
> provisión que éstos traen, las iglesias, monasterios [...],
> cavalleros y ciudadanos, finalmente todos quantos son
> necesarios en la República para el gobierno y ornato
> spiritual y temporal dependen del servicio de los mo-
> riscos [16].

Las consecuncias de la expulsión, tan funestas para la economía levantina, no pueden ser atribuidas solamente al número de los expulsados, sino también, y más, a su producti-
vidad [17].

En las llamadas *Catecheses mystagogicae*, publicadas en
1586, encontramos una lista de ocupaciones consideradas típicas de los moriscos y, por ello, incluidas entre las sometidas a sus *Ordenanças*. Estas son:

> [...] hiladores de seda; tintoreros de la misma; torce-
> dores de la misma; «xelices y almotalfas», es decir, fie-
> les y custodios de la seda; toqueros; pescedores, carbo-
> neros; corredores de lonja; molineros de aceite; molıne-
> ros de trigo; panaderos y horneros; confiteros; pastele-
> ros; bodegoneros; regatones; taberneros; mesoneros;
> cereros y candaleros; plateros; «plateros de la paja»; do-
> raderos; alamíin o fiel del oro de la alcaicería y «zagua-
> cadores»; pintores; maestros de escuela; veedores de
> paños; ropavejeros; cinteros; sombrereros; boneteros;
> corambreros; curtidores y coteceros; zurradores, zapa-
> teros y chapineros; correeros; espaderos, agujeteros y
> guanteros; pellejeros; vendedores de madera; carpinte-
> ros; violeros y organistas; entalladores, silleros; torne-
> ros; fabricantes de yeso y cal; «almadraveros» o fabri-
> cantes de tela y ladrillo; albañiles; cerrajeros; herrado-

---

ellos todavía inéditos y sin estudiar, en el Colegio de *Corpus
Christi* del Patriarca Juan de Ribera en Valencia. No me lo per-
mitieron sus autoridades, porque, según dijeron, «no sabían lo que
yo podría decir».

[16] Pascual Boronat y Barrachina, *Los moriscos españoles y su
expulsión: Estudio histórico-crítico*, Valencia, 1901, II, p. 501.

[17] Juan Reglá, «Estudios sobre los moriscos», en *Anales de la
Universidad de Valencia*, XXXVII, 1963-1964, cuaderno II, pp. 78-98.

res y herreros; calderos, cordoneros y alpargateros; albarderos; esparteros; olleros; cesteros; hortelanos; viñaderos; pregoneros; aguadores [18].

Por estas razones, y todavía en sentido antropológico, sería un absurdo inimaginable no reconocer a los mudéjares y moriscos una auténtica contribución a la cultura en la que participaban tan activamente y un mestizaje a la sociedad de la que eran elemento tan necesario. La contribución y el consiguiente mestizaje es, en efecto, evidente, aunque se limita a la artesanía y a la perduración en el pueblo español de sus técnicas y estilos.

Desde el punto de vista literario, el problema tiene un perfil tanto menos claro cuanto el concepto de literatura es, en sí, menos definible. Ahora bien, si está justificado, como así creemos, hacer una división entre la literatura en sentido humanista, de la cual los escritos científicos, filosóficos, didácticos, belletrísticos, serían otros tantos géneros, y literatura en su sentido entre folklórico y antropológico, es decir, lo que en inglés llamaríamos *folkliterature*, podremos explicar uno de los fenómenos más notables y descuidados del mestizaje literario hispano-árabe. A saber, que se da y es muy notable en este sentido, pero apenas en el otro.

La continuación árabe en la literatura española, si se quiere el mestizaje literario hispano-árabe, es evidente e importante, aunque anda complicado con el problema de orígenes desde que Juan Andrés publicó su *Origen, progreso y estado actual de toda la Literatura*, en las postrimerías del siglo XVIII [19]. Por continuación, entendemos aquí, claro está, otra cosa; incluye, en algunos casos orígenes de temas, formas y tipos literarios, pero incluye, además, adaptación de los mismos e incluso su traducción; en realidad, todo contacto y aproximación de la literatura peninsular a la árabe.

Con esta aclaración por delante, se puede afirmar que esos contactos, ese mestizaje literario hispano-árabe, solo ocurren

[18] Pedro Guerra de Lorca, *Cathecheses mystagogicae. Pro advenis, seu proselytis ex secta Mahometana, in gratiam parochorum & saecularium potestatum, in quibus varii errores Mahomedi repelluntur*, Madrid, 1586. Cf. M. Menéndez Pelayo, *Historia de los heterodoxos españoles*, ob. cit., IV, p. 342.
[19] Edición italiana, 1782-1798; española, 1784-1806.

a nivel popular. El criterio al parecer seguido, consciente o inconscientemente, en su selección es su popularidad real o posible, su adaptación a formas de un atractivo general. No se usan, en cambio, formas más cuidadas y géneros más selectos y minoritarios. No se traduce la literatura árabe «de alto coturno». Se hubiera podido hacer, como, en efecto, lo hiceiron los hispano-judíos, pero no se hizo.

En la literatura española continúa viviendo el cuento y la anécdota popular árabe: *Calila y Dimna, Barlaam y Josafat, Las mil y una noches, Sindibad*, etc., y la serie numerosa de fábulas y anécdotas que reaparecen, más o menos fieles a sus patrones árabes, en obras de la literatura española[20]. En el género religioso, el *Libro de la Escala de Mahomet*[21] y, en el gnómico, los tratados, tan del gusto árabe, que dan origen a la serie de catecismos político-morales, tan del gusto también hispano, que van apareciendo a partir del reinado de Fernando III (1217-1252)[22]. O entre gnómico y narrativo, como la *Doncella Tawaddud*[23]. En la técnica versificatoria, la for-

---

[20] A. González Palencia, *Historia de la literatura arábigo-española*, ob. cit., pp. 334-348; íd., *Versiones castellanas del «Sendebar»*, Madrid, 1946; Gerhard Moldenhauer, *Die Legende von Barlaam und Josaphat auf der iberischen Halbinsel*, Halle, 1929; A. H. Krappe, «Les sources du *Libro de los Exemplos*», en *Bulletin Hispanique*, XXXIX, 1937, pp. 5-54.

[21] Enrico Cerulli, *Il «Libro della Scala» e la questione delle fonti arabo-spagnuole della Divina Commedia*, Ciudad del Vaticano, 1949, pp. 264-327.

[22] John K. Walsh, *El Libro de los doce sabios o Tractado de la nobleza y lealtad*, Madrid, 1975; *Flores de filosofía, Poridat de poridades*, ed. Hermann Knust, en *Dos obras didácticas y dos leyendas*, Madrid, 1878; *Libro de los buenos proverbios, Bonium o Bocados de oro*, ed. H. Knust, en *Mittheilungen aus dem Eskurial*, Tubinga, 1879; Lloyd Kasten, «*Poridat de las Poridades*. A Spanish Form of the Western Text of the *Secretum secretorum*», en *Romance Philology*, V, 1951-1952, pp. 180-190; Charles Kuentz, «De la sagesse grecque à la sagesse orientale», en *Revista del Instituto Egipcio de Estudios Islámicos de Madrid*, V, 1957, pp. 255-269. Cf., también, Tomás y Joaquín Carreras y Artau, *Filosofía cristiana de los siglos XIII al XV*, en *Historia de la Filosofía española*, Madrid, I, 1939, pp. 9-11, 16-19.

[23] A. González Palencia, *Historia de la literatura arábigo-española*, ob. cit., p. 342; Walter Mettmann, *La Historia de la Donzella Teodor. Ein spanisches Volksbuch arabischen Ursprungs*.

ma llamada *zéjel* [24], y, en la narrativa, la técnica del marco y
del cuento dentro del cuento.

Pero todo ello y más que se pudiera citar es popular, y
su presencia en el mundo hispano cristiano, incluso más allá
de la Reconquista, se puede atribuir a la curiosidad o interés engendrado en el contacto diario de grupos y masas, cristalizado, más tarde, en este mestizaje literario.

En este sentido, no solo hay que afirmar la existencia de
un mestizaje, sino que deberíamos, a la vez, reconocer que
la debilidad con que lo percibimos es atribuible a la distancia y a la falta de datos que solo reflejan imperfectamente
la situación social y cultural de la época.

No hay mestizaje

Si consideramos la cultura hispana en el sentido que hemos venido llamando «humanista», el panorama cultural hispánico es totalmente distinto. Por tratarse, como ya hemos
visto, de una restauración político-religiosa de reinos cristianos, el carácter esencial de su cultura va a proponer los
conceptos básicos y fundamentales de un sentido cristiano de
educación, sociedad y vida. Por tratarse de una restauración
cristiana que ha llegado a ser confiada a unos movimientos
monásticos profundamente ascéticos y, en muchos sentidos,
anti-intelectuales y dedicados exclusivamente a su misión cristiana, estos aspectos serán también determinantes de las características de la cultura que esos movimientos propaguen
y acepten. Por ser esa restauración cristiana obra de movimientos monásticos y tendencias reformadoras de origen francés, también los ideales culturales que se propagan adopta-
rán el mismo sello de origen para su cultura. Finalmente y
puesto que, como ya hemos visto, el espíritu de la reforma
domina la espiritualidad española durante más tiempo y más

Untersuchung und kritische Ausgabe der ältesten bekannten Fas-
sungen, Wiesbaden, 1962, pp. 70-173.

[24]   Se podría discutir si la división estrófica y la rima, base del
llamado *zéjel,* es de estricto origen árabe. Probablemente, no lo
es. Para el argumento, basta que la tradición posterior «zejelesca»
hispánica esté influida por la árabe.

completamente que en otras partes de Europa, Francia incluida, también la cultura que propugna será en muchos sentidos distinta de la que se extiende en otras partes donde su
influencia fue menor, o menos absoluta y duradera[25].

Teniendo en cuenta las consideraciones que preceden podemos proponer algunas singularidades de la cultura española.
Por una parte, es notable el predominio, casi absoluto, de
temas religiosos y preocupaciones didácticas que están en
perfecta armonía con la tradición cultural y la espiritualidad
de los monjes reformadores. Ahora bien, hay que advertir que
no se trata tan solamente del origen monástico y francés de
una gran parte de la literatura medieval hispana, *Vida de
Santa María Egipciaca, Libro de Alexandre, Milagros de la
Virgen*, etc., sino también, y esto es lo más importante, de
que esa misma espiritualidad es la que inspira y da forma
al tratamiento de temas locales y de origen hispánico. Es
decir, que más que de una influencia de la literatura francesa o de un préstamo que, de sus temas, hacen los escritores hispanos habría que hablar, para mayor exactitud, de una
influencia de la espiritualidad de la Reforma sobre los escritores peninsulares.

Tal es, por ejemplo, el caso de Gonzalo de Berceo[26]. No
solo importa temas conocidos de la literatura cluniacense y
cisterciense, sino que, además, interpreta según esta misma
espiritualidad, los temas hispanos que trata. Lo mismo habría que decir de don Juan Manuel, cuyos temas, más teológicos y morales que literarios, están en consonancia con la
espiritualidad de la Reforma, viva todavía en los dominicos,
quienes de hecho la continúan, como hemos visto más arri-

---

[25] Sobre la influencia francesa, de contenido y forma, en la
literatura medieval española no es preciso hablar. Aunque sí debiera indicarse que no se trata de una influencia, simplemente,
'francesa', sino monástica, devocional y didáctica; cf. P. Zumthor,
Histoire littéraire de la France Medievale, París, 1954.

[26] En este sentido, y con las restricciones ya indicadas, la hagiografía de Berceo, sus *Milagros*, e, igualmente, *El Libro de Alexandre, Libro de Apolonio* y otros, responden armónicamente a la
espiritualidad europea de la que no los separan 'peculiaridades
hispanas'. La peculiaridad comienza cuando la literatura hispana
no tiene, apenas, otros géneros más «seculares» de literatura.

ba[27]. Y habría que incluir aquí también, *horribile dictu*, a don Juan Ruiz, ejemplo singular de una España en conflicto. Su mundo es de mestizaje y de él toma sus personajes, formas de su expresión y técnica e incluso anécdotas del folklore. Pero el mundo literario de sus temas no lo es, sino que depende de las tradiciones culturales y literarias europeas y cristianas[28].

En el aspecto científico de la cultura, la situación es todavía más clara. Pues, con excepción de los trabajos alfonsíes, de los que hablaremos más adelante, de esa realidad un tanto vaga y elástica de las llamadas Escuelas de Traductores y de algunas figuras notables, excepcionales en muchos sentidos, España queda al margen de las tareas intelectuales que se desarrollan en su seno y nada en sus universidades revela una inquietud curiosa por el saber musulmán. Desde el punto de vista cultural, se predica y bautiza a musulmanes y judíos, se les intenta educar en cristiano, es decir, son terreno de expansión para una cultura en la que no hay mestizaje.

Las traducciones medievales de tratados filosóficos y científicos representan para la cultura europea una crisis de proporciones y consecuencias difíciles de determinar. En esta crisis, España interviene de manera muy decisiva. No sola-

---

[27] Mario Ruffini, «Les sources de Don Juan Manuel», en *Les Lettres Romanes*, VII, 1953, pp. 27-49, se fija, casi exclusivamente, en el detalle anecdótico y de referencia accidental a la presencia de árabes en la Península, y, así, encuentra una gran influencia árabe en su obra. Aquí, nos referimos a la temática, política y religiosa, de su obra. Ni ésta ni su estilo intelectual ni sus fuentes son árabes.

[28] Esta debería ser la conclusión a sacar del estudio, ya clásico, de F. Lecoy, *Recherches sur le «Libro de Buen Amor» de Juan Ruiz, Archiprête de Hita*, París, 1938. Cf. Vicente Cantarino, «La cortesía dudosa de don Juan Ruiz», en *Revista Hispánica Moderna*, XXXVIII, 1974-1975, pp. 7-29; íd., «La lógica falaz de don Juan Ruiz», en *Thesaurus*, Boletín del Instituto Caro y Cuervo, XXIX, 1974, pp. 3-24; G. B. Gybbon-Monypenny, «Autobiography in the *Libro de Buen Amor* in the Light of Some Literary Comparisons», en *Bulletin of Hispanic Studies*, XXXIV, 1957, pp. 63-78; Nicasio Salvador Miguel, ed., *Libro de Buen Amor* (versión modernizada), Madrid, 1972.

mente procede de la Península la inmensa mayoría de las
obras traducidas y se traducen en la misma Península, sino
que la idea misma de las traducciones es inconcebible sin la
presencia cultural del Islam de España. Es cierto que muchas
son las traducciones del hebreo durante esta época, pero
éstas también o son parte del fenómeno cultural peninsular
o su consecuencia directa. España, así, con la cultura musulmana y judía que se desarrolla en su seno, es causa e instrumento de una de las mayores crisis intelectuales del cristianismo europeo durante la Edad Media.

Desde los comienzos oscuros de contactos del saber cristiano europeo con la cultura de árabes y judíos —la figura
un tanto misteriosa de Gerberto de Aurillac y el extraño interés por la ciencia árabe que se percibe en algunos monasterios de Alsacia-Lorena, ya en el siglo x [29]— hasta la época
de las traducciones hechas *en masse* durante el siglo XII, el
panorama intelectual de la Europa cristiana se transforma
esencialmente. El marco, necesariamente estrecho, de la catedral y el monasterio es incapaz de contener las nuevas corrientes y aparecen con vigor las escuelas y universidades
medievales. Desde un punto de vista económico y social se
puede con razón relacionar este fenómeno con el crecimiento
de los centros urbanos y el surgir poderoso de la clase social, generalmente llamada burguesía. Desde el punto de vista religioso y cultural, habría que referirse a este fenómeno
como a un proceso de secularización del conocimiento. El
saber y la ciencia van a ser todavía, por mucho tiempo, patrimonio de clérigos, pero su saber no es ya clerical. Y el
clérigo va a ser cada vez menos identificable con el monje o
el fraile, y sus deseos de aprender más independientes de una
aspiración a recibir las órdenes sagradas. Se es clérigo para
estudiar, no se estudia para ser clérigo.

En este nuevo afán por aprender, la Europa cristiana no
busca en el saber árabe la doctrina musulmana, es cierto,
pero tampoco se siente movida por las mismas razones religiosas del pasado. La filosofía va a ser, para los escolásticos,
ancilla theologiae, pero incluso esta dependencia reconoce
ya a la filosofía una importancia, en los estudios teológicos,

[29] J. W. Thompson, «The Introduction of Arabic Science into
Lorraine in Tenth Century», en *Isis*, XXXVIII, 1929, pp. 186 ss.

de que antes carecía [30]. Donde los Padres y después los escritores carolingios intentaban explicar la doctrina cristiana,
los escolásticos, quizá no siempre conscientes de la revolución
intelectual que iban haciendo, intentan su racionalización.
Y, con los derechos de la razón, se defiende la observación, la
experiencia y la inducción en el análisis de la naturaleza. Se
interesan, además, por la geografía, la astronomía, la minero-
logía, la alquimia, la zoología, la botánica. A muchos se po
drían aplicar las palabras con que E. Gilson ha retratado a
Alberto Magno (1193 ó 1206?-1280):

> Alberto se lanzó sobre todo el saber greco-árabe con
> el gozoso apetito de un coloso de buen humor [...]. Hay
> algo de pantagruelismo en su caso, o, más bien, hay al-
> bertinismo en el ideal pantagruélico del saber. Si escribe
> tratados *de omni re scibili* y hasta un manual del per-
> fecto jardinero es —nos dice— porque resulta agradable
> y útil [...]. Poner al alcance de los latinos toda la física,
> la metafísica y las matemáticas, es decir, toda la ciencia
> acumulada hasta entonces por los clérigos y por sus dis-
> cípulos árabes y judíos, tal era la intención de este ex-
> traordinario enciclopedista: *nostra intentio est omnes
> dictas partes facere latinis intelligibiles* [31].

Nuevo también, si se compara con los siglos anteriores,
es el humanismo *avant la lettre* de Tomás de Aquino (1225?-
1274) que busca la *veritas auctorum* en su análisis de la interpretación árabe-judía de Aristóteles y en su interés por traducciones fieles y directas del griego. Con frecuencia, se ol-
vida que las llamadas doctrinas escolásticas son, durante la

---

[30] Etienne Gilson, *History of Christian Philosophy in the Middle
Ages*, Nueva York, 1955, p. 275; íd., *The Spirit of Medieval Philosophy* [Gifford Lectures, 1931-1932], Nueva York, 1940, pp. 403-426;
David Knowles, *The Evolution of Medieval Thought*, Nueva York,
1964, pp. 87-92.

[31] E. Gilson, *La philosophie au moyen âge*, París, 1934, p. 504.
Citado por R. García Villoslada, *Edad Media... La Cristiandad en
el mundo europeo y feudal*, en *Historia de la Iglesia católica*
ob. cit., I, p. 794. Cf., también, P. F. Mandonnet, «Albert le Grand».
en *Dictionnaire de théologie catholique*, ob. cit., *s. v.* Para Mandonnet, el mérito principal de Alberto Magno consiste precisamente
en haber creado un nuevo movimiento intelectual, preparando así
el camino a su discípulo Santo Tomás.

época heroica de los siglos XII y XIII, tradicionales solo en la ortodoxia doctrinal que pretenden mantener, pero son nuevas en su metodología e incluso audaces en la importancia que dan a la razón y a las fuentes de autores griegos, árabes y judíos. En general, se puede afirmar que el escolasticismo comenzó y fue, durante siglos, un movimiento intelectual *avant guard*, con frecuencia muy cerca de los límites de la ortodoxia tradicional. Prueba de ello son los innumerables «errores» a que da lugar y las frecuentes investigaciones a que se las somete y condenaciones que sufren. No se escapa de ella el doctor Angélico Santo Tomás de Aquino, cuyas proposiciones, sospechosas de heterodoxia para muchos, fueron condenadas, repetidas veces, entre 1277 y 1286 [32].

Al extremo de un racionalismo escolástico se llega con el famoso, infame desde el punto de vista eclesiástico, averroísmo latino, en el que algunos maestros latinos procuraban conscientemente mantener la filosofía independiente de toda influencia teológica [33]. Extremo, también, de racionalismo escolástico es la doctrina de la doble verdad, falsamente atribuida a Averroes. Según ella, la razón pide, por vez primera, su independencia formal de la fe en su búsqueda de la verdad. Su atribución a Averroes es prueba de la autoridad que, incluso en materias que tocan a la fe, se daba al gran aristotelista hispano-árabe [34]. Esto es, en pocas líneas, el sentido del laicismo cultural, a que nos hemos referido anteriormente.

A este conflicto la Península contribuye, durante la segunda mitad del siglo XII, con la figura extraordinaria de Domingo Gundisalvo, canónigo de Segovia, residente por un tiempo en Toledo, y uno de los primeros filósofos del Occidente latino, influido por las traducciones del árabe [35]. Su co-

---

[32] J. Koch, «Philosophische und theologische Irrtumslisten vom 1270-1329», en *Melanges Mandonnet*, París, 1930, II, p. 313. Nuestro argumento no se basa en si fueron o no averroísticas y erróneas las proposiciones de Santo Tomás, sino en que pudieron aparecer como tales.

[33] E. Gilson, *History of Christian Philosophy in the Middle Ages*, ob. cit., pp. 387-402.

[34] E. Gilson, *History of Christian Philosophy in the Middle Ages*, ob. cit., pp. 398 ss.

[35] Sobre su importancia en el pensamiento filosófico europeo, cf. E. Gilson, *History of Christian Philosophy in the Middle Ages*,

nocimiento del pensamiento árabe es excepcional. Su tratado *Sobre la división de la Filosofía* añade al concepto tradicional del *quadrivium* las ciencias «nuevas» de física, psicología, metafísica, política y economía que él había descubierto en las obras de Avicena[36]. No solo aprende la filosofía árabe, especialmete a través de Avicena, sino que es capaz de dar a las obras de su maestro árabe una interpretación personal que le ha merecido el nombre de padre del avicenismo latino[37]. Con la colaboración del judío Ben Daud y un cierto «maestro» Juan Hispalense, es uno de los traductores más fecundos de su tiempo. Tanto su pensamiento filosófico como el producto de su actividad traductora ejercen notable influencia en Europa, dejando, sin embargo, huella apenas en la historia del pensamiento español, donde ha quedado relegado al capítulo dedicado a los heterodoxos. Según Menéndez Pelayo,

> el virus panteísta se le había inoculado, sin él pensarlo ni saberlo, dado que era privilegio de los varones de aquella remota edad el ignorar cierta clase de peligros[38]

Todos cuantos de una manera u otra se han interesado por el problema de las traducciones hechas en la Península están penosamente conscientes del sentido extranjero de toda la empresa. Extranjeros son, en su gran mayoría, los nombres asociados con las traducciones y extranjeros son todos los centros donde esas traducciones encuentran fervorosa recepción. Ya lo indicó, hace años, Millás Vallicrosa en un admirable estudio:

> aquel movimiento cultural, registrado entre los musulmanes españoles, muy pronto irradió fuera de su propia

---

ob. cit., pp. 237-241; Ludwig Baur, *Dominicus Gundissalinus. De divisione philosophiae*, Münster, 1903, pp. 316-397.

[36] Concretamente, en el tratado *De divisione philosophiae*; L. Baur, *Dominicus Gundissalinus...*, ob. cit., pp. 124-142; E. Gilson, *History of Christian Philosophy in the Middle Ages*, ob. cit., p. 237.

[37] Roland de Vaux, *Notes et textes sur l'Avicennisme latin aux confins des XIIe-XIIIe siècles*, Bibliotheque Thomiste, XX, 1934.

[38] M. Menéndez Pelayo, *Historia de los heterodoxos españoles*, ob. cit., II, p. 181. También lo advirtió A. Castro, *España en su historia...*, ob. cit., p. 479.

zona y brilló como una aurora entre los cristianos europeos, medio adormecidos en las tinieblas de la alta
Edad Media[39].

Se refiere, claro está, entre otros muchos, a casos como el
del monasterio de Chartres, cuyo interés por la ciencia árabe
data, probablemente, de su fundación, en 990, por Fulberto,
discípulo de Gerbert de Aurillac[40]. La Escuela de Chartres
mantenía relaciones en España, durante la primera mitad del
siglo XII, con el famoso traductor Hermán el Dálmata, que
había sido discípulo de Thierry de Chartres[41]. Las ideas teológicas de sus pensadores no fueron, es cierto, de la más estricta ortodoxia, merced precisamente a su aproximación
inquieta a un pensamiento filosófico no cristiano[42]. Esto es
lo que en España se trató de evitar. Américo Castro, con razón, comenta:

> El hecho es bien conocido, aunque no se ha pensado
> bastante por qué fueron los «cristianos europeos» y no
> los españoles quienes abrieron nuevas vías de pensa-
> miento con medios muy al alcance de los hispano-
> cristianos[43].

De gran interés, y «el máximo representante de la apologética
antijudaica»[44], es el dominico Raimundo Martí (m. 1268), a

---

[39]   José María Millás Vallicrosa, *Las traducciones orientales en
los manuscritos de la Biblioteca Catedral de Toledo*, Madrid, 1962.
p. 6. Cf. A. Castro, *España en su historia...*, ob. cit., p. 478.

[40]   Sobre Gerbert de Aurillac y sus relaciones con España y la
ciencia árabe, cf. J. M.ª Millás Vallicrosa, *Assaig d'història de les
idees físiques y matemàtiques a la Catalunya medieval*, Barcelona, 1931, pp. 96-170.

[41]   Aldo Mieli, *La science arabe et son rôle dans l'evolution
scientifique mondiale*, Roma, 1938 [repr. Leiden, 1966], p. 233; James Kritzeck, *Peter the Venerable and Islam*, Princeton, 1964,
pp. 66 ss.

[42]   A. Clerval, *Les écoles de Chartres au moyen âge, du Vᵉ au
XVIᵉ siècle*, París, 1895; J. M. Parent, *La doctrine de la creation
dans l'école de Chartres*, París, 1938; Vicente Cantarino, «Dante
and Islam: Theory of Light in the *Paradiso*», en *Kentucky Romance Quarterly*, XV, 1968, pp. 32 ss.

[43]   A. Castro, *España en su historia...*, ob. cit., p. 479.

[44]   Joaquín Carreras y Artau, «La cultura científica y filosófica

quien Mandonnet ha llamado «el más célebre árabo-hebraizante del siglo» [45]. Lo es, aunque de un signo totalmente distinto del que se puede atribuir, por ejemplo, a Domingo Gundisalvo, devoto discípulo éste, belicoso polemista aquél. Su obra maestra, el *Pugio fidei*, es una expugnación de la religión judía, basada en argumentos tomados del Antiguo Testamento y el Talmud, que inspira en el siglo XIV al obispo Bernardo Oliver su *Tractatus contra caecitatem judaeorum*, y al inquisidor Nicolás Eymerich las invectivas contra los judíos, incluidas en el *Directorium inquisitorum* y en otras obras [46]. La *Epístola Rabbi Samuelis*, una refutación del judaísmo escrita en árabe por un musulmán, debió parecer suficientemente importante para ser traducida al latín, en 1339, por un teólogo cristiano, bajo el seudonimo de Alfonso Buenhombre (m. 1353) [47]. Como resultado de la disputa contra los judíos que tuvo lugar en Tortosa en los años 1413 y 1414, por iniciativa de Benedicto XIII, queda el *Tractatus contra perfidiam judaeorum*, en el que se inspira la literatura española antijudaica posterior hasta Luis Vives [48].

Álvaro de Oviedo, a fines del siglo XIII, anota y corrige traducciones del árabe; pero su interés es demostrar «todos los errores de los filósofos árabes», sobre todo de Averroes [49]. A esta polémica contra el Islam convoca Raimundo de Peñafort (m. 1275), jurista profesor en Boloña, y maestro general de los dominicos, a su teólogo más famoso, Tomás de Aquino. A ruegos suyos comenzó, el año 1259, su *Summa contra*

en la España medieval hasta 1400», en *Historia general de las literaturas hispánicas*, ob. cit., I, p. 753.

[45] Laureano Robles, *Escritores dominicos de la Corona de Aragón. Siglos XIII-XV*, Salamanca, 1972, p. 68. Este libro se publicó por primera vez en «Repertorio de Historia de las Ciencias Eclesiásticas en España», Salamanca, III, 1971, pp. 11-177.

[46] L. Robles, *Escritores dominicos de la Corona de Aragón...*, ob. cit., pp. 68-77.

[47] L. Robles, *Escritores dominicos de la Corona de Aragón...*, ob. cit., pp. 120-135.

[48] Joaquín Carreras y Artau, «La cultura científica y filosófica en la España medieval...», en *Historia general de las literaturas hispánicas*, ob. cit., I, p. 753. Sobre las controversias dogmáticas y los orígenes de la apologética cristiana, cf. Tomás y Joaquín Carreras y Artau, *Filosofía cristiana de los siglos XIII al XV*, ob. cit., I, pp. 42-54.

gentiles, verdadero manual de apologética para misioneros. Tiene por objeto reducir a los musulmanes a la religión cristiana. Pero es la suya una apologética intelectual, dialéctica y sin controversia, que no responde a la realidad espiritual peninsular, de la misma manera que Ramón Martí hizo en su *Pugio*. Representante de la polémica antimusulmana es el valenciano, y descendiente de moros, San Pedro Pascual (m. 1300), obispo de Jaén[50]. Habiendo caído prisionero de los moros del vecino reino de Granada, escribió, durante su cautiverio, una interesante *Historia e Impunación de la Seta de Mahoma e Defensión de la Ley evangelica de Cristo*[51].

Sería difícil no ver en esta postura intelectual de los españoles una continuación de la actitud, adoptada y defendida para la Península y el Islam de España, por el gran abad de Cluny, Pedro el Venerable (1122-1156). Su interés por la reforma de los monasterios cluniacenses en la Península y el problema que el Islam y su cultura presentaban al Cristianismo son bien conocidos. Su actitud agresiva y su afán reformador son, sin duda, anteriores a sus contactos con España y el Islam español, consecuencia directa de su propia espiritualidad y las necesidades generales del Cristianismo. Incluso su visita a España, en 1142, hecha con el objeto primordial de encontrarse con Alfonso VII de Castilla, fue motivada, con toda probabilidad, por razones políticas que concernían directamente a asuntos castellanos y a la reforma de la observancia en los monasterios hispanos[52]. Pero es debido

[49] Citado por A. Castro, *España en su Historia...*, ob. cit., p. 479, aunque la cita no responde a la obra de Millás Vallicrosa allí mencionada. La intención de Álvaro de Oviedo es, en efecto, «defender la verdadera fe y combatir los errores de la herejía»; cf. J. M.ª Millás Vallicrosa, *Traducciones orientales en los manuscritos de la Biblioteca Catedral de Toledo*, ob. cit., pp. 35 ss.

[50] T. y J. Carreras y Artau, *Filosofía cristiana de los siglos XIII al XV*, ob. cit., I, pp. 51 ss; J. Carreras y Artau, «La cultura científica y filosófica en la España medieval...», en *Historia general de las literaturas hispánicas*, ob. cit., I, p. 754.

[51] Sobre su participación en la polémica contra el Islam, cf. Norman Daniel, *Islam and the West: The Making of an Image*, ob. cit., *passim*; E. Cerulli, *Il Libro della Scala...*, ob. cit., pp. 264 ss.

[52] J. Kritzeck, *Peter the Venerable and Islam*, ob. cit., p. 11; J. Pérez de Urbel, *Los monjes españoles en la Edad Media*, ob. cit., II, pp. 486 ss.

a dos de sus obras polémicas, una contra los judíos, otra contra los musulmanes, por lo que Pedro el Venerable ocupa un lugar distinguido entre los polemistas medievales. De estas dos, su *Liber contra sectam sive haeresim saracenorum* es sin duda, la que tiene mayor importancia para nuestro estudio, ya que su texto y las referencias que a él nos ha dejado su autor dejan ver con claridad la naturaleza de su interés por el Islam. No es ciertamente cultural, pues Pedro el Venerable no manifiesta el menor interés por la cultura de los árabes, ni siquiera por la cristiana, más allá de su acepción más tradicional. Tampoco demuestra un interés religioso igual al de un teólogo, ni tiene interés por dar a conocer a la Europa cristiana la doctrina del Islam. Su intención es, como él mismo escribe a Bernardo de Claraval,

> seguir la costumbre de los Padres de no pasar en silencio herejía alguna de su tiempo, por pequeña que fuese, si se pueden llamar así, sin oponerse a ella con todas las fuerzas de la fe y demostrar con escritos y disputaciones que son detestables y dignas de condenación [53].

El móvil real de Pedro el Venerable aparece, así, en consonancia con el espíritu de Cluny y es amonestar a la cristiandad docta sobre los «errores abominables», sobre una «herejía nefanda» de la «más vil de todas las religiones». En un momento que el enérgico abad de Cluny creía ser crucial para el pensamiento cristiano, dado el prestigio cultural de los árabes, excitaba su celo reformador que los cristianos «no conocieran [el Islam] y que por esta ignorancia no se les pudiera mover a ofrecer resistencia ninguna» [54].

Entre los colaboradores escogidos para esta empresa están Hermán de Dalmacia, Roberto de Ketton, el cluniacense Pedro de Poitiers y Pedro de Toledo. Poco se sabe del hombre a quien Pedro el Venerable identifica como «Maestro Pe-

---

[53] J. Kritzeck, *Peter the Venerable and Islam*, ob. cit., p. 37.
[54] J. Kritzeck, *Peter the Venerable and Islam*, ob. cit., p. 42. Sobre la actividad literaria de Pedro el Venerable y su sentido polémico, cf. P. F. Mandonnet, «Pierre le Venerable et son activité litteraire contre l'Islam», en *Revue Thomiste*, I, 1893, pp. 329-342; N. Daniel, *Islam and the West: The Making of an Image*, ob. cit., *passim*.

dro de Toledo», y de quien dice «que el latín no le era tan
familiar como el árabe», pero cuya fama se funda en su colaboración con el equipo de traductores del Abad de Cluny y,
posiblemente, con la organización y anotación de la llamada
Colección toledana [55].

En este sentido, habría que reexaminar el papel de Pedro
el Venerable en la historia intelectual de España y de Europa. Pues, para esta empresa, tal como la había concebido, no
se requería «originalidad y heroismo por parte de Pedro el
Venerable para introducir el estudio del Islam en Europa» [56].
Por el contrario, debía aparecer, ya en el siglo XII, como producto de militancia religiosa más que curiosidad cultural. Reveladores de ambos aspectos son las palabras de Roberto
de Ketton, uno de los traductores-colaboradores en la empresa
de la polémica contra el Islam. Por una parte, justifica su colaboración en la obra de Pedro el Venerable con su crítica
violenta a la postura acomodaticia de sus contemporáneos
y su excesiva tolerancia respecto a los musulmanes. Por
otra, en el prefacio a su traducción del Corán, dice explícitamente que esta traducción había sido como un paréntesis en
su ocupación primordial y que, una vez terminada, pensaba
regresar a sus estudios y traducciones de temas de geometría
y astronomía [57].

En contra de lo que comúnmente se afirma, la actividad
literaria, iniciada por Pedro el Venerable, no promovió, en la
Península ni en Europa, una mayor comprensión o un mejor
conocimiento de la religión y cultura del Islam [58]. Sus escritos fueron, por el contrario, causa directa de la creación en
el Occidente cristiano de lo que, en toda justicia, debería
llamarse la leyenda negra del Islam [59].

---

[55] J. Kritzeck, *Peter the Venerable and Islam*, ob. cit., pp. 51-69.
[56] Así lo enjuicia J. Kritzeck, *Peter the Venerable and Islam*,
ob. cit., p. 15.
[57] Consiente, dice, en «abandonar, por un tiempo, mi estudio
principal de astronomía y geometría», aunque promete para pronto una *summa astronomica*; cf. J. Kritzeck, *Peter the Venerable
and Islam*, ob. cit., p. 62.
[58] Ugo Monneret de Villard, *Lo studio dell'Islam in Europa
nel XII e nel XIII secolo*, Ciudad del Vaticano, 1944.
[59] N. Daniel, *Islam and the West: The Making of an Image*,
ob. cit. Aunque el objetivo de este excelente estudio es el análisis

La lamentable singularidad de España es haber servido de punto de partida para la cultura árabe en su marcha sobre Europa; el haber servido de estación donde se dieron cita los europeos en su búsqueda por testimonios del saber greco-árabe; el haber sido palestra donde el pensamiento occidental pugnó por expresar en latín la versión árabe y judía del helenismo; el haber contribuido, de esta manera, a la creación de un nuevo concepto de cultura en Europa y no haberse beneficiado de ello. Es así, y por ello, que España pierde de vista a Europa.

---

de la polémica cristiana contra el Islam, los resultados que ofrece demuestran claramente que los polemistas cristianos, en general, y los españoles en particular, estaban interesados solamente en una distorsión del Islam que lo hiciera aparecer aborrecible a los cristianos. No se puede hablar de un interés objetivo, ni de una aproximación espiritual; todo lo contrario. Cf. R. Southern, *Western Views of Islam in the Middle Ages*, Cambridge, Massachussets, 1962; Dana C. Munro, «The Western Attitude Toward Islam During the Period of the Crusades», en *Speclum*, VI, 1931, pp. 329-343.

VII. ESPAÑA Y EUROPA

Cultura alfonsina

Desde el punto de vista del desarrollo cultural de España durante el medioevo, la figura eminente de Alfonso X el Sabio (1252-1284) es a la par promesa y realidad, amanecer brillante y cenit glorioso de la cultura medieval española. Sin embargo, si se la somete a detenido escrutinio, la cultura de Alfonso X se hace tanto más ambivalente cuanto claros y entusiastas son los juicios que se expresan sobre su importancia. En general, la figura del llamado Rey Sabio es considerada como cumbre en el afán de saber característico de la Europa cristiana, durante los siglos XII y XIII. En este sentido, J. L. Alborg se hace eco de un juicio común al afirmar, sin más, que «Alfonso X representa una de las cimas culturales más elevadas de la Edad Media europea»[1]. Desde el punto de vista de la circunstancia peninsular, se le da crédito exclusivo del impulso que recibe el idioma castellano merced al cual va a quedar definitivamente establecido como idioma literario. Por otra parte, Alfonso X es considerado también como arquitecto mayor y continuador del puente por el que el saber judío-musulmán pasa a la Europa cristiana. Reiterando juicios comúnmente aceptados, G. Menéndez Pidal concede mérito especial al rey por la continuación incrementada de la influencia cultural y científica árabe-judía:

> En Toledo [...], en fin, se reunieron los principales colaboradores cristianos, judíos y musulmanes del Rey Sabio.

---

[1] José Luis Alborg, *Historia de la literatura española*, Madrid, I, 1970², p. 154.

ENTRE MONJES Y MUSULMANES

En Sevilla forma Alfonso X otro núcleo semejante del que saldrán obras famosas, ilustradas por maravillosos miniaturistas. Y, en 1269, pone al frente del grupo murciano de sus colaboradores al musulmán más culto de su generación: el Ricote, maestro de ciencias para cristianos, judíos y árabes. Y es que, si en política parecía estar llamada a desaparecer en España la influencia mora, la civilización árabe tenía que representar todavía un gran papel en Europa. En la segunda mitad del siglo XIII aún ha de ser inmensa la resonancia de lo árabe en ciencia, filosofía, literatura y cuentística, y todo este trasvase va a tener lugar principalmente a través de España[2].

El juicio del autor de estas líneas, y con él la generalidad de autores que directa o indirectamente se refieren a Alfonso X, presenta a un monarca, a la par, sabio excepcional e interesado en propagar, entre sus súbditos cristianos, los frutos ya maduros de la civilización hispano-árabe y en comenzar en Castilla la misma revolución cultural y científica que dominaba cada vez más el pensamiento europeo desde ya hacía un siglo. El historiador austríaco Federico Heer resume este juicio general con el suyo: «Hombres como Roger Bacon, Arnaldo de Vilanova y Lulio encontraron sus equivalentes reales en Alfonso el Sabio, Denis de Portugal y Federico II»[3].

No se trata, aquí, de disputar al Rey Alfonso sus derechos al apelativo de Sabio, como tampoco de cerrar los ojos a la evidencia de su mecenazgo y su interés por ciertos afanes culturales. Pero es sencillament erróneo considerar al rey un equivalente en castellano del filósofo inglés, tan apegado a doctrinas musulmanas, teólogo vanguardista y de ortodoxia tan sospechosa como lo fue el franciscano Roger Bacon, y también lo es compararlo con Averroes o Santo Tomás. Tampoco es exacto llamarlo patrón y protector de todos los saberes que, de una manera u otra, se originaban en la Península, o considerarlo comparable, así sin más, a Federico II o, entre los árabes, a Harun al-Rashid, al-Ma'mun o al hispano al-Hakam. No lo fue.

---

[2] Gonzalo Menéndez Pidal, «Alfonso X», en *Historia general de las literaturas hispánicas,* ob. cit., I, p. 432.
[3] F. Heer, *The Intellectual History of Europe,* ob. cit., p. 141.

La cultura en la Península sigue, ya en el siglo XIII, unas
rutas que no son identificables con las que sigue en el resto de
la Europa occidental. La presencia distinguida de Alfonso X,
llamado el Sabio, puede ocultar al observador menos atento
las diferencias profundas que existen, pero no las puede al-
terar[4]. En realidad su afición al saber es ya peculiarmente
hispánico.

Estamos acostumbrados a comentarios como el de Gonzalo
Menéndez Pidal quien, al hablarnos de Alfonso X en la *Historia de las Literaturas Hispánicas*, se refiere, como tantos, a su
interés por la literatura árabe:

> La tradición de las traducciones toledanas no había
> muerto. Hermán el Alemán fechaba en la capilla de la
> Santísima Trinidad de Toledo (1240) su traducción del
> comentario de Averroes a la *Ética* a *Nicómaco* de Aris-
> tóteles. El interés por la cultura árabe aumentaba en
> vez de decaer [...]. El infante Alfonso no queda al mar-
> gen de este movimiento: en 1251 hace traducir al caste-
> llano la colección de cuentos que conoció el mundo me-
> dio desde oriente a occidente con el nombre de *Calila
> y Dimna*[5].

Esto es cierto, pero es, a la vez, más problema que solución,
pues que de esto se trata: si la cultura hispánica y con ella
también la alfonsí abandona o «desconoce» el interés europeo
por Aristóteles para leer, en cambio, cuentos.

Américo Castro y Sánchez Albornoz consideran, con atención, el uso que hizo el Rey Sabio de la lengua castellana en

---

[4] No debería ser preciso recordar, que, estrictamente hablando, ni todo lo que acaece en la Península ni todo lo que realizan
los que en ella nacieron es necesariamente exponente de la cultura peninsular y, por lo tanto, generalizable. Así, por ejemplo, no
es suficiente argumento señalar la fama de Toledo en Europa,
para concluir, como hace Carmelo Gariano (*Análisis estilístico
de los «Milagros de Nuestra Señora» de Berceo*, Madrid, 1965, pp
18-19), que «España no estaba a la zaga de nadie». Tampoco sería
exacto considerar la cultura de —digamos por ejemplo— Pedro Hispano, luego Juan XXII, prueba de niveles hispánicos, a
no ser que pudiéramos asumir, o demostrar al mismo tiempo,
que, por su educación y trabajo, no fue europeo, sino hispano.
[5] G. Menéndez Pidal, «Alfonso X», en *Historia general de las
literaturas hispánicas*, ob. cit., I, pp. 428 ss.

la redacción de sus obras. Acertadamente, comenta Américo Castro:

> La súbita aparición en la corte de Alfonso X el Sabio de magnas obras históricas, jurídicas y astronómicas, escritas en castellano y no en latín, es un fenómeno insuficientemente explicado si nos limitamos a decir que un monarca docto quiso expresar en lengua accesible a todos grandes conjuntos de sabiduría enciclopédica [...]. En ninguna corte de la Europa del siglo XIII podía ocurrírsele a nadie redactar en idioma vulgar obras como la *Grande e General Estoria*, los *Libros del saber de astronomía*, o las *Siete Partidas* [6].

Este uso «extraordinario» del castellano no se puede explicar solamente, según Américo Castro, por el afán educador de Alfonso X, y ve en él un resultado de una influencia, consciente o inconscientemente aceptada por el Rey, de los judíos, que buscan así y por razones político-religiosas un alejamiento de la unidad europea latino-cristiana. La teoría de Américo Castro, como es sabido, ha encontrado una gran oposición basada, al parecer, en poderosos argumentos. Por otra parte, en el ardor de la polémica, quedó olvidado el aspecto de mayor interés de la aguda observación de Américo Castro. A saber, el contraste de idiomas, castellano y latín, usados en España y en el resto de Europa para escribir obras, digamos, sobre astronomía.

Para Sánchez Albornoz los móviles del rey Alfonso X para el uso que hace del castellano son sencillamente educativos. «Es clara —dice— la intención del Rey Sabio de ilustrar a su pueblo venciendo su rudeza» [7]. No parece advertir el distinguido medievalista que en la polémica ha incurrido en el sofisma que los escolásticos llamarían *ignorantia elenchi*, es decir, demuestra algo muy distinto de lo que preocupa a Américo Castro. Para éste el problema consiste en que, durante el medioevo, la función literaria del idioma era la de transmitir una cultura de minorías y que esta función, sobre todo en sus aspectos técnicos, era todavía en el siglo XIII exclusiva del latín. El contraste no es, en consecuencia, como se mal-

---

[6] A. Castro, *España en su historia...*, ob. cit., p. 478.
[7] C. Sánchez Albornoz, *Enigma*, II, p. 263.

entiende con frecuencia, entre 'el uso del latín y el de la
lengua vernácula, sino el de ésta para tratados científicos
y en vez del latín. Por ello no puede ser argumento suficiente
proponer que en Castilla había durante el siglo XIII un cierto
desarrollo de la cultura del leer y escribir, simple *literacy*,
como hace Alan D. Deyermond [8].

Sánchez Albornoz arguye con razón, aunque no al caso,
puesto que no se trata aquí de los comienzos literarios del
idioma, que el desarrollo del castellano es anterior y su uso
ya incontenible durante el reinado de Alfonso X. Insiste, además, que «Fernando III hizo ya traducir del árabe al castellano algunos tratados didácticos: *Flores de filosofía* y el
Libro de los doce sabios [9]. A esto se podría añadir, entre
otros, probablemente el *Bonium* o *Bocados de Oro* y el *Libro
de Calila e Dimna* traducido durante el infantado de Alfonso X.
La contribución y el mérito del Rey Sabio consisten, según
Sánchez Albornoz, en que «Alfonso X quiso afinar el espíritu y fertilizar la inteligencia de los castellanos» [10]. A esto solo
cabe hacer una pregunta: ¿fertilizar la inteligencia castellana con los *Libros del Saber de Astronomía*?

La novedad alfonsina consiste precisamente en haber insistido o, simplemente, permitido que se redactaran en castellano
unas obras para las que el resto de Europa todavía creía que
solamente el latín era aceptable. La determinación, aún hipo-
tética, de los móviles del Rey Sabio es la razón de la polémica; su importancia consiste en que solo ella nos puede
ayudar a percibir el perfil exacto de la cultura alfonsina y
española durante el siglo XIII.

La razón primera para esta novedad no pudo ser la
convicción por parte de Alfonso X de que el nivel cultural
de Castilla, durante su reinado, era tan elevado y superior al
europeo que tales obras pudieran estar dedicadas a un público numeroso más allá de los límites de la clerecía. Por una
parte, la postulación de que obras técnicas y científicas podían estar dedicadas a un público ignorante del latín presu-

[8] Alan D. Deyermond, *The Middle Ages*, en *A Literary History
of Spain*, dirigida por R. O. Jones, Londres-Nueva York, 1971, pp.
88, 136 ss.
[9] C. Sánchez Albornoz, *Enigma*, II, p. 263.
[10] C. Sánchez Albornoz, *Enigma*, II, p. 263.

pone un desarrollo de una cultura al margen de los centros tradicionales de educación clerical, y, por lo tanto, latina, de la que no se tiene noticia alguna [11]. Por otra parte, la existencia de una cultura literaria y científica independiente del latín no es admisible en el caso de cristianos, cuya educación, si la habían recibido, dependía todavía de obras latinas y era en latín; aunque sería admisible, en el caso de los judíos, al margen, muchas veces, de las fuentes y formas de la educación cristiana.

No se trata aquí, ni en la polémica, de disputar al Rey Sabio su interés por la educación de su pueblo, ni su importancia para el desarrollo de la lengua castellana y de la cultura de su tiempo, sino de los problemas que nos presenta una evaluación atenta, no de sus méritos, sino de su obra. Ésta, meritísima como es y llena a un mismo tiempo de frutos magníficos y promesas de otros aún mayores, contra lo que generalmente se afirma, ni está arabizada ni es arabizante o judaizante. No quiere esto decir que no haya una presencia, incluso una contribución de árabes y judíos en la cultura alfonsí. Sí la hay y es evidente. Pero no lo es menos que el horizonte de los temas y el tratamiento que a éstos se da no se abre bajo la influencia árabe o judía, sino que permanece tradicional y latina. Tampoco es el Rey Sabio arquitecto de puentes y canales por los que pudiera pasar el saber árabe y judío a la cultura castellana de su tiempo. Ni las instituciones de enseñanza ni los escritores de su tiempo y aún después acusan recibo de saberes árabes o judíos más allá de los impuestos por su simple presencia y la acción o reacción que ésta causaba.

La obra cultural alfonsí es mayor y tiene, por ello, mayor mérito e importancia que la de sus predecesores. Es, además, intrigante por su alejamiento consciente y deliberado del latín. Pero no se puede decir que sea innovadora.

La obra jurídica del Rey Sabio cristaliza, como es sabido, en *Las Siete Partidas* o *Libro de las Leyes*. Su realización res-

---

[11] De su ignorancia del latín nos dan testimonio «las escrituras castellano-leonesas de la segunda mitad del siglo XIII con sus peticiones de leoneses y castellanos para que les tradujeran al romance los textos latinos que dicen no entender»; cf. C. Sánchez Albornoz, *Enigma*, II, p. 262.

ponde a un deseo sentido ya por Fernando III y tiene como objetivo principal la sustitución completa de la legislación vieja [12]. Ni lo uno ni lo otro se puede decir que sea particular de España o que manifieste singularidades hispanas frente a Europa. Por el contrario, tanto la preocupación legal de los reyes Fernando III y Alfonso X como su decidido interés por una codificación de las leyes están en armonía perfecta con la tendencia general hacia semejantes tareas, desde el *Collectarium canonum* o *Decretum Burchardi*, obra en veinte libros y mil setecientos ochenta y cinco capítulos, de Burcardo obispo de Korms (m. 1025), el *Decretum Gratiani*, escrito hacia 1140, y las *Decretales* de Gregorio IX, promulgadas hacia 1234 [13]. La primera mitad del siglo XIII es precisamente una época extraordinariamente activa en redacción, compilación y comentario de leyes y disposiciones, de la que es centro la universidad de Bolonia [14]. Uno de sus estudiantes, el hispano Raimundo de Peñafort (m. 1275) y, más tarde, segundo maestro general de los dominicos, jurista eminente, e íntimo de Alfonso X, fue estrecho colaborador de Gregorio IX (1226-1241) en la compilación de las *Decretales* pontificias [15]. Fruto del tiempo europeo y de la mentalidad eclesiástica vigente son *Las Siete Partidas*, basadas en el *Derecho* romano justiniano, el *Decretum Gratiani* y, sobre

---

[12] «A esto nos movió [...] que el muy noble [...] Rey Don Fernando, nuestro padre [...], lo quisiera facer si mas visquiera, et mando a nos que lo feciesemes» (t. I, p. 5). Cf. G. Menéndez Pidal, «Alfonso X», en *Historia general de las literaturas hispánicas*, ob. cit., I, p. 433.

[13] Sobre éstas y otras muchas colecciones, *vid.* Ivo Zeiger, *Historia juris canonici*, Roma, 1939-1940; B. Kurtscheid y F. Wilches, *Historia juris canonici. Historia fontium et scientiae*, Roma, 1953. Cf. R. García Villoslada, *Edad Media... La Cristiandad en el mundo europeo y feudal*, en *Historia de la Iglesia católica*, ob. cit., II, pp. 821-832.

[14] R. García Villoslada, *Edad Media...*, en *Historia de la Iglesia católica*, ob. cit., II, pp. 768-771. Cf., también, Henry O. Taylor, *The Medieval Mind. A History of the Development of Thought and Emotion in the Middle Ages*, Cambridge, Massachusetts, 1966[4], II, pp. 260-309.

[15] L. Robles, *Escritores dominicos de la Corona de Aragón...*, ob. cit., pp. 13-57.

todo, las *Decretales* de Gregorio IX [16]. Colaboraron en la empresa el jurista Jacome Ruiz, el obispo Fernando Martínez y el maestro Roldán, bien conocidos por otros trabajos jurídicos de la escuela romanizante [17].

Tampoco la obra histórica del Rey Sabio ofrece una visión nueva del mundo o de su historia. Dejando aparte y reconociendo sus indiscutibles méritos en otros aspectos, ni la *Crónica General* ni la *Grande e General Estoria* son novedad en la historiografía tradicional. La continúan, le dan mayor envergadura, pero no la cambian en ningún aspecto esencial. Es mérito cierto de la *Crónica* su intento de ensanchar la visión histórica y, sin concretarse exclusivamente, como en las crónicas más antiguas, a historiar los sucesos del reino de Castilla, incluyó también los de Navarra, Aragón y Portugal [18]. Meritorio es, sí, pero no nuevo, pues con esa visión de valores nacionales se incorporaba Alfonso X a una tradición de historiografía de vieja alcurnia europea, desde la composición de la *Historia ecclesiastica gentis anglorum* por Beda el Venerable (673-735) [19]. Lo mismo se puede decir de su composición que encuentra sus modelos estructurales en las *Antiquitates judaicae* de Flavio Josefo (37-100?) [20], los *Cánones crónicos* de Eusebio de Cesarea, en la continuación de Jerónimo (340?-420) [21] y la *Historia scholastica* de Pedro Co-

---

[16] José Jiménez, «El *Decreto* y las *Decretales*, fuentes de la primera Partida de Alfonso el Sabio», en *Anthologica Annua*, II, 1954, pp. 239-248.

[17] G. Menéndez Pidal, «Alfonso X», en *Historia general de las literaturas hispánicas*, ob. cit., I, p. 433; R. García Villoslada, *Edad Media...*, en *Historia de la Iglesia católica*, ob. cit., II, p. 832.

[18] Antonio G. Solalinde, *Antología de Alfonso X el Sabio*, Madrid, 1941, p. 71; Diego Catalán Menéndez Pidal, *De Alfonso X al Conde de Barcelos: Cuatro estudios sobre el nacimiento de la historiografía romance en Castilla y Portugal*, Madrid, 1962, pp. 208-210; R. Menéndez Pidal, «Tradicionalidad de las Crónicas Generales de España. A propósito de los trabajos de L. F. Lindley Cintra», en *Boletín de la Real Academia de la Historia*, CXXXVI, 1955, pp. 131-197.

[19] Migne, *Patrologia latina*, XCV, cc. 21-290.

[20] Migne, *Patrologia latina*, XCV, cc. 21-290.

[21] María Rosa Lida de Malkiel, «Josefo en la *General Estoria*», en *Hispanic Studies in Honour of I. González Llubera*, Oxford, 1959, pp. 163-181; íd., «La *General Estoria*: notas literarias y

mestor (m. 1179 ó 1189) [22]. Predecesores y fuentes reconocidas
son también, entre otros, Vicente de Beauvais (m. antes de
1264) y el arzobispo Rodrigo Ximénez de Rada (m. 1247) [23].
Este exceso de tradicionalismo histórico explica, a nuestro
parecer, el defecto que María Rosa Lida acertadamente acusa en la obra de Alfonso X:

> La clasificación historiográfica admitida para la *Gene-*
> *ral estoria*, así como la jerarquización de sus fuentes
> dejan que desear: no hay en la compilación alfonsina
> nada que preludie el Renacimiento ni que se aproxime
> al moderno método historiográfico ni que refleje lo
> que hoy se entiende por historia universal [24].

Entre los muchos méritos que con toda justicia hay que
reconocer al Rey Sabio no se debería contar el de una aproximación a la historiografía árabe. Su obra histórica, en efecto, ni es arabizante ni está arabizada. Aunque es cierto que
hace abundante uso de fuentes árabes, no es ello novedad en
las crónicas hispanas de la Reconquista ni produce un cambio en los conceptos históricos tradicionales que sirven de
fundamento a toda la obra. Por ello habría que examinar con
mayor atención «la penetrante y cruda minuciosidad de los
historiadores árabes, el simbolismo retórico de los poetas
musulmanes», que Ramón Menéndez Pidal atribuye al estilo

---

filológicas», en *Romance Philology*, XII, 1958-1959, pp. 111-142;
XIII, 1959-1960, pp. 1-30.

[22] Francisco Rico, *Alfonso el Sabio y la General Estoria. Tres
lecciones*, Barcelona, 1972, pp. 45-64; María Rosa Lida de Malkiel,
«Josefo en la *General Estoria*», art. cit., p. 165.

[23] G. Menéndez Pidal, «Alfonso X», en *Historia general de las
literaturas hispánicas*, ob. cit., I, pp. 437-442.

[24] María Rosa Lida de Malkiel, «Josefo en la *General Estoria*»,
art. cit., p. 164. Cf. G. Menéndez Pidal, «Alfonso X», en *Historia general de las literaturas hispánicas*, ob. cit., I, 437; D. Catalán Menéndez Pidal, *De Alfonso X al Conde de Barcelos...*, ob. cit., p. 20.
A. D. Deyermond, *The Middle Ages*, en *A Literary History of Spain*,
ob. cit., p. 90, sostiene que, «en efecto, mucho de la *GE* asemeja
una colección de traducciones de varias fuentes cuyos compilado-
res se esforzaron, en general con éxito, en integrar en una narración coherente». Cf., también, D. Catalán Menéndez Pidal, «El ta-
ller historiográfico alfonsí. Métodos y problemas en el trabajo
compilatorio», en *Romania*, LXXXIX, 1963, pp. 354-375.

de la *Crónica*[25]. Que se trasluzca algo de ello a un texto traducido no arabiza el estilo del autor, a no ser que se imite y aparezca también en otras ocasiones. Éste no es el caso.

Más que el uso que los colaboradores del rey Alfonso X hacen de fuentes históricas árabes, para la composición de la *Crónica*, son las obras sobre astronomía las que le han dado un lugar distinguido en la historia de las ciencias y fama de gran mecenas de sabios y traductores. Al introducir los *Libros del saber de astronomía* y las *Tablas alfonsíes*, el orientalista italiano e historiador de las ciencias Aldo Mieli nos habla de «la gran figura de Alfonso el Sabio, que no es solamente un protector esclarecido de las ciencias y de sus traductores, sino también él mismo sabio y organizador»[26]. Su interés por estos trabajos y la importancia de las llamadas *Tablas alfonsíes* le han dado fama de astrónomo y le han valido la comparación, hoy todavía frecuente, con Miguel Scoto, traductor, en 1217, del *Liber astronomiae* del famoso astrónomo árabe sevillano al-Bitrugi, el Alpetragius de los latinos[27].

Dejando de lado la total dependencia de estas obras de fuentes, modelos y experiencias científicas árabes y judías y, asimismo, su importancia, por demás reconocida, para la ciencia astronómica, europea, el problema que ellas plantean para una evaluación de la cultura alfonsí es ya parte de la polémica de España. Américo Castro llamó la atención, hace muchos años, sobre el prólogo al *Libro de las armellas*, donde dice el rey Alfonso:

> Mandamos a nuestro sabio Rabi Çag el de Toledo (Isaac ben Cid) que lo fiziese bien cumplido et bien llano de entender, en guisa que pueda obrar con el qual ome quier cate en este libro[28].

El distinguido maestro observa agudamente que en estas frases el Rey Sabio nos dice lo que entendía por ciencia, a saber,

---

[25] Citado por G. Menéndez Pidal, «Alfonso X», en *Historia general de las literaturas hispánicas*, ob. cit., I, p. 441.

[26] Aldo Mieli, *La science arabe et son rôle dans l'evolution scientifique mondiale*, ob. cit., p. 237.

[27] Anwar Chejne, *Muslim Spain. Its Culture and History*, ob. cit., p. 403.

[28] A. Castro, *España en su historia...*, ob. cit., p. 485.

«una llana vulgarización que no calentara la cabeza» y añade:

> Si a don Alfonso le hubiera interesado en verdad la
> astronomía, habría pensado en sus problemas y no en
> la facilidad de entenderlas sin molestias [29].

Muy bien vio Américo Castro que la actitud que el Rey adopta ante una nueva obra de la famosa astronomía árabe-judía es un poco extraña. No demuestra interés o expresa un juicio crítico, sino que se conforma con una recomendación que es más de estudiante y aprendiz que de sabio maestro.

Es posible que la adulación hispano-judía por su patrón y mecenas, el rey Alfonso X, tuviera los motivos y fines ulteriores del «sionismo» hispano-sefardita, a que se refiere Américo Castro [30]. Aunque para demostrar semejantes intenciones por parte de los judíos, colaboradores del Rey en tareas científicas, haría falta encontrar mayores argumentos que el de la simple adulación judía hacia su mecenas. A falta de éstos, nos tendremos que conformar con la aceptación de otras razones más simples y obvias, a saber, que, con esa adulación, los judíos, colaboradores del Rey, pretendían y evidentemente consiguieron, un tratamiento especial para sus propios intereses científicos, a los que el Rey, más o menos interesado, condesciende. No se trataría, así, de una conspiración de resonancias europeas, sino sencillamente un «lobbying» en favor de sus tareas, un cabildeo muy concreto, donde la camarilla de cabilderos es un grupo reducido con intereses científicos también reducidos.

Ello explicaría el gran enigma del interés alfonsí por los saberes árabes y judíos, a saber, que, contra lo que generalmente se afirma, Alfonso X demuestra en su obra, digamos, árabe, un horizonte científico, en realidad, restringido y de muy poco sentido enciclopédico. No es el Rey Sabio patrono de todos los saberes ni parece que hizo buscar y traducir del árabe conocimientos que pudieran merecer en su conjunto el título de enciclopédicos, ni árabes ni judíos. A falta de evidencia contraria, habrá que pensar que el rey Alfonso no se interesó por la física, la óptica, la geografía, la matemática, la filosofía, la medicina, sean éstas judías, árabes o

---

[29] A. Castro, *España en su historia...*, ob. cit., p. 485.
[30] A. Castro, *España en su historia...*, ob. cit., pp. 478-487.

simple transmisión de saberes griegos. Tampoco parece haber tenido mayor interés o conocimiento de Aristóteles, Alfarabi, Avicena, Averroes o Maimónides que sus predecesores. El interés estrictamente científico de Alfonso X, a juzgar por sus obras, es astronomía y astrología, y aquella más experimental que teórica. Causa o efecto de este interés es el grupo de sus colaboradores interesados también exclusivamente en estas tareas [31].

De otro signo totalmente distinto es la cultura «horizontal», a que nos hemos referido anteriormente. En este sentido, la cultura hispana, durante el reinado de Alfonso X, acusa el mestizaje que causa en la sociedad la presencia conjunta de moros, judíos y cristianos. Si decíamos antes que la cultura cristiana vertical y normativa no acusa mestizaje ni se arabiza, de la cultura social, en su sentido antropológico, habría que decir, por el contrario, que el mestizaje parece definitivo y permanente.

Aquí se podría recordar, como testimonio, la afición alfonsí, cuando infante, por los cuentos y narraciones amenas árabes del tipo de *Calila y Dimna*, o de juegos tan populares en la sociedad musulmana como los *Libros de açedrex, dados e tablas*. Testimonio de este mestizaje nos lo da muy bellamente, como es sabido, la dependencia alfonsina de las formas poéticas «zejelescas» [32] y el arte en todas sus manifes-

---

[31] De acuerdo con estas restricciones, habría que entender y modificar la evaluación que de la obra de Alfonso X nos ofrece Ángel del Río, *Historia de la literatura española*, Nueva York, 1956⁴, I, p. 55, para quien «su obra, aunque inferior quizá en rango, representa un impulso análogo a la síntesis filosófica de Santo Tomás, a la síntesis poética de Dante, a la cultura de las grandes universidades, o a la arquitectura de las primeras catedrales góticas». En efecto, aunque la obra de Alfonso X es de síntesis, el impulso a que ésta responde es fundamentalmente distinto del espíritu 'vanguardista' de Santo Tomás y de las universidades europeas, según veremos, y de la receptividad que Dante demuestra por el pensamiento árabe-musulmán; cf. Vicente Cantarino, «Dante and Islam: Theory of Light in the *Paradiso*», art. cit., pp. 3-35.

[32] Así es como debería entenderse la afirmación de A. Chejne, *Muslim Spain...*, ob. cit., p. 405: «su dependencia [de Alfonso X] de obras árabes en sus Cantigas es evidente». Se trata, estricta y exclusivamente, de una dependencia formal. El contenido de las

taciones, desde las miniaturas que ilustran las famosas *Cantigas de Santa María* hasta la llamada Capilla Real, construida en magnífico estilo almohade-mudéjar, a expensas de Alfonso X, para su sepultura [33].

Uno de los argumentos, usados frecuentemente para demostrar el interés de Alfonso X por la cultura árabe, es el hecho de la fundación del llamado Estudio General de Sevilla, establecido oficialmente por carta real de 1254 y con las palabras «otorgo que haya hi ['aquí'] estudios e escuelas generales de latín e arábigo» [34]. Si la concesión y establecimiento de estudios y escuelas es clara, no así la división que hace el rey Alfonso entre las «de latín e arábigo». ¿Se trata de escuelas para cristianos —latín— y otras para musulmanes —árabe?—, o se trata más bien de una división de disciplinas entre las tradicionales, latinas, y otras en las que el predominio árabe justificaría que se las llamase con este nombre? No está claro, pero la interpretación que, en conjetura, ofrece Vicente de la Fuente es intrigante:

> En mi juicio —dice—, las cátedras de latín eran las artes, que se enseñaban en aquel idioma, y siendo la gramática, principalmente la latina, base del *trivium et quadrivium*, figurando la primera de aquél, bajo el concepto de escuelas generales de latín se designaban las siete artes tal cual se enseñaban en aquel tiempo, al paso que las de arábigo significarían quizá las de Física y Medicina que se estudiasen en libros en aquel idioma [35].

Halagador como sería para el Rey Sabio, si se pudiera demostrar que tal fue su política de educación, hay que reconocer que el juicio que propone de la Fuente no es aceptable.

Con esta carta, el rey Alfonso se limita a dar un carácter

Cantigas es reflejo de una espiritualidad cristiana, fruto de devociones monásticas.

[33] Se halla en la Mezquita de Córdoba y fue construida en 1258-1260; cf. J. M. Pita Andrade, *Treasures of Spain. From Altamira to the Catholic Kings*, ob. cit., p. 78.

[34] C. M.ª Ajo G. y Sáinz de Zúñiga, *Historia de las Universidades hispánicas*, Madrid, I, 1957, p. 206.

[35] Vicente de la Fuente, *Historia de las Universidades, Colegios y demás establecimientos de enseñanza en España*, Madrid, 1884, I, p. 206.

jurídico a una empresa que no es suya, aunque ahora la reconozca y acepte. Ya con anterioridad a la institución real de 1254, el maestro general de la Orden de Predicadores, Raimundo de Peñafort, con ayuda de los reyes de Castilla y Aragón, había ido estableciendo escuelas para la preparación de misioneros en tierras de moros y judíos. En el capítulo provincial, celebrado en Toledo en 1250, se asignan ocho hermanos «ad studium arabicum» [36]. Se trata, pues, del estudio de la lengua, necesario para el ejercicio misionero de conversión de infieles —musulmanes y judíos—, objetivo primero en la Península de la Orden de Predicadores.

Además, en la carta real de 1254, al expresar su deseo de que se lleguen a traducir los textos sagrados musulmanes y judíos, manifiesta también su objetivo de que ello se haga para facilitar la tarea de los misioneros españoles en tierras de reconquista. El deseo de Alfonso X de «fazerles [a los infieles] creer la nuestra fe [...] por buenas palabras e convencibles predicaciones» [37] representa una alianza crucial de intereses políticos y eclesiásticos, y también, una negación en principio del mundo de las tres religiones.

Testimonio corroborativo de las páginas que preceden nos lo ofrecen tres figuras estrechamente unidas al mundo cultural, religioso y político del rey Alfonso X: el franciscano Gil de Zamora (1241?-h. 1310), el mismo rey Sancho IV (1284-1295), hijo rebelde de Alfonso X y presunto autor de *El Lucidario* y *Castigos e documentos*, y el infante don Juan Manuel.

Fray Juan Gil de Zamora, consejero, amigo y súbdito profundamente leal de Alfonso X, maestro y secretario del infante don Sancho, es una de las figuras más notables del franciscanismo medieval español [38]. Por encargo de Alfonso X, compuso el *Officium*, en el que se ha querido ver una posible

---

[36] H. Denifle, *Die Entstehung der Universitäten de Mittelalters bis 1400*, Berlín, 1885, p. 495.

[37] Nada más se sabe de los deseos reales, ni de la suerte de estos *estudios*.

[38] Manuel de Castro y Castro, ed., *Fray Juan Gil de Zamora, O. F. M., De praeconiis Hispaniae*, Madrid, 1955. Cf., también, Charles Faulhaber, *Latin Rhetorical Theory in Thirteenth and Fourteenth Century Castile*, Berkeley, 1972, pp. 103-121.

fuente de inspiración para las *Cantigas* [39]. Para completar la educación del príncipe, heredero de Alfonso el Sabio, escribió el gran tratado *De viris illustribus* [40]. Su obra histórica *De preconiis Hispaniae* está trazada conforme al mismo concepto universalista que se alaba en la *Crónica General* [41]. Doctor por la universidad de París, en la que había cursado estudios teológicos, precisamente en un momento en que San Buenaventura, General de la orden franciscana hasta 1274, luchaba denodadamente contra el averroísmo en aquella Universidad, Gil de Zamora entra en la arena de la polémica con un violento *Liber contra venena et animalia venenosa* [42]. Ello es todo cuanto nos dice del saber árabe: los argumentos a favor y en contra que aprendió en París [43].

Semejante es el caso del *Lucidario* y de los *Castigos e documentos*, atribuidos a Sancho IV el Bravo. Ambos continúan tradiciones latinas y ofrecen un contenido de tan gran densidad doctrinal y moral de la más estricta ortodoxia y vieja alcurnia latina que unas citas de apólogos de origen oriental no pueden ocultar [44].

El caso más notable que se puede aducir, en corrobora-

---

[39] M. de Castro y Castro, *Fray Juan Gil de Zamora...*, ob. cit., p. LXXXIII.

[40] M. de Castro y Castro, *Fray Juan Gil de Zamora...*, ob. cit., p. LXXXIII.

[41] M. de Castro y Castro, *Fray Juan Gil de Zamora...*, ob. cit., pp. LXIII ss.

[42] M. de Castro y Castro, *Fray Juan Gil de Zamora...*, ob. cit., p. LXXXIII.

[43] Testimonio de su ignorancia de saberes árabes nos lo ofrece Francisco Rico, «Aristóteles Hispanus: en torno a Gil de Zamora, Petrarca y Juan de Mena», en *Italia Medioevale e Humanistica*, X, 1967, pp. 143-164.

[44] Richard P. Kinkade, *Los «Lucidarios» españoles. Estudio y edición*, Madrid, 1968. *Castigos e documentos para bien vivir ordenados por el rey don Sancho IV*, ed. Agapito Rey, Bloomington, 1952. En el caso de los *Castigos e Documentos*, es, precisamente, su erudición, tan eclesiástica y latina, el argumento, usado ya hace años, contra su atribución al rey Sancho; cf. Paul Groussac, «Le livre des *Castigos e Documentos* attribué au roi D. Sanche IV», en *Revue Hispanique*, XV, 1906, pp. 212-239; R. Foulché-Delbosc, «Les *Castigos e Documentos* de Sancho IV», en *Revue Hispanique*, XV, 1906, pp. 340-371.

ción de esta actitud, en ciertos sentidos de espaldas a la cultura árabe y judía, es el que nos ofrece la figura egregia, un tanto enigmática, del infante don Juan Manuel (1282-1348). Su técnica literaria está jalonada de modos y momentos que dependen evidentemente de la cultura literaria árabe, aunque es menos claro que tengan que depender de la presencia árabe en la Península y de un contacto directo con ellos. Los más conocidos son su técnica de engarce de la narración dentro de un marco ficticio creado por él, como en *El Conde Lucanor*, o utilizando un tema popular de origen árabe, como el de *Barlaam* en el *Libro de los Estados*. Es sabido, además, que no pocos de los enxiemplos que don Juan Manuel usa en *El Conde Lucanor* tienen un origen árabe[45].

Pero esta dependencia de lo árabe que encontramos en alguna de sus obras no pasa de los niveles más externos y superficiales de la técnica literaria y del uso de narraciones árabes[46]. Más allá de esto, se puede afirmar que la obra de don Juan Manuel es tan «horra del impacto de lo islámico» como Claudio Sánchez Albornoz afirma del cluniacense Berceo. Si los «moros» entran en el ámbito de su preocupación se debe ello a su presencia física en la Península y se puede referir, así, en detalle a su manera de comportarse en los campos de batalla[47].

Pero no se puede hablar de una influencia árabe o una aproximación a la cultura hispano-árabe en los temas que le preocupan o en la forma con que lleva a cabo su presentación. Sus tratados menores, de gran densidad y tecnicismo religioso; el tema de la educación del príncipe; su concepto

---

[45] Daniel Devoto, *Introducción al estudio de don Juan Manuel y en particular de «El Conde Lucanor». Una bibliografía*, Madrid, 1972; Diego Marín, «El elemento oriental en don Juan Manuel: síntesis y revaluación», en *Comparative Literature*, VII, 1955, pp. 1-14; Reinaldo Ayerbe-Chaux, *El Conde Lucanor. Materia tradicional y originalidad creadora*, Madrid, 1975; Mario Ruffini, «Les sources de Don Juan Manuel», en *Lettres Romanes*, VII, 1953, pp. 27-49.
[46] Ya habló de esto María Rosa Lida de Malkiel, «Tres notas sobre don Juan Manuel», en *Romance Philology*, IV, 1950-1951, pp. 155-194; reproducido en *Estudios de Literatura Española y Comparada*, Buenos Aires, 1966, pp. 92-133.
[47] Don Juan Manuel, *Libro de los Estados*, 1.ª parte, c. LXX.

de Imperio, de sociedad y de Iglesia; su exposición razonada
y técnica de la religión natural y cristiana en el *Libro de los
Estados* y en el *Libro de los Castigos;* el mismo enciclopedis-
mo del *Libro del Caballero y del Escudero;* todo habla de un
mundo intelectual en mayor y más íntimo contacto con el
París escolástico que con el Toledo mudéjar [48]. Sin embargo,
González Palencia cree poder afirmar de don Juan Manuel:

> que sabía el árabe y manejaba libros árabes lo prueba
> además el *Libro de los Estados,* variante de la leyenda
> de *Barlaam y Josafat* o sea de Buda, conocida, no a tra-
> vés de la traducción de San Juan Damasceno, sino por
> medio de un texto árabe, hoy no identificado [49].

Se da mucha importancia al conocimiento del árabe que
don Juan Manuel pudo haber tenido. De algunas palabras
y frases sueltas que aparecen en sus obras y del uso que hace
de algunos temas conocidos de la literatura árabe se llega a
deducir, como parece hacer aquí González Palencia, su conocimiento del árabe literario e, indirectamente, también su
mestizaje con la literatura árabe musulmana. Ahora bien,
como todo estudiante del árabe sabe, el idioma hablado es, de
por sí, totalmente insuficiente para el manejo de los libros
escritos en el árabe literario. De manera que aun concediendo
la posibilidad de su conocimiento del primero, hay que negar,
a falta de mejores pruebas, que pudiera tener un contacto
directo con la literatura árabe. Y no es argumento el uso
que de la leyenda de *Barlaam y Josaphat* hace don Juan Manuel en su *Libro de los Estados,* por formar ésta parte de la
tradición literaria de los dominicos desde las versiones de
Vicente de Beauvais (m. 1264) y de Jacobo de Vorágine
(m. 1298) [50].

Mucho mayor importancia parece tener la aplicación que
hace don Juan Manuel de esta leyenda para introducir un estudio de comparación evaluativa de los méritos de las tres
religiones, judaísmo, islam y cristianismo, que parece poner

---

[48] Sobre esto hablaré pronto con el detalle que se merece.
[49] A. González Palencia, *Historia de la literatura arábigo-
española,* ob. cit., p. 339.
[50] G. Moldenhauer, *Die Legende von Barlaam und Josaphat...,*
ob. cit., pp. 44-49.

la obra de don Juan Manuel en la tradición de apologética racional cuyo exponente más notable en la Península es el Cuzary de Yehuda Halevi (1075-1145), cuya «proximidad» recuerda con razón el propio González Palencia [51]. Ello pudiera muy bien interpretarse como un caso digno de tener en cuenta de mestizaje cultural y de aproximación del pensamiento filosófico-religioso cristiano al judío-musulmán. La posibilidad es tan intrigante como decepcionante es la realidad. Pues, si don Juan Manuel hace gala de un claro conocimiento de los conceptos de ley natural y positiva, teodicea y teología, y una, muy poco común, habilidad en la presentación de argumentos de razón y de fe teológica en todo lo que se refiere al cristianismo, no es así al tratar de las otras religiones, de las que sólo nos dice su creencia en

> un Dios creador de todas las cosas; que por el su poder e por la su voluntad se ficieron todas las cosas et se facen et se faran, et que obra en todas las cosas et ninguna cosa obra en el [52].

Y que «Moisen» dio «la ley de los judíos» y «Mahomet» la secta de los moros». Sobre ésta, razona don Juan Manuel:

> Et la secta de los moros en tantas cosas et en tantas maneras es desvariada et sin razon, que todo home que entendimiento haya entendera que ningunt home non se podría salvar en ella; et lo uno por eso et lo al porque non fue dada por Dios nin por ninguno de los sus profetas por ende non es ley, mas es secta errada en que los metio aquel mal hombre Mahomet que les engaño [53].

Nada en estas palabras revela un mestizaje ni acercamiento cultural al Islam, como tampoco requieren el menor conocimiento de la religión del adversario. La refutación de don Juan Manuel demuestra, más bien, una continuación de la polémica contra el Islam, iniciada por Pedro el Venerable, con cuyo espíritu parece estar completamente de acuerdo.

---

[51] A. González Palencia, *Historia de la literatura arábigo-española,* ob. cit., p. 229.
[52] Don Juan Manuel, *Libro de los Estados,* 1.ª parte, c. XXXIII.
[53] Don Juan Manuel, *Libro de los Estados,* 1.ª parte, c. XXX.

Instituciones y enseñanza

Vicente de la Fuente, en la introducción a su *Historia de las Universidades en España*, traza una línea divisoria entre la instrucción pública y las instituciones dedicadas a promoverla [54]. Éstas, no aquélla, dice, son el objeto de su, todavía benemérito, estudio. Aunque las razones que abogan por una semejante distinción son claras y fundadas, habría que tener en cuenta, al delimitar así el estudio de las instituciones dedicadas a la enseñanza, que es muy difícil estudiar la vida entera de una institución sin incluir las razones que le dan ser, el objetivo de su existencia y el modo ÿ manera con que éste es llevado a cabo. Excluir estas consideraciones ha hecho la tarea más fácil, pero ha sido causa de que los estudios sobre las escuelas y universidades españolas, al mostrar escaso interés por sus objetivos sociales y culturales, sean más útiles desde el punto de vista jurídico e institucional que desde el cultural o antropológico. Debido a ello, quizá, las instituciones medievales españolas, dedicadas de una manera u otra, y por las razones que fueran, a la enseñanza, han quedado al margen de la polémica sobre España. Ni Américo Castro ni Sánchez Albornoz les han prestado gran atención en sus trabajos sobre la realidad o enigma de la historia de España. Creemos que es grave omisión.

La cristianización de la sociedad andalusí tras la reconquista de los territorios sometidos al Islam no atañe tan solo a las estructuras políticas, sino que, con frase de Castro, transforma, a la vez, las fibras más íntimas del ser español. Aun así, el proceso que lleva a esa transformación no incluye, en teoría, la existencia de instituciones dedicadas a la enseñanza. Los árabes, durante muchos siglos, tienen más cultura que instituciones que la promuevan [55]. Pero no es éste el caso de la España cristiana.

---

[54] Vicente de la Fuente, *Historia de las Universidades...*, ob. cit., I, p. 15.

[55] C. M.ª Ajo G. y Sáinz de Zúñiga, *Historia de las universidades hispánicas*, ob. cit., I, pp. 187-195, usa el término *universidad* con excesiva latitud. No hay universidades en al-Andalus. Ya lo dijo, además, J. Ribera, según él mismo refiere. Las conferencias dictadas

En la España de la Reconquista, la presencia de un magisterio eclesiástico, moral y dogmático, constituye un elemento esencial de la que llamamos restauración cristiana. Junto a la reconquista política y al restablecimiento de la estructura eclesiástica, es esencial también la cristianización de los peninsulares y, más tarde, como vimos, la reforma de su espiritualidad. No se considera importante la educación y la cultura del individuo o de la sociedad, es decir, lengua, ideas, costumbres, instituciones, preparación técnica y artística, sino su formación cristiana. Por ello las direcciones que el magisterio eclesiástico hispánico da a la educación cristiana durante estos siglos tienen mayor importancia y transcendencia para la nueva sociedad que el mestizaje cultural que se hubiera podido introducir a causa del contacto de razas, religiones y culturas de signo vario en la sociedad peninsular. Estas direcciones no pueden ser independientes de las instituciones que las fomentan e imparten ni del espíritu que las inspira.

Es decir, en el caso de España, no se trata tanto de elucidar si hubo o no en la Península un sistema, más o menos organizado, de instituciones para la enseñanza, sino del carácter real que tales instituciones tuvieron y del valor político y cultural que llegaron a tener. Y, claro está, ver al mismo tiempo cómo y en qué sentido son ellas causa o efecto de singularidades hispanas frente a Europa. En este sentido, no es suficiente tan solo historiar las instituciones como tales, escuelas y universidades.

---

por los sabios en las mezquitas jamás dieron origen a academias organizadas ni permanentes, ni a colegios ni a enseñanzas fijas sostenidas por el Estado. El que deseaba instruirse tenía que pagar a los maestros particulares que, de ordinario, daban lecciones en las mezquitas (p. 19, n. 158). Se podría añadir que la *ijāza*, o «licencia» árabe, no es un título institucionalizado, al estilo de la *licentia* latina. Es, más bien, el permiso que da el maestro a su discípulo para repetir las lecciones que ha seguido con él. Tiene solo un valor moral y tanto como lo tenga la autoridad del maestro que la otorga. Cf. D. B. Haneberg, *Ueber das Schul- und Lehrwesen der Muhammedaner im Mittelalter*, Munich, 1850, pp. 20 ss.; George Makdisi, «Madrasa and University in the Middle Ages», en *Sudia Islamica*, XXXII, 1907, pp. 260 ss.

Educación cristiana y eclesiástica

La dedicación de la Iglesia a la educación religiosa de los pueblos ha sido considerada por todos los escritores eclesiásticos, a través de los siglos, como expresión de su misión universal. Las palabras con que se cierra el evangelio de San Mateo [«Id, pues, enseñad a todas las gentes, bautizándolas en el nombre del Padre, del Hijo y del Espíritu Santo, enseñándoles a observar cuanto yo os he mandado» (*Mat.* 28, 19-20)] y la práctica misionera y catequética de la Iglesia primitiva son prueba de la doctrina y ejercicio de esa dedicación.

Si este interés por la educación religiosa es esencial al Cristianismo, el sentido aristocrático de su ejercicio, de una minoría electa en quien el magisterio es derecho y obligación especial, es ya consecuencia lógica, no de la misión, sino de la estructura jerárquica que muy pronto toma la Iglesia.

También el ejercicio del derecho al magisterio eclesiástico y su mismo contenido van cambiando al correr de los siglos, de la misma manera que cambian las relaciones de la Iglesia con la sociedad en torno. A medida que la Iglesia acepta una función social y política, acepta también, por necesidad, las formas culturales de esa sociedad. La inclusión en la enseñanza eclesiástica de aspectos que no se relacionaban directamente con la doctrina cristiana se explica y encuentra su excusa en la necesidad apostólica y misionera y en el sentimiento de que ellos forman parte de una sociedad que es, al menos oficialmente, cristiana. Pero es una aceptación de valores culturales, de por sí extraños al cristianismo, que se puede excusar, pero que no admite una reconciliación total. Por esta razón todas las tendencias ascéticas y reformadoras son siempre opuestas a su inclusión.

En el Occidente latino, esta aceptación, en su esencia pragmática y utilitarista de las formas culturales de Roma, se incrementa a medida que se completa el proceso hacia una Iglesia que es latina y romana. Los aspectos seculares de la educación entran en el concepto de enseñanza cristiana al mismo tiempo y en la misma medida en que el *ordo romanus* deja de ser exclusivamente expresión de una civilización pagana, para convertirse en base y fundamento del *ordo chris-*

tianus. Esto explica la actitud profundamente ambivalente de muchos escritores eclesiásticos, por una parte de clara aversión al paganismo romano y la cultura del «siglo» y, por la otra, de evidente dependencia de las formas culturales romanas, de las que ellos son magnífico ejemplo. Por esta razón en la Península, frente al arrianismo de los visigodos, los hispanos buscan refugio y acentúan su romanidad. En este sentido, un tanto restringido, se puede afirmar que la Iglesia es continuadora de Roma [56]. Ejemplo notable, en la Hispania visigoda, es San Isidoro, al que ya hemos citado más arriba por sus diatribas contra el paganismo cultural y a quien hay que citar aquí como defensor de una educación que va más allá de los límites estrictos de la religión y que es profundamente romana. Así, por ejemplo, nos dice, al cerrar el capítulo condenatorio de «Los libros de los Gentiles»:

> Los gramáticos son preferibles a los herejes. Pues los herejes brindan a los hombres, al tratar de persuadirles, un sorbo de jugo mortífero; en cambio, las enseñanzas de los gramáticos pueden ser incluso útiles para la vida si se reservan para usos mejores [57].

En el monasterio de Zaragoza, San Braulio (m. 646) comenzó, bajo la dirección de su hermano, «el estudio de las disciplinas seculares» [58]. A este humanismo romano-cristiano hace alusión, a fines del siglo VII, el autor de la *Vita Fructuosi*, que ve en el obispo de Sevilla, San Isidoro, a quien «hizo

---

[56] Sobre la educación en el Imperio romano, vid. M. L. W. Laistner, *Christianity and Pagan Culture in the Later Roman Empire*, Ithaca, 1950; C. N. Cochrane, *Christianity and Classical Culture*, Oxford, 1940; Glanville Downey, «Education in the Christian Roman Empire: Christian and Pagan Theories under Constatine and His Successors», en *Speculum*, XXXII, 1957, pp. 48-61.
Sobre la educación en la España visigoda, cf. Pierre Riché, *Éducation et culture dans l'Occident barbare 6e-8e siècles*, París, 1962; Justo Pérez de Urbel, «Las letras en la época visigoda», en *Historia de España, ob. cit.* [III, *La España visigoda*], Madrid, 1963, pp. 435-490.
[57] San Isidoro, *Sententiae*, l. III, c. 12, n. 11; Migne, *Patrologia latina*, LXXXIII, c. 688.
[58] San Braulio, *Vita Aemiliani*; citado por P. Riché, *Éducation et culture...*, ob. cit., p. 344.

renacer los principios de la sabiduría romana»[59]. Éste es el
sentido que toma de los Padres visigodos, Eugenio, Braulio,
Ildefonso, Julián, etc. Por lo demás, la enseñanza en los monasterios visigodos permanece empresa particular del monje.
Isidoro recomienda a sus monjes:

> Respecto de aquellas cuestiones que se leen y quizá
> no se comprenden, cada monje consultará al abad en la
> conferencia o después de vísperas, y, una vez leído el
> pasaje en público, de él recibirá la explicación, de modo
> que mientras se explica a uno, los demás escuchen[60].

Solo un número reducido parece haber gozado de una enseñanza sistemática y organizada[61].

La institucionalización de la enseñanza eclesiástica parece
depender del interés demostrado ya por el papa León Magno
(449-61) en organizar la formación de los jóvenes y su preparación para el oficio clerical[62]. Como en otras partes del Occidente latino, comienza a aparecer, con mayor o menor fortuna, una nueva institución, el *monasterium clericorum*, medio
escuela, medio monasterio regular. En la España visigoda el
Concilio Toledano de 527 ordena que los niños y jóvenes des-
tinados por sus padres al estado clerical fuesen instalados
para su educación en la *domus ecclesiae* bajo la dirección
de un prepósito[63]. Aunque los jóvenes, al cumplir los dieciocho
años, debían ser interrogados por el obispo ante el clero y
pueblo sobre su voluntad de contraer o no matrimonio, la
escuela tiene un espíritu religioso monástico y un fin directamente clerical. Si estas escuelas no llegan a adquirir gran
resonancia y, en general, el llamado renacimiento isidoriano
no consigue echar raíces más profundas y producir frutos
más duraderos, hay que atribuirlo, sobre todo, a la actitud

[59] Francis C. Nock, *Vita Fructuosi*, Washington, 1946, p. 87. Cf.
P. Riché, *Éducation et culture...*, ob. cit., p. 401.
[60] San Isidoro, *Regula*, VIII; *San Leandro, San Fructuoso, San
Isidoro. Reglas monásticas de la España visigoda*, ed. J. Campos
Ruiz e I. Roca Meliá, Madrid, 1971, p. 171.
[61] P. Riché, *Éducation et culture...*, ob. cit., p. 549.
[62] P. Riché, *Éducation et culture...*, ob. cit., p. 165; Z. García
Villada, *Historia eclesiástica*, ob. cit., I, 2.ª parte, pp. 211 ss., 225 ss.
[63] P. Riché, *Éducation et culture...*, ob. cit., pp. 168 y 327.

religiosa que predomina a fines del siglo, que ve en el romanismo más secularización y compromiso con el mundo que una base del *ordo christianus*.

Hasta el siglo XI la cultura y las instituciones dedicadas a promoverla repetían, según parece, las tradiciones eclesiásticas de los visigodo-romanos.

Entre los cristianos mozárabes, como desde hacía siglos, los jóvenes podían ser ofrecidos por sus padres para el oficio clerical. Así nos lo atestigua San Eulogio del mártir Gumersindo, que fue ofrecido a la iglesia de San Fausto donde llegó a «distinguirse en el temor de Dios con la digna educación que le dieron sus maestros»[64]. Del mártir Perfecto nos dice que fue

> brillantemente educado bajo los maestros de la basílica de San Acisclo y rebosando de todas las disciplinas eclesiásticas y lleno de una robusta educación literaria[65].

Y del mártir Sisenando, que fue «educado dignamente» junto a la misma basílica de San Acisclo[66]. El mismo San Eulogio, que viajó, hacia el 845, por los monasterios del norte cristiano, escribe a Wiliesindo, obispo de Pamplona, alabando al abad de Serasa, Odsario, «varón de extraordinaria santidad y muchas letras»[67], y al monasterio de San Zacarías «que iluminaba todo el Occidente, adornado con sus muy famosos estudios y el ejercicio de la disciplina regular»[68]. Se copian viejos manuscritos y se producen y difunden nuevas obras, no muchas, pero, como el *Comentario* de Beato, suficientes para ser testimonio de la digna labor realizada en sus *scriptoria*.

Un paso de gran importancia hacia un reconocimiento ins-

---

[64]   P. Riché, *Éducation et culture...*, ob. cit., pp. 405-409.
[65]   Eulogio de Córdoba, *Memorialis sanctorum*, l. II, c. IX; Migne, *Patrología latina*, CXV, c. 766.
[66]   Eulogio de Córdoba, *Memorialis sanctorum*, l. II, c. I; Migne, *Patralogia latina*, CXV, c. 766.
[67]   Eulogio de Córdoba, *Memorialis sanctorum*, l. II, c. V; Migne, *Patrologia latina*, CXV, c. 772.
[68]   Eulogio de Córdoba, *Epistolae*, III; Migne, *Patrologia latina*, CXV, c. 846. Cf. J. Pérez de Urbel, *Los monjes españoles en la Edad Media*, ob. cit., II, p. 273.

titucional de la educación se da con la creación, en la corte
carolingia, de la llamada Escuela Palatina, de la que, en 782,
se hizo cargo el gran Alcuino (735-804). La idea de un *semi-
narium clericorum* no era nueva, databa al menos, como hemos visto, del siglo v y había continuado ininterrumpida, con
más o menos vigor, hasta el tiempo de Carlomagno. Su nove
dad radica en su menor dependencia eclesiástica, aunque ma
yor respecto a la autoridad real. No es ya una *domus ecclesiae,*
sino *schola palatii* [69]. Su importancia inmediata es evidentemente atribuible a su sentido político, pero, a largo plazo,
representó un reconocimiento de que el *ordo christianus* se
había asociado ya con el Imperio [70]. Éste es el aspecto cultural
de la *res publica christiana,* a cuyo sentido político nos referimos anteriormente.

Son conocidas la fama y la popularidad de la Escuela Palatina durante este imperio. Alcuino, con sus colaboradores,
fue capaz de atraer estudiantes de todas partes del Occidente
latino. Ahora bien, el propósito de la institución era educar
a hijos de nobles y posiblemente también algunos de los ple-
beyos para las tareas eclesiásticas y seculares de la administración del reino [71]. Podemos pensar que no solo aquellos que

[69] Patrick J. McCormick, *Education of the Laity in the Early
Middle Ages,* Washington, 1912, pp. 29-40. Heinrich Fichteneau, *The
Carolingian Empire...,* ob. cit., p. 91, ve en la Escuela Palatina,
más que una innovación, una continuación de una tradición comenzada ya con Constantino el Grande e imitada por los reyes
merovingios.

[70] Se podría afirmar que, más que la educación que se da, lo
que cambia es la importancia de la educación en el gobierno del
imperio cristiano. Así, el emperador Carlomagno, en carta circular
al clero secular y regular, pero dirigida al abad de Fulda en 787,
dice: «por ello os exhortamos, no sólo a que no descuidéis el estudio de las letras *(litterarum studia)* sino que os apliquéis a él,
para que más fácilmente y mejor podáis penetrar los misterios
de las escrituras divinas». Citado por Leon A. Maitre, *Les écoles
episcopales et monastiques en Occident avant les universités
(768-1180),* París, 1924², p. 9.

[71] H. Fichteneau, *The Carolingian Empire...,* ob. cit., advierte
además «que sería equivocado ver en Alcuino, y más tarde en
Einhard, la cabeza de una institución educacional» (p. 91). En
efecto, la institucionalización de la educación es, sobre todo, de
origen eclesiástico.

estaban movidos por un deseo de saber procuran ser admitidos en la Escuela, sino también, o más, aquellos otros a quienes les movía la ambición de conseguir un puesto en el servicio del Emperador. Efectivamente, entre los estudiantes de la Escuela Palatina figuraron Einhard, el biógrafo de Carlomagno; Riculf, arzobispo de Mainz; Arno, arzobispo de Salzburg, y el visigodo Teodulfo, obispo de Orleáns[72].

De gran importancia también es el renovado interés de los papas por las escuelas eclesiásticas[73]. En el concilio celebrado en Roma, el año 826, bajo Eugenio II, se ordena que los obispos nombren en sus diócesis e iglesias maestros capaces de enseñar las artes liberales y el dogma cristiano. Otro concilio, celebrado en Roma el año 853, requería que el oficio de maestro en las escuelas episcopales fuese ejercido por clérigos. Dos siglos más tarde, en 1079, un concilio, celebrado en Roma, insiste en la obligación de los obispos de procurar la enseañnza de las *artes litterarum* en sus iglesias. La intención de los pontífices era, simplemente, la de procurar una mejor preparación para sus clérigos y, a la vez, mantener un mejor control de la enseñanza que se les impartía[74].

Sería dudoso pensar que el título de maestrescuela tuviera, en un principio, un carácter distinto de los otros que se otorgaban con los demás cargos y oficios. Pero con el desarrollo progresivo de las escuelas y la importancia, incluso económica, que iba adquiriendo en algunas diócesis el nombramiento episcopal, su *licentia docendi* se convirtió en un derecho exclusivo, una especie de monopolio personal que garantizaba, sí, la ortodoxia de la enseñanza, pero abría, al propio tiempo, las puertas a abusos y faltas contra las dispo-

[72] P. J. McCormick, *Education of the Laity in the Early Middle Ages*, ob. cit., pp. 29-40; H. Fichteneau, *The Carolingian Empire...*, ob. cit., pp. 86-103; L. A. Maitre, *Les écoles episcopales et monastiques en Occident...*, ob. cit., pp. 6-16.

[73] R. García Villoslada, *Edad Media... La Cristiandad en el mundo europeo y feudal*, en *Historia de la Iglesia católica*, ob. cit., II, pp. 253-260; L. A. Maitre, *Les écoles episcopales et monastiques en Occident...*, ob. cit., pp. 17-32.

[74] Gaines Post, «Alexander III, the *licentia docendi* and the Rise of the Universities», en *Anniversary Essays in Medieval History by Students of Charles H. Hastings*, Boston-Nueva York, 1929, pp. 255-277.

siciones eclesiásticas. Con frecuencia, cuando la escuela florecía y el maestro se beneficiaba de sus estudiantes, el *magister scholarum* concedía al maestro permiso de enseñar en la escuela a cambio de una compensación, y lo mismo hacía el obispo al conceder su *licentia docendi* al *magister*. Esta costumbre es, claro está, simoníaca y, como tal, condenada oficialmente en 1138, y en otras numerosas ocasiones [75].

El carácter monopolizador de la autorización episcopal se afirma con la prohibición de enseñar sin licencia episcopal, lo cual, a la vez, se complica con el frecuente requisito, además, de la *licentia* que el maestro concedía al maestrescuela. En 1169, Guillermo, arzobispo de Sens, concede la investidura de prechantre en los siguientes términos:

> La dignidad de las escuelas que corresponde de derecho al prechantre [...] concedemos a perpetuidad y confirmamos que a nadie esté permitido tener escuelas sin el consentimiento y licencia del prechantre [76].

Aunque la palabra *licentia* no está todavía usada en el sentido que tomará más tarde, ya en el siglo XII concede al que la posee unos derechos que lo distinguen de los demás candidatos y da, a la vez, a la escuela dirigida por un maestro «licenciado» un carácter institucional de que antes carecía.

La reacción de los pontífices reformadores contra el monopolio institucional que se había creado en torno a la *licentia* se explica muy bien por razones morales y jurídicas, que nada tienen que ver, de por sí, con el carácter educativo de las escuelas. Para los papas reformadores es un aspecto más de su lucha contra las investiduras simoníacas. En consecuencia, Alejandro III (1159-1181), en su decretal *Quanto gallicana*, prohíbe explícitamente bajo pena de anatema.

> que se exija o tome nada de nadie que quiera enseñar a otros, por el contrario que mandéis estrictamente que

---

[75] Georges Bourbon, «La license d'enseigner et le rôle de l'ecolatre à Moyen Âge», en *Revue des Questions Historiques*, XIX, 1876, pp. 151-153; G. Post, «Alexander III, the *licentia docendi* and the Rise of the Universities», art. cit., pp. 255-277.

[76] L. A. Maitre, *Les écoles épiscopales et monastiques en Occident...*, ob. cit., p. 121.

todo hombre idóneo y preparado que quisiera enseñar las letras se le debe permitir libremente y sin exacción alguna [77].

Y el Concilio III de Letrán, celebrado en 1179, renueva la prohibición de vender la *licentia docendi* e insiste que debe ser concedida a todo hombre idóneo y de conocimientos suficientes que la solicite [78]. En 1242, el primer obispo de Valencia, recién conquistada de los moros, determina que

> cualquiera que quisiere enseñar a los niños los salmos, el canto y la gramática pudiera hacerlo sin permiso del prechantre y que el examen de los maestros pertenecía al obispo [79].

La misma regla fue ampliada más tarde al ser incorporada en los fueros donde se concede el derecho de enseñar y admitir discípulos a «tot clergue o altre hom» que se creyese apto para regir una escuela de cualquier arte, disciplina o ciencia, sin hacer mención de la licencia o examen episcopal [80].

El cambio es importante, pues, en consecuencia, la selección que el obispo hace de su *magister scholarum* y éste de sus colaboradores en las tareas de la enseñanza, no es simple ejercicio de un derecho absoluto, que radica en la persona que confiere la *licentia*, sino que es también derecho de la persona que, «preparada e idónea», la solicita. Las escuelas, más tarde estudios o universidades, al garantizar de una manera u otra la preparación e idoneidad de sus estudiantes, asumen, de hecho, el derecho de conceder la nueva autorización, que, así, se convierte en garantía de idoneidad. La *licentia docendi* se escapa, de nuevo, al individuo para pasar, esta vez, a la

---

[77] G. Post, «Alexander III, the *licentia docendi* and the Rise of the Universities», art. cit., p. 261.

[78] G. Post, «Alexander III, the *licentia docendi* and the Rise of the Univerties», art. cit., p. 262.

[79] J. Sanchís y Sivera, «La enseñanza en Valencia en la época foral», en *Boletín de la Real Academia de la Historia*, CVIII, 1936, pp. 147-179; CIX, 1937, pp. 19-20. Cf. Robert I. Burns, *The Crusader Kingdom of Valencia. Reconstruction on a Thirteenth-Century Frontier*, Chicago, Massachusetts, 1967, I, p. 107.

[80] J. Sanchís y Sivera, «La enseñanza en Valencia en la época foral», art. cit., p. 157.

institución y, en definitiva, a la autoridad, secular o eclesiástica, que asume a su vez el derecho de reconocer, o no, la idoneidad de la institución misma.

Las instituciones dedicadas a la enseñanza llegan a ser, así, un problema de una gran complejidad en las que se refleja no solo el ambiente cultural local y general, sino las relaciones político-religiosas del tiempo. Donde estas circunstancias cambian, cambia también el tipo de escuelas y universidades.

En la Península el predominio de las órdenes monásticas en la vida espiritual y político-religiosa de los reinos cristianos y la consecuente primacía del clero educado en los monasterios en la administración y desempeño de cargos políticos y eclesiásticos resta importancia a las instituciones dedicadas a la enseñanza. Cuando éstas surgen, se ajustan fácilmente a un concepto ya fijo de institución y desempeñan en la Península una labor de enseñanza que muy bien se podría llamar institucionalizada por depender directamente de los poderes que la establecen y dan forma [81].

Las universidades hispanas

En los estudios dedicados a los estudios generales y universidades, las españolas son frecuentemente consideradas como casos hermanos, con desarrollo paralelo a las europeas. Por esta razón, al escribir su historia, se insiste en la compa-

---

[81] Desde este punto de vista, es interesante apuntar la semejanza entre las definiciones de *studium generale* que da el rey Alfonso X el Sabio y la que ofrece el famoso *monarcha juris* Enrique de Segusia, cardenal de Ostia (m. 1271). Para el Rey Sabio «dicen 'estudio general' en que ha maestros de las artes, así como de gramatica, et de logica, et de retorica et de arismetica, et de geometria, et de musica et de astronomia, et otrosi en que ha maestros de decretos et senores de leyes» (*Siete Partidas*, P. II, tít. XXXI, ley I). Para el Ostiense, «*dicitur generale, quando trivium et quadrivium, Theologia et sacri canones ibidem leguntur*» (*In Decretalium Libros*, II; cf. H. Rashdall, *The Universities of Europe in the Middle Ages*, Oxford, 1895, I, p. 8, n. 2). Ambos usan una definición estrictamente jurídica, de hecho, aplicable durante el siglo XIII a muy pocos estudios.

ración cronológica entre las fundaciones peninsulares y las europeas. Así, con los argumentos que presta la gran erudición de que hace gala en su estudio, Ajo G. y Sáinz de Zúñiga llega a unas conclusiones que podríamos llamar características de la historiografía española de las universidades.

> Palencia y Salamanca como estudios generales y por ende Universidades, son del siglo XII, de consiguiente: tan antiguos y más que los de París y Bolonia en creación y relativa organización[82].

Tan ciertas y dignas de tener en cuenta como son sus razones, su conclusión, expresada así sin más, lleva con frecuencia a un error en la evaluación histórica de las instituciones y de las enseañnzas que en ellas se impartía. Es posible aceptar, en efecto, la antigüedad institucional de los estudios de Palencia y Salamanca, y que el siglo XIII pueda ser llamado siglo de las universidades, incluyendo también la Península. Pero la comparación debería terminar ahí, pues las fundaciones hispanas, al reflejar el mundo en que nacen, son totalmente distintas de París, Bolonia, Salerno y Orleáns con las que, con frecuencia, se las compara. Visto desde fuera, el mundo peninsular comparable a éstos no es el de Salamanca o Palencia con sus universidades, sino el de Toledo sin ellas.

La fama de Toledo, como centro donde se estudia y aprende, sin rival en Europa queda consagrada en una cita de Daniel Morley, quien, a fines del siglo XII, abandona París «donde solo reina el estudio del derecho y una ignorancia llena de pretensiones, para regresar a Toledo, donde se encuentran los verdaderos filósofos»[83].

Y, a principios del siglo XIII, Geodofredo de Vinsauf, en su *Documentum de arte versificandi*, consagra la fama de Toledo como uno de los cuatro centros del saber europeo. El valor de su testimonio es tanto mayor cuanto que solamente trata de ilustrar la figura retórica de la *amplificatio*, usando lugares comunes de todos conocidos:

---

[82] C. M.ª Ajo G. y Sáinz de Zúñiga, *Historia de las Universidades hispánicas*, ob. cit., I, p. 201.

[83] G. Paré, A. Brunet y P. Tremblay, *La renaissance du XIIe siècle. Les écoles et l'enseignement*, Ottawa, 1933, p. 167; E. Gilson, *History of Christian Philosophy in the Middle Ages*, ob. cit., p. 661.

[es] entre los [sabios] parisinos donde florecen las ciencias del *trivium;* entre los toledanos, las ciencias del
quadrivium; entre los salernitanos, la ciencia médica;
entre los boloñeses, donde las ciencias del derecho y los
decretos [84].

Visto desde París, podría parecer un tanto extraño que
Toledo no quedara incluida en el movimiento de las fundaciones dedicadas a la enseñanza que surgen en la Península durante el siglo XIII. No debería serlo. A principios del siglo XIII,
el monje Cesareo de Heisterbach (1180-1222) afirma en su popular *Dialogus Miraclorum* que los jóvenes solían ir a Toledo para aprender nigromancia [85]. Y en 1229, las palabras que
el monje Helinado dirige a los estudiantes de Tolosa insisten
en esta fama de Toledo:

> Los estudiantes recorren ciudades y el orbe entero,
> para acabar enloqueciendo de tanta letra. Los clérigos
> van a París en busca de sus artes liberales, a Orleáns
> en busca de los *auctores,* a Bolonia por sus cánones, a
> Salerno por sus ungüentos, a Toledo a causa de sus
> artes demoníacas [...], pero nadie va nunca en busca de
> las buenas costumbres [86].

Así, Toledo con su fama de maga y nigromante [87] queda lógicamente al margen de la cultura española oficialmente reconocida de sus escuelas catedralicias y nacientes universidades. Sin embargo, era Toledo, sin universidad, la ciudad hispana de mayor fama en Europa y la que mejor representa su
ambiente intelectual. Las demás, con sus *Estudios,* más que
para producir un latido cultural a compás del europeo, sirven

---

[84]   Edmond Faral, *Les artes poétiques du XIIe et du XIIIe siècles,* París, 1924, p. 283.
[85]   M. Menéndez Pelayo, *Historia de los heterodoxos españoles,*
ob. cit., II, p. 403.
[86]   *Sermo in Ascensionem Domini,* II; citado por G. Paré,
A. Brunet y P. Tremblay, *La renaissance du XIIe siècle...,* ob. cit.,
p. 30.
[87]   Samuel M. Waxman, «Chapters on Magic in Spanish Literature», en *Revue Hispanique,* XXXVIII, 1916, pp. 325-463; M. Menéndez Pelayo, *Historia de los heteredoxos españoles,* ob. cit., II,
pp. 395-417.

para demostrar claramente las peculiaridades que ya distancian la espiritualidad hispana de la europea.

A pesar de ello Ajo G. y Sáinz de Zúñiga comenta:

> En esto llega el s. XIII, alba luminosa de las universidades: por un lado, derecho y artes no variarán su trayectoria sino con finalidad diversa, medicina y ciencias eclesiásticas presentarán modalidad nueva y exuberante; por otro, algunas ciencias se polarizarán en diversas ciudades: el derecho en Salamanca [...] y Bolonia [...]. Las ciencias sagradas se polarizan en Palencia y París [...] [88].

Desde un punto de vista general y técnico esto es cierto. Pero sería grave error no reconocer, al mismo tiempo, las diferencias esenciales que entre ellas existen, pues, tanto desde el punto de vista institucional como desde el cultural, las universidades hispanas son un fenómeno aparte, resultado y espejo de una sociedad distinta. Responden a unas causas diferentes y se resuelven de un modo diverso.

D'Irsay, en su todavía clásica *Histoire des Universités*, ha tratado de analizar el fenómeno de las fundaciones universitarias de acuerdo con las causas aristotélicas. Así, dice:

> Las universidades tuvieron una *causa material:* el incremento magnífico del saber humano en el curso del siglo XII, que ponía a disposición de los espíritus un fondo súbitamente acumulado de conocimientos de toda especie; y también una *causa formal:* el desarrollo del movimiento corporativo y la rápida aglomeración de hombres animados de las mismas ambiciones y aspirando al mismo fin. Estas dos causas se produjeron al mismo tiempo, y en el momento en que se añadía una *causa eficiente,* suceso fortuito, contingencia variable, resultaba formada una universidad. Ésta tenía también una *causa final:* el atractivo de las grandes carreras indispensables a la sociedad, y, en último término, una aspiración sublime de servir a Dios y a la Iglesia, cumpliendo los deberes que ellos exigían a los que quisiesen ser útiles a la sociedad [89].

---

[88] C. M.ª Ajo G. y Sáinz de Zúñiga, *Historia de las Universidades hispánicas*, ob .cit., I, p. 27.

[89] Stephen d'Irsay, *Histoire des Universités*, I, *Moyen Âge et Renaissance*, París, 1933, p. 4.

Debería ser evidente que este análisis, aunque está ba
sado en la consideración del fenómeno cultural, que es la
fundación universitaria, *in toto* presta especial atención a las
universidades de París y Bolonia. Por ello, siendo nuestro
objetivo, como es, analizar el fenómeno cultural universitario *in toto*, aunque con especial atención ahora a las universidades hispanas, el mismo análisis nos llevará a conclusiones muy distintas, que subrayarán la peculiaridad del concepto hispano de universidad.

En efecto, de las cuatro causas que propone D'Irsay solo
una, la causa final, sería aplicable al caso hispano y, aun a
ésta, habría que reconocerle un mayor sentido eclesiástico, si
no espiritual, atribuible al carácter y espíritu de los estudios
que en las nuevas instituciones se podían cursar.

Sobre la causa eficiente o elemento que formaliza la institución, ya ha dicho Hastings Rashdall:

> Las universidades de España fueron esencialmente
> creaciones de la Corona: en este sentido son únicas en-
> tre las universidades fundadas antes de mediado el si-
> glo XIV [90].

Directamente, se refiere a la intervención del rey Alfonso VIII
de Castilla en la fundación del Estudio de Palencia hacia 1212
1214, y a la de Alfonso IX de León en la del Estudio de Sala
manca, antes de su muerte, ocurrida en 1230. Se puede añadir
el de Sevilla fundado por Alfonso X el Sabio en 1254; el de
Coimbra-Lisboa por el rey Denis, en 1288; el de Lérida por
Jaime II, en 1300; el de Huesca por Pedro IV el Ceremonio-
so, en 1354. Se podría también incluir el malogrado intento
de Jaime I el Conquistador, en Valencia, en 1245. Pontificia
es, en cambio, la fundación del Estudio General de Valladolid,
creado en 1346 por decreto de Clemente VI y a petición de
Alfonso XI. En los demás casos, la petición real dirigida al
Papa y la bula pontificia conciernen tan solo al reconocimiento pontificio y a la asignación de privilegios al estudio general ya fundado [91].

---

[90]   Hastings Rashdall, *The Universities of Europe in the Middle
Ages*, ob. cit., II, p. 69.
[91]   La bula de Alejandro IV, aprobando el *estudio* de Salamanca en 1254, dice: «*generale studium statuisti et* [...] *humi-*

Todavía más notable es la diferencia de causas formales que habría que atribuir al fenómeno de las fundaciones universitarias, si se consideran todas éstas o solamente las hispanas. Considerando aquéllas, D'Irsay ve su causa formal en el desarrollo de un movimiento corporativo que ahora irrumpe también en las instituciones de enseñanza. Prueba de ello, ya lo dijo también Rashdall en el siglo pasado, es la misma palabra *universitas* que, durante mucho tiempo, incluso cuando ya existían universidades, se usaba en documentos oficiales para designar otras corporaciones [92]. Como es sabido, *Studium Generale* es la institución, mientras que universidad se refiere directamente a la corporación; por ello, se la prefería llamar *universitas magistrorum* et *scholarium* [93]. En principio, se puede fundar un Estudio, pero no una *universitas*, a la que, estrictamente hablando, se le reconocen derechos corporativos. Los arquetipos de estas universidades corporativas son París y Bolonia [94], pero hay también otras, como las de Orleáns, Angers, Oxford y, posiblemente, Montpellier. En ésta ya a principios del siglo XIII se habla de una *«universitas medicorum tam doctorum quam alumnorum»* [95].

De carácter totalmente distinto es la causa formal de las fundaciones hispanas [96]. Por una parte, no parece tener senti-

---

liter postulasti a nobis apostolico id munimine roborari». La bula de Clemente VI al rey Alfonso XI dice, en cambio: *«ejusdem Regis supplicationibus inclinati, et Fratrum nostrorum consilio, auctoritate apostolica statuimus, ut in villa Vallisoletana... generale studium vigeat»*; cf. V. de la Fuente, *Historia de las Universidades...*, ob. cit., I, pp. 104 y 290.

[92] Hastings Rashdall, *The Universities of Europe in the Middle Ages*, ob. cit., I, pp. 6 ss.

[93] Heinrich Denifle, *Die Enststehung der Universitäten im Mittelalter bis 1400*, ob. cit., p. 32; H. Rashdall, *The Universities of Europe in the Middle Age*, ob. cit., I, p. 17.

[94] H. Rashdall, *The Universities of Europe...*, ob. cit., I, p. 19. París fue el modelo de la *universitas magistrorum;* Bolonia, de la *universitas scholarium.*

[95] H. Denifle, *Die Entstehung der Universitäten im Mittelalter...*, ob. cit., p. 342.

[96] Aunque el término *studium generale*, siempre un tanto vago, terminó siendo sustituido por el de *universitas*, que, desde un principio, llevaba el prestigio de París y Bolonia, no debiera confundírselos, como tan corrientemente se hace. La distinción

do corporativo alguno, incluso en los casos, como en Palencia, que el Estudio prolonga y expande una escuela eclesiástica ya existente. El carácter fundamentalmente institucional —no corporativo— de estas fundaciones parece encontrar corroboración en las referencias a las invitaciones extendidas por Alfonso VIII a «maestros de todas las facultades» para que acudieran a Palencia a enseñar[97], y por Alfonso IX «a maestros muy peritos en Sagrada Escritura» cuando «dispuso que se establecieran escuelas en Salamanca»[98].

Otro testimonio del carácter que notamos en las fundaciones hispanas lo ofrece la historia misma, tan insegura, de sus comienzos, al poner de relieve la dependencia de los Estudios de la voluntad real que los establecía. Así, el de Palencia dejó de existir a la muerte de Alfonso VIII en 1214, fue renovado en 1128, continuó hasta 1243 y había desaparecido de nuevo en 1263, fecha en que se vuelve a solicitar del papa Urbano IV su reconfirmación. Lo mismo ocurrió con Salamanca, cuya primera fundación por Alfonso IX no tuvo éxito duradero y la de Fernando III en 1242 tiene un período de notable progreso durante el reinado de Alfonso X el Sabio (1252-1284) y de completa decadencia durante el de su hijo y sucesor Sancho IV, para cesar completamente en 1298 hasta que Fernando IV (1295-1310) se decide a restablecer los fondos que soportaban el Estudio.

Tampoco es aplicable al caso de las universidades hispanas la causa material que D'Irsay atribuye a las europeas, es decir, el crecimiento del saber humano en todos los órdenes.

Overbeck, al historiar el pensamiento de este período, habla de «fuerzas desencadenadas en el siglo XII hacia el saber

---

entre un movimiento corporativo y una decisión de la autoridad institucional, aunque desaparezca más tarde, es muy importante para la evaluación de la institución como fenómeno social y cultural.

[97] «*Sapientes e Gallia et Italia convocavit, ut sapientiae disciplina a regno suo numquam abesset, et Magistros omnium facultatum Palentiae congregavit, quibus et magna stipendia est largitus*»; cf. *De rebus Hisp.*, l. VII, c. XXXIV; V. de la Fuente, *Historia de las Universidades*, ob. cit., I, p. 81.

[98] «*Hic salutari consilio evocavit magistros peritissimos in sacris scripturis et constituit scholas fieri Salmantice*»; cf. Tudense, IV, 113; J. González, *Alfonso IX*, ob. cit., I, p. 458.

y la ciencia»[99]. Pero no se trata solamente de un desarrollo cuantitativo, aumento y continuación de saberes tradicionales, sino también de un cambio cualitativo que altera las actitudes más elementales hacia el conocimiento humano. Estamos excesivamente acostumbrados a pensar sobre el llamado Renacimiento como punto de partida para reconocer el mérito revolucionario del movimiento intelectual de los siglos XII y XIII. No fue obra exclusiva del llamado Renacimiento «despertar en el hombre la conciencia de sus poderes y darle confianza en sí mismo». Y, si se puede con justicia hablar de «esa transformación de Europa que llamamos Revivificación del Saber o Renacimiento [100], pierde ello mucho de su exactitud histórica y de su justicia al dejar relegados los siglos precedentes solamente a cerrar, con más o menos gloria, los oscuros de la Edad Media.

«Somos *homunculi* en el fin de los tiempos» había exclamado Alcuino[101], dando así expresión al concepto intelectual de su época. A esta frase, en el siglo XII, el filósofo Bernardo de Chartres contesta con la suya tan del gusto renacentista: «Somos enanos a caballo en hombros de gigantes»[102]. Se puede hablar de una inquietud auténticamente «humanista» en la búsqueda de las *veritas aristotelica* que mueve, entre otros, a Guillermo de Moerbeke a traducir los textos del Estagirita directamente del griego[103]. Hoy en día, con casi todas las barreras rotas, nos es muy difícil percibir en su auténtico valor

[99] Franz Overbeck, *Vorgeschichte und Jugend der mittelalterlichen Scholastik*, Basilea, 1917, p. 235.

[100] El juicio es común. Las citas están tomadas de George B. Adams, *Civilization during the Middle Ages*, Nueva York, 1894 [ed. revisada, 1919], pp. 363 y 357.

[101] «Somos enanos al fin de los tiempos. Nada hay mejor para nosotros que seguir la doctrina de los Apóstoles y de los Evangelios. Debemos seguir sus preceptos y no inventar otros nuevos o proponer nuevas doctrinas»; cf. *Monumenta Germaniae Historica, Epistolae*, IV, p. 61, n. 23; H. Fichteneau, *The Carolingiam Empire*, ob. cit., p. 98.

[102] Sobre la historia de esta frase, cf. F. E. Guyer, «The Dwarf on the Giant's shoulders», en *Modern Language Notes*, XLV, 1930, pp. 398-402.

[103] E. Gilson, *History of Christian Philosophy in the Middle Ages*, ob. cit., p. 245; F. Heer, *The Intellectual History of Europe*, ob. cit., p. 157.

intelectual la transformación que en el pensamiento europeo
causó el uso de las traducciones del árabe. Igualmente se nos
hace difícil pensar de un Santo Tomás como pensador de auténtica vanguardia intelectual buscando una racionalización
de las formulaciones telógicas cristianas con los argumentos
de sabios musulmanes y judíos y una reconciliación con las
doctrinas del pagano Aristóteles. Muy poco a tono con lo que
creemos ser característica intelectual del medioevo son las
palabras con que el gran averroísta Siger de Bravante (h. 1235-
h. 1282) da fin a su *De aeternite mundi*:

> Observa, estudia y lee, para que la duda que aún te
> quede te empuje aún a leer y estudiar más: que una
> vida sin búsqueda es muerte y tumba sin honor [104].

En la actitud intelectual que nos revelan las palabras de
Siger, como también en la de muchos de sus contemporáneos,
la educación ha perdido el sentido de entrenamiento para un
oficio eclesiástico o clerical, ya no se explica la religión como
se había hecho en siglos anteriores, sino que se racionaliza
sometiéndola al examen de una razón no siempre consciente
de sus propios límites. No es un ataque contra los principios
de la religión cristiana, pero sí un análisis de sus principios
en que los límites de razón y fe llegan a confundirse y la teología se convierte con frecuencia en pura filosofía. Esto es a lo
que, en repetidas ocasiones, nos hemos referido al hablar del
proceso de secularización del saber que vemos en este período.

Testimonio de la novedad de esta actitud, y como reacción
contra ella, es la oposición a ella que abiertamente muestran
monjes y eclesiásticos reformadores durante este mismo período. Para ellos, cuanta mayor importancia toma el estudio
y más amplios se hacen sus horizontes, más se alejan éstos
de la perfección monástica. Así Roscelino escribe a Pedro Abelardo (1079-1142) su célebre frase: «No dejas de enseñar lo
que no se debe enseñar, cuando tú no deberías enseñar lo que
se debe enseñar» [105]. Por la misma razón prohíbe a sus mon-

---

[104] Citado por F. Heer, *The Intellectual History of Europe*, ob.
cit., p. 150.
[105] «*Non docenda docere non desinis cum et docenda docere*

jes Hugo de San Víctor (1097-1141) que frecuenten las escuelas públicas:

> Si tú eres monje, ¿qué haces en medio de la masa? Dices que quieres enseñar a otros. No es ése tu oficio, tu oficio es llorar. Huyendo del mundo tú aprendes más que buscándolo. Quizá preguntes ¿no me está permitido ir a aprender? Ya te he dicho que la lectura no te debe ocupar constantemente. Puede ser un ejercicio, pero no un fin [106].

Y Gauthier, también monje del monasterio de San Víctor, dirigía contra el famoso Abelardo su no menos famosa invectiva: «Al diablo tú y tu gramática» [107].

Ésta, no siempre tan violenta, es la actitud de Cluny ante los estudios y, más tarde, cuando el Císter con su reforma suavice los excesos de la regla cluniacense, solo en cuestión de estudios y escuelas la hará, en cambio, más estricta. Pero no se trata de una oposición de principio ni sería justo acusar a los monjes en general de ser enemigos de la enseñanza y del saber [108]. Sí que es cierto, en cambio, que las ciencias y las letras demostraban cada vez una mayor tendencia a secularizarse y desbordar los límites de «la escuela del servicio divino» que es, por definición, el monasterio [109]. Los monjes reformadores dan testimonio, a su manera, de esta secularización de las nuevas tareas intelectuales al excluirlas de sus monasterios.

No es el mundo espiritual de la Reforma el que nos des-

---

non debueras»; cf. Epistola Roscellini ad Abaelardum; Migne, Patrologia latina, CLXXVIII, c. 370.

[106] Hugo de San Víctor, Didascalion, l. V, c. 8; Migne, Patrologia latina, CLXXVI, c. 796.

[107] «Grammatica tua sit tibi in perditionem», Gauthier de San Víctor, Contra quatuor labyrinthos Franciae; Migne, Patrologia latina, CXCIX, c. 1145. Cf. G. Paré, A. Brunet y P. Tremblay, La renaissance du XIIe siècle..., ob. cit., pp. 39-47, 180-190.

[108] Así se distorsiona el problema y se hace más fácil la defensa; cf. Anselme Dimier, «Les premiers cisterciens étaient-ils ennemis des études?», en Los Monjes y los Estudios, ob. cit., pp. 119-146.

[109] G. Paré, A. Brunet y P. Tremblay, La renaissance du XIIe siècle, ob. cit., p. 40.

cribe Roger Bacon (h. 1214-1294) con sus palabras tan llenas de entusiasmo:

> Nunca se había hecho tanta gala de saber ni hubo tanta dedicación al estudio de tantas facultades [universitarias] en tantas partes del mundo como desde hace cuarenta años [110].

Y no es probable que el gran franciscano, estudiante en Oxford y maestro en París, aristotélico de vena avicenista, lector de traducciones toledanas para quien «la filosofía [...] nos viene del árabe» [111] y cuyas doctrinas fueron condenadas por su propia orden, incluyera en sus palabras la circunstancia universitaria hispana de su tiempo.

Un examen atento del mundo universitario hispano durante el medioevo muestra claramente un contraste singular con el panorama intelectual europeo y, como ya hemos visto en otros aspectos, del ser cultural español, pero no se debe este contraste a un mestizaje con los saberes árabes, sino, precisamente, a una falta de él. Y si la cultura española sigue muy de cerca a la francesa, todavía durante el siglo XIII es la cultura monástica tradicional y reformada la que sigue y no la universitaria con sus tanteos, sus horizontes inquietos, con sus profundas sospechas de peligrosa heterodoxia, sin poder, por ello, detenerse o cambiar. No hay revolución intelectual en la España del siglo XIII, ni nace de ella una universidad ni los estudios universitarios la fomentan. Por el contrario, los Estudios Generales, a medida que se van fundando, sirven para continuar y desarrollar los saberes tradicionales, al margen y, en realidad, totalmente de espaldas al saber árabe y judío, causa en el resto de Europa del desbordamiento cultural que explica allí la universidad.

Robert Burns, al hablar del sistema de enseñanza en Valencia durante el siglo XIII, se refiere al *Estudio general* fundado por Jaime I el Conquistador, el año 1245:

---

[110] Citado por Robert I. Burns, *The Crusader Kingdom of Valencia...*, ob. cit., II, p. 419, n. 1.

[111] Alfred Guillaume, «Philosophy and Theology», en *The Legacy of Islam*, ob. cit., p. 244.

Porque la universidad resultó un intento abortado, su influencia real en el estado fronterizo podría parecer nula. Sin embargo, su carta demuestra que la educación superior era considerada como una primera necesidad. Demuestra, además, con qué rapidez y exactitud procuraba aquella gente realizar un plan para el orden social [112].

La observación es acertada. La fundación del Estudio General en Valencia se realiza el año 1245, apenas siete años después de la conquista de la ciudad por Jaime I, cuando el dominio cristiano sobre el resto del reino no era todavía efectivo ni completo. Sevilla recibe su fundación en 1254, como resultado de gestiones iniciadas por los dominicos en 1250, es decir, dos años después de la capitulación musulmana ante las tropas de Fernando III. La urgencia de estas fundaciones, se podrían añadir otras, revela el concepto que de los *Estudios* tenían los reyes y la jerarquía eclesiástica, a saber, el de una institución cuya finalidad inmediata era la formación de maestros para la enseñanza de sus súbditos. El que esta enseñanza sea religiosa, cristiana y misionera depende, claro está, de la circunstancia especial hispana. A ésta, contribuyeron los moros y judíos con su presencia en la Península y los cristianos con la idea de que las instituciones culturales y de enseñanza deben cooperar, con la preparación de predicadores, a la tarea de conversión de los infieles.

Otros Estudios Generales, más alejados de las zonas recién conquistadas, no tienen un objetivo misionero tan claro e inmediato. Se fundan, como dice San Fernando al establecer por segunda vez el de Salamanca, «porque entiendo que es pro de myo regno e de mi tierra» [113]. Ahora bien, también en ellos, es un *pro* de estricto sentido religioso y eclesiástico.

Aunque, desde el punto de vista jurídico, Palencia y Salamanca debían su carácter de Estudios Generales a la voluntad y liberalidad real, sus escuelas continúan siendo constitucionalmente Escuelas de la Catedral y permanecieron bajo la jurisdicción del *Scholasticus* o *Magister scholarum*, quien

---

[112] R. I. Burns, *The Crusader Kingdom of Valencia...*, ob. cit., I, p. 101.
[113] V. de la Fuente, *Historia de las Universidades...*, ob. cit., I, p. 89.

concedía la licencia [114]. En el caso de Salamanca, su dependencia es de Santiago de Compostela, que suministra, con frecuencia, los *maestrescuelas* salmantinos [115]. A pesar de todos los cambios posteriores, el *Scholasticus* eclesiástico mantuvo en Salamanca, y en la mayoría de las demás universidades hispánicas, una posición de mayor poder que la del Canciller en París o en Italia [116].

Johannes Vincke, en interesante estudio sobre la política acerca de las instituciones de enseñanza de los cabildos catedralicios hispanos, atribuye a éstos un interés decidido y activo en su favor, en consonancia, según dice, con el interés de los papas, reyes, ciudades y órdenes religiosas [117]. Es cierto, y, en términos generales, hay que reconocer su interés por la enseñanza, la mejor preparación de los clérigos y el establecimiento de instituciones, en que ello se pudiera llevar a cabo. Más problemática es la afirmación de que ello se debe a

una dedicación científica que va más allá de los esfuerzos tradicionales de la formación espiritual pastoral del clero [118].

Por el contrario, la enseñanza que se impartía en los nuevos Estudios, aunque no exclusivamente para clérigos, estaba concebida dentro de un marco clerical y monástico en conformidad con el espíritu tradicional [119]. Aún más, como ya he-

---

[114] H. Rashdall, *The Universities of Europe in the Middle Ages*, ob. cit., II, p. 70.

[115] V. de la Fuente, *Historia de las Universidades...*, ob. cit., II, p. 178.

[116] H. Rashdall, *The Universities of Europe in the Middle Ages*, ob. cit., II, p. 70.

[117] Johannes Vincke, «Die Hochschulpolitik der spanischen Domkapitel im Mittelalter», en *Gesammelte Aufsätze zur Kulturgeschichte Spaniens*, Münster, 1954, p. 146.

[118] J. Vincke, «Die Hochschulpolitik der spanischen Domkapitel im Mittelalter», art. cit., p. 144. El movimiento de reforma del siglo XI, cluniacense y cisterciense, no «despertó el sentido de responsabilidad por una obligación científica», como afirma J. Vincke.

[119] Vicente Beltrán de Heredia, «La formación intelectual del clero según nuestra antigua legislación canónica (siglos XI-XIV)», en *Escorial*, VII, 1941, pp. 289-298; *íd.*, «La formación intelectual del

mos visto, no fueron los *Estudios* hispanos, durante el siglo XIII, reflejo de una notable actividad intelectual revolucionaria o no, como tampoco fueron resultado de un mestizaje con el saber árabe y judío ni causa de una cultura hispánica de signo nuevo.

Por ello, a ese interés general y a la dedicación científica de que nos habla Vincke habría que objetar con dos notas independientes una de otra, pero ambas características del panorama espiritual peninsular. Una es un evidente desinterés y desgana intelectual por parte de los mismos clérigos y sus superiores eclesiásticos inmediatos, a pesar de la urgencia con que decretos pontificios y episcopales insistían en la necesidad de una mejor formación para el clero.

Indicio, por ejemplo, de la poca estima en que el clero de Palencia tenía el Estudio palentino y el poco interés por la cultura más elemental es la notificación enviada por el cabildo palentino a Toledo en 1293, pidiendo la confirmación para aquella sede de la elección recaída en Munio de Zamora. En ella se hace constar que ni el abad de Hermida ni el maestrescuela ni cuatro de los canónigos sabían escribir y que otros tienen que firmar por ellos [120].

Una preocupación de los sínodos y concilios celebrados en la Península durante el siglo XIII hasta mediados del XIV es precisamente la selección de clérigos «capaces de estudiar» [121]. A pesar de los beneficios y usufructos de prebendas que se concedían durante el tiempo que duraran los estudios y de la insistencia demostrada por los concilios y disposiciones episcopales no parece haber mejorado mucho la situación. El concilio de Valladolid celebrado en 1322-1323, considerado como nacional en Castilla y León por haber asistido a él los obispos de las diócesis de Toledo y de Compostela, dedica todavía una constitución entera a maestros y estudiantes. En ella, decretan los obispos, bajo la pena de excomunión, que todas las catedrales y colegiatas deberán enviar personas aptas entre

---

clero en España durante los siglos XII, XIII y XIV», en *Revista Española de Teología*, VI, 1946, pp. 313-357.

[120] V. Beltrán de Heredia, «La formación intelectual del clero en España...», art. cit., p. 377.

[121] V. Beltrán de Heredia, «La formación intelectual del clero en España...», art. cit., pp. 352 ss.

los beneficiados, uno por cada diez, a los Estudios Generales de Teología, Derecho canónico y Artes liberales, y que permanezcan en ellos el tiempo que fuera necesario para su formación. Todavía, años más tarde, cuando, en 1339, celebró el arzobispo Gil de Albornoz su primer concilio en Toledo se queja de la falta de cumplimiento de las disposiciones del concilio y, así, dispone que si no las cumpliesen en el plazo de seis meses, «revierta entonces la autoridad de elegir y enviar a Nos y a nuestros sucesores»[122].

A la evaluación de Vincke se podría objetar, además de esta desgana intelectual a que nos hemos referido, la evidente falta de distinción científica de los Estudios hispanos durante los primeros siglos de su existencia, debida sin duda a que los mejores esfuerzos fueron encaminados hacia la literatura teológica y, en ella, no hacia una teología especulativa o filosófica sino apologética y polémica contra moros y judíos[123]. Esta es la contribución de los hispanos a la cultura medieval que mejor caracteriza el mundo espiritual en que viven. Pero se trata ya de una espiritualidad que hace de la conversión del infiel y de la unidad religiosa de la Península la misión más importante de la empresa intelectual hispana.

---

[122] V. Beltrán de Heredia, «La formación intelectual del clero en España...», art. cit., p. 354.

[123] Tomás y Joaquín Carreras y Artau, *Historia de la Filosofía cristiana de los siglos XII al XV*, ob. cit., pp. 46-54; J. Carreras y Artau, «La cultura científica y filosófica en la España medieval», en *Historia general de las literaturas hispánicas*, ob. cit., I, pp. 752 ss.

VIII. ESPAÑA FRENTE AL ISLAM

Nación de cristianos

América Castro recuerda, con razón, que, en la Península,

> el modelo para la estructuración colectiva no fue el visigodo, ni el francés, ni el inglés, en los cuales la dimensión política predominaba sobre la religiosa. La base de la nación fue la circunstancia de haber nacido la persona dentro de la casta religiosa a la que perteneció cada uno de los tres grupos de creyentes [1].

Como prueba añade el testimonio de la frase, todavía en uso, de «ser ciego de nación», como equivalente a «ciego de nacimiento», con manifiesta trasposición a lo físico de una ceguera espiritual. También don Fernando de Válor fue elegido rey de los moriscos sublevados en la Alpujarra, por ser «rey de su nación», según refiere Hurtado de Mendoza en la Guerra de Granada [2]. Y en el proceso inquisitorial contra el canónigo y converso Antonio Homem se le acusaba de andar muchas veces «en compañía de personas de sua naçaõ».

> Hubo por tanto —dice— naciones dentro de los reinos españoles antes de que éstos constituyeran una 'nación' en sentido geográfico o político [3].

América Castro tiene razón y esta peculiaridad es causa, a la vez, de otras peculiaridades aún mayores que separan a Es-

---

[1] Américo Castro, *Realidad histórica*, p. 246.
[2] A. Castro, *Realidad histórica*, p. 246.
[3] A. Castro, *Realidad histórica*, p. 246.

paña del resto de Europa. Aunque debería advertirse que ese sentido religioso que tiene el casticismo original está ya influido por un sentimiento de tradicionalismo religioso. Pues uno no cambia de «nación» al cambiar de profesión religiosa, sino que simplemente se convierte en «converso de moros o judíos» con una pertenencia política un tanto vaga e ilógica. Con razón, apunta que, en España, «la nación iba determinada por la creencia, mientras que en Francia *nation* se refería a la tierra en donde se había nacido». Y menciona, como testimonio, las «quatre nations» en la antigua universidad de París, que servían para designar a los estudiantes de Francia, Picardía, Normandía y Germania [4].

Testimonio más poderoso a favor de esta diferencia entre el sentimiento político-religioso hispano y el francés es la teoría política, forjada en torno a la figura de los monarcas franceses, desde la segunda mitad del siglo XIII, concretamente en torno a Felipe el Hermoso rey de Francia (1285-1314), frente a la hegemonía eclesiástica defendida por el papa Bonifacio VIII (1230-1303), sus teólogos y legistas [5].

El concepto de Sociedad y de Iglesia, defendido, ya desde hacía siglos, por los papas reformadores, había recibido una base filosófica con la traducción y comentario a la *Política* de Aristóteles de Guillermo de Morbecke y Tomás de Aquino [6]. Sobre ella se había llegado a formular un concepto de Iglesia que, formando una unidad natural como sociedad política y sociedad de gracia, reina de modo supremo sobre todas las demás. Entre sus defensores, ninguno fue tan influyente como Giles de Roma (1246-1316). A petición de Felipe III el Atrevido, compuso para la educación de su hijo y heredero

---

[4] A. Castro, *Realidad histórica*, p. 246.

[5] Sobre el absolutismo o regalismo como teoría política opuesta a la hierocracia, o hegemonía papal, existe cuantiosa bibliografía. Sobre los hechos históricos en torno a la polémica, cf. R. García Villoslada, *Edad Media... La Cristiandad en el mundo europeo y feudal*, en *Historia de la Iglesia católica*, ob. cit., II, pp. 569-636. Sobre la teoría política, cf. John B. Morrall, *Political Thought in Medieval Times*, ob. cit.

[6] Frederik Copleston, *Albert the Great to Duns Scotus*, en *A History of Philosophy*, Nueva York, 1962[6], II [*Mediaeval Philosophy*, 2.ª parte], pp. 132-142; Ralph Lerner y Muhsin Mahdi, *Medieval Political Philosophy: A Sourcebook*, Ithaca, 1963, p. 298.

Felipe el Hermoso el famoso tratado *De regimine principum*, uno de los más leídos y frecuentemente citados de todos los dedicados al tema de la educación política. Su tratado *De ecclesiastica potestate* es, quizá, la mejor defensa de la supremacía papal escrita por un teólogo durante la Edad Media. Su objetivo explícito es reclamar para el Papado el poder más amplio en todos los aspectos de la vida humana y promulgarlo así a todo el pueblo cristiano[7].

Contra este naturalismo político tan radical se opusieron Felipe IV y la Iglesia galicana, defendiendo, a su vez, una distinción entre la *congregatio fidelium* y la *congregatio clericorum*, única de la que el Papa es cabeza[8].

Uno de los más notables e influyentes expositores de estas doctrinas fue Juan de París, o Quirdot (h. 1241-1306). Su tratado *De potestate regia et papali*, escrito hacia el fin de su vida, tuvo una gran resonancia y contribuyó a formular las teorías políticas nuevas. Frecuentemente citado hasta fines del siglo XVII, contó entre sus admiradores a Pedro d'Ailly, Torquemada, Roberto Belarmino y Bossuet. Este tratado tiene el mérito especial de ser el primero en que se aclara y defiende sistemáticamente la teoría de los dos poderes, ya iniciada por su maestro Santo Tomás[9]. Juan de París se opone abiertamente a la teoría de la monarquía papal absoluta que Giles de Roma, o Egidio Romano, discípulo también de Santo Tomás, proponía. No es coincidencia que fuera Egidio Romano y no Juan de París quien ejerciera una gran influencia en la formación de conceptos de teología y política en España.

En torno a los principios teológicos y como su consecuencia directa se desarrollaron también los políticos. De acuerdo con los legistas franceses el soberano de una nación debiera ser el *princeps* en el sentido más estricto del término romano

---

[7] John B. Morrall, *Political Thought in Medieval Times*, ob. cit., pp. 86 ss.; R. Lerner y M. Mahdi, *Medieval Political Philosophy...*, ob. cit., pp. 391 ss.; F. Copleston, *Albert the Great to Duns Scotus*, en *A History of Philosophy*, ob. cit., II, 2.ª parte, pp. 187 ss.

[8] F. Heer, *The Intellectual History of Europe*, ob. cit., pp. 159 ss.

[9] R. Lerner y M. Mahdi, *Medieval Political Philosophy...*, ob. cit., pp. 402 ss. Cf. J. B. Morrall, *Political Thought in Medieval Times*, ob. cit., pp. 90 ss., 115 ss.

y, así, ser fuente y origen de toda ley: *quidquid principi placuit, legis habet vigorem*. En consecuencia el rey de Francia era dueño absoluto de su territorio sin depender en su gobierno y administración del Estado de ninguna otra autoridad excepto la divina. Algunos como Pedro Flotte, Pedro Dubois y Guillermo de Nogaret extendían el derecho real hasta la *reformatio regni et ecclesiae gallicanae* [10].

El Rey y sus legistas estaban directamente interesados en afirmar y defender la independencia política francesa frente al Papado, representado entonces por el severo y altanero jurista de Bolonia, Bonifacio VIII (1230-1303), y no en analizar las raíces de la nación y del sentimiento nacional francés. Sin embargo, su decidida insistencia en defender un absolutismo regio y en proponer como teoría política que la autoridad real sobre su territorio era por necesidad exclusiva de toda otra tuvo por consecuencia lógica la aserción de la identidad territorial, no la religiosa, como base de la nación. Es decir, los derechos políticos de los reyes están limitados por las fronteras de sus reinos, no por la religión de sus súbditos. Nación queda, por lo tanto, definida en un sentido político y geográfico. Y, así, ocurre también con el concepto de nacionalidad: se es francés por haber nacido en Francia.

Ahora bien, sería totalmente erróneo concluir, no lo dice así Américo Castro, aunque el lector inadvertido puede sentirse invitado a creerlo, que la teoría política francesa es parte de la tradición occidental que España, por sus castas, ya no comparte. No es así. En toda la Edad Media, no solo la europea y latina, nos advierte Gustave von Grunebaum, un hombre demuestra su mayor lealtad a la religión, después a su distrito local y regional y solo en último lugar se siente francés, egipcio o alemán. Y cita como características las palabras del famoso teólogo bizantino, monje y patriarca de Constantinopla, Gregorio Scholarius (m. después de 1468):

> Aunque por el idioma soy griego, nunca diría yo que soy griego, pues no creo lo que los griegos creen. Prefiero tomar el nombre de mi fe y, si alguien me preguntara qué soy, contestar «Soy cristiano» [...]. Aunque mi pa-

---

[10] R García Villoslada, *Edad Media...*, en *Historia de la Iglesia católica*, ob. cit., II, pp. 573 ss., 600 ss.

dre vivió en Tesalia yo no me llamo Tesalio, sino bizantino porque soy de Bizancio[11].

Un cambio de estas lealtades señala para von Grunebaum el término de la Edad Media.

En Europa, las teorías político-religiosas tradicionales encontraron su formulación en el concepto de Sacro Imperio, defendido por los teólogos carolingios y, más tarde, en el de una *christianitas* supranacional, propugnada por los papas gregorianos y los monjes cluniacenses. La teoría francesa es nueva y en abierta oposición al concepto tradicional de nación y estado que la Iglesia quería mantener.

Por paradójico que a primera vista parezca, es el cambio francés el que debiera ser atribuido, en cierto modo, a la influencia de árabes y judíos. En el caso hispano y en el régimen de las castas no tienen ellos otra intervención que su presencia física, que los somete a consideraciones políticas en las que, como hemos visto, no intervienen sino pasivamente y como objeto. En el caso francés, por el contrario, es muy fácil encontrar las causas de la revolución del pensamiento que tiene lugar en las nuevas escuelas y universidades, y a la que hemos dado el nombre de secularización del saber. Parte de este proceso es el interés de los juristas y teólogos por determinar, otra vez, la jerarquía de los valores políticos y religiosos de la *Christianitas* y del Estado.

Sería erróneo pensar que las nuevas doctrinas políticas, que tan poderosas se hacen en Francia a partir del siglo XIII, responden solamente a una actitud anti-eclesiástica o anti-cristiana, aunque los documentos eclesiásticos de la época quieran presentarla así e insistan con frecuencia en este aspecto. Así, el papa Bonifacio VIII, en su famosa carta encíclica *Ausculta fili*, dirigida al Rey de Francia, aunque trata de reducir el problema a dimensiones de un conflicto de conciencia individual, no ignora las razones de un abolutismo regio independiente. Por esta razón, tras reprochar al Rey transgresiones políticas y pecados personales, con el objeto, sin duda, de crear una actitud espiritual más sumisa, el Papa continúa:

---

[11] Gustave von Grunebaum, *Medieval Islam*, ob. cit., p. 1.

Por ello, hijo amadísimo, que nadie te convenza de que no tienes superior y que no estás sometido al más alto jerarca de la jerarquía eclesiástica[12].

Ya desde el siglo XII y durante el llamado renacimiento cultural, los ideales políticos y religiosos cambian y con ellos las teorías políticas tradicionales. De ello es causa el fervor con que se recibieron y estudiaron las traducciones de los autores árabes y judíos.

El mayor problema francés y, en muchos aspectos, también el inglés, durante el siglo XIII, es la laicización de su estructura religiosa, social y política. Llamamos laicización al aspecto político de la secularización, concretamente el desarrollo y aplicación de una teoría política en la cual la alianza primera en la sociedad se debe al gobierno territorial y en la que la Iglesia queda reducida a una sociedad religiosa sin poderes políticos independientes. Es decir, una sociedad se hace laica cuando el poder pasa de la Iglesia al Estado[13].

La idea de una superioridad absoluta del Rey en su territorio se encuentra en Inglaterra antes que en Francia, pero es Felipe de Beaumanoir (1256-1296) quien mejora la fórmula:

El rey es soberano sobre todos y es derecho suyo el de guardar todo su reino [...]. Nadie bajo él es tan grande que no pueda ser llamado a su tribunal por haber contravenido el derecho o el juramento[14].

Según Guillermo de Plaisian,

el rey es emperador en su reino [...]; todos, incluidos prelados y clérigos, están sometidos, en asuntos temporales, a las leyes, edictos y constituciones reales[15].

---

[12] R. García Villoslada, *Edad Media...*, en *Historia de la Iglesia católica*, ob. cit., II, p. 600.

[13] Joseph R. Strayer, «The Laicization of French and English Society in the Thirteenth Century», en *Speculum*, XV, 1940, pp. 76 ss.; reproducido en *Medieval Statecraft and the Perspectives of History*, Princeton, 1971, pp. 251 ss. Cf., también, Georges de Lagarde, *La naissance de l'esprit laïque au déclin du Moyen Âge*, Lovaina-París, 1956-1970³.

[14] J. R. Strayer, «The Laicization of French and English Society...», en *Medieval Statecraft...*, ob. cit., p. 259.

[15] J. R. Strayer, «The Laicization of French and English Society...», en *Medieval Statecraft...*, ob. cit., p. 260.

Las palabras que los juristas franceses usan, refiriéndose a la autoridad real, son *superioritas, majus dominium, altior dominatio*, es decir, las mismas que, con frecuencia, se habían usado para describir el poder espiritual del Papado sobre el poder temporal de los reyes.

Pero todo ello es nuevo en Europa y, al parecer, no tiene resonancia alguna en la teoría política de reyes y escritores hispanos. A pesar de su marcado interés por los temas políticos, evidente en los escritos de fines del siglo XIII y principios del XIV, ninguno de ellos se hace eco del problema. La peculiaridad española consiste, precisamente, en que no toma parte en la revolución laicizante, sino que, por el contrario, mantiene, sin dudas ni compromisos, las teorías políticas más de acuerdo con los intereses de la Iglesia, no las que se desarrollan en torno al galicanismo del rey Felipe el Hermoso.

Insiste Américo Castro en que la religión española «está basada en un catolicismo muy distinto del de Roma y Francia» [16]. No se trata, es evidente, de un catolicismo, sino de una teoría político-religiosa y de sus aplicaciones a la vida social, y no hay que buscar la manera de hacer inteligible la religiosidad política española, que no ha cambiado, sino la de Francia y Roma que sí lo han hecho. En Francia, ya lo hemos visto. En Roma, el cambio ocurre como consecuencia de los feroces ataques franceses contra Bonifacio VIII, el atentado de Anagni, causa de la muerte del Papa en 1303, el proceso que Felipe IV entabló contra su memoria en 1310, en que se le acusó de todo crimen posible; y la victoria final y definitiva de Francia con la elección del débil Clemente V y el traslado de la Sede Pontificia desde Roma a Avignon [17].

Junto a Bonifacio VIII en la desgracia quiso ser enterrado su más fiel servidor Pedro Rodríguez (Petrus Hispanus), cardenal de Santa Sabina. Y, aunque decidido adversario de Bonifacio VIII, Dante le dedica los famosos versos del Purgatorio, en los que compara al Papa con Jesucristo camino del Calvario y a Felipe IV como «*il nuevo Pilato, si crudele*» [18].

Pero son pocos sus defensores. La historiografía oficial

---

[16] A. Castro, *Realidad histórica*, p. 241.
[17] R. García Villoslada, *Edad Media...*, en *Historia de la Iglesia católica*, ob. cit., II, pp. 615-622.
[18] *Purgatorio*, XX, 91.

de Francia, comenzando por el monje Guillermo de Nangis y sus continuadores, defiende al Rey, completando el desprestigio de Bonifacio VIII. Según Friedrich Bock,

> los argumentos de su acusador, Felipe IV, han formado la opinión de los historiadores —se podría decir— hasta nuestros días [19].

Y, con el desprestigio de su persona, el de sus doctrinas, que los papas, bajo el signo de Francia, ni pudieron ni quisieron ya defender.

No profesa España un catolicismo peculiar como parece creer Américo Castro, sino tradicional, el de los papas gregorianos y monjes de la reforma, sin adulteraciones revolucionarias de secularización, innovación de Europa. Anquilosamiento de las teorías políticas cluniacenses, hechas ya sentimiento popular, son las consecuencias políticas de las «castas» españolas en su aplicación a la teoría de nación española. Ahora bien, el hacer de la conciencia de casta la causa de la sensibilidad de los españoles, tal como es, es mirar la cosa al revés. Pues no es, en realidad, que la presencia conflictiva de las tres castas cree la espiritualidad singular de una España diferente, como nos asegura Américo Castro, de Francia y Roma, sino al revés; es la espiritualidad española, tal como fue y por las razones que hemos visto, la que crea en la Península el concepto de castas tal como fue. Pero no se trata, repetimos, de una teoría político-religiosa que ni es peculiar ni es española en sus orígenes, aunque fuese convertida, poco a poco, en parte de la tradición hispana.

Así, en 1525, el emperador Carlos V, según narra el obispo de Segorbe, Feliciano de Figueroa,

> despachó un edicto, con acuerdo de su Consejo y de Prelados, que dentro de treynta días todos los que no quisiessen baptiçar se saliesen de España por los puertos de Fuenteravia so pena de que quedarían por esclavos captivos [20].

---

[19] Friedrich Bock, «Bonifazio nella storiografia francese», en *Rivista di Storia della Chiesa in Italia*, VI, 1952, pp. 248-259.

[20] Pascual Boronat y Barrachina, *Los moriscos españoles y su expulsión...*, ob. cit., II, p. 432.

Es decir, desde el punto de vista legal se niega a los moriscos el derecho a permanecer en España como ciudadanos libres mientras permaneciesen fieles a la fe musulmana. De este mismo conflicto se queja el morisco Ricote a Sancho Panza en el *Quijote:*

> Doquiera que estamos lloramos por España; que, en fin, nacimos en ella y es nuestra *patria natural* [...] y ahora conozco y experimento lo que suele decirse: que es dulce el amor de la patria [21].

Muy acertadamente, nos recuerda Américo Castro las palabras del judío Francisco de Cáceres, al regresar a España tras su expulsión y caer en manos de la Inquisición:

> Si el rey, nuestro rey, mandase a los cristianos que se tornasen judíos, o se fuesen de sus reinos, algunos se tornarían judíos, e otros se irían; e los [cristianos] que se fuesen, desde que se viessen perdidos, tornarseían judíos por volver a su naturaleza ['a su lugar de origen'] [22].

Como para Francisco de Cáceres, también para la mayoría de conversos, forzadamente o no, y para los judíos no-conversos, el lazo fundamental era con su lugar de origen: ésta era su naturaleza, no las creencias. Lo mismo se podría decir de muchos «conversos de moro» y aún, incluso, de los no convertidos. También ellos creían en su derecho a vivir en la tierra hispana en que habían nacido, sin ver contradicción en la profesión de otra religión. Es un derecho que los juristas de la corte de Felipe IV habían reconocido. Contra este concepto, se alza, hecha ya tradición, la doctrina formulada por el infante don Juan Manuel: solo los cristianos tienen derecho a poseer España.

No se trata ya de una guerra santa contra el moro o de una guerra de cruzada tal como la habían promulgado, siglos antes, los monjes cluniacenses y cistercienses, pero sí de sus consecuencias más directas. Y, en este sentido, dice Pascual Boronat, hablando de los moriscos:

---

[21] *Don Quijote*, II, 54. Citado, aunque con otra interpretación, por A. Castro, *España en su historia...*, ob. cit., p. 58.
[22] A. Castro, *Realidad histórica*, p. 287.

La expulsión de los enemigos del nombre de Cristo
era para los españoles de antaño una tradición encar-
nada en su manera de ser y de pensar[23].

Es decir, España, nación de cristianos.

Nación sin compromiso

Quien, con ánimo sereno y sin prejuicios, sean religiosos
o de polémica, se asome al proceso de cómo los españoles
llegaron a ser tendrá que reconocer la importancia vital que
en él tuvo la forma específica de espiritualidad religiosa im-
perante en la Península desde la restauración cristiana de la
Reconquista. No era árabe, hispano-musulmana, ni judía; ni
se la puede llamar hispano-visigoda, ni nacional. Tampoco
tiene importancia que fuera iniciada como resultado de una
influencia «galicista» y como resultado de una «invasión de
monjes franceses», puesto que fue aceptada, *velis nolis*, a lo
largo de los siglos de la Reconquista, y aún después, como
esencial al cristianismo español y como parte integral del
patrimonio de unidad europea, latino-cristiana.

La tragedia de las singularidades que separan a España
del resto del occidente europeo comenzaron cuando ella se
dejó imponer y, luego, se aferró a una forma de espiritualidad
que en Europa fue solamente una manifestación parcial y
transitoria de espiritualidad medieval y la convirtió en base
única y permanente de su sentido cristiano. Cuando el fervor
primero de la reforma se perdió en las formas de vida y
creencia tales como las defendió el monasticismo medieval,
quedó en la Península, defendido a ultranza, como triste
herencia de lo que había sido un gran movimiento espiritual,
el odio —religioso, político y social— al infiel y al hereje y
una enorme capacidad para desconocer sus valores intelectuales.

En este sentido, y a la luz de las observaciones hechas en
las páginas que preceden, deberíamos reexaminar «la clave
historial de los auténticos españoles», a que nos hemos referido más arriba.

---

[23] P. Boronat y Barrachina, *Los moriscos españoles y su expulsión...*, ob. cit., I, p. 297.

Claudio Sánchez Albornoz acusa ya en los españoles del medioevo tardío un desdén por las tareas industriales y mercantiles [24]. Américo Castro nota, además, una desgana cultural que interpreta como «la respuesta dada por los hidalgos cristianos viejos a la casta española judía» [25]. Esta opinión encuentra una confirmación sardónica en la exclamación del clérigo a quien Guzmán de Alfarache servía: «Si [en España] todos sois caballeros, ¿quién cuida de los ganados?» [26].

Sánchez Albornoz atribuye ambas características —desdén por las tareas mercantiles e industriales e desgana cultural— a reacción natural ante unas tareas y trabajos que no eran oficios dignos de una nobleza a la que todos los españoles pertenecían o aspiraban a pertenecer, sea la razón para esta actitud «la magia de la guerra contra el moro» [27], como afirma Sánchez Albornoz, o por ser ellas ya tarea de las castas de moros y judíos como insiste Américo Castro [28]. Todo ello es cierto como una afirmación simple o como consecuencia de unas premisas no mencionadas. Puesto que la actitud cristiana ante la empresa de la Reconquista y ante la presencia de moros y judíos, ya vencidos, en una nación de cristianos es resultado del largo proceso de que hemos venido hablando. Hay que recordar, además, que las singularidades culturales de los hispanos ante la espiritualidad europea no son un problema cuantitativo, de mayor o menor gana o desgana por las tareas intelectuales y científicas, sino cualitativo, es decir, que aquellas por las que los hispanos se interesan ya no corresponden con el latido intelectual de Europa.

Creemos ver en la raíz de esta singularidad espiritual la agresividad espiritual, dogmática y conservadora, que rechaza para la Península una asimilación cristiana de la cultura árabe al estilo europeo.

---

[24] C. Sánchez Albornoz, *Enigma*, I, p. 675.
[25] A. Castro, *Los españoles: cómo llegaron a serlo*, ob. cit., p. 32.
[26] «*Se tutti siete cavalieri, chi guarda la pecora?*», Mateo Luján, *Guzmán de Alfarache*, II, l. I, c. III.
[27] C. Sánchez Albornoz, *Enigma*, I, pp. 675 ss.
[28] A. Castro, *Los españoles: cómo llegaron a serlo*, ob. cit., p. 32 ss. Cf., también, su *España en su historia...*, ob. cit., pp. 596-604.

Por esta razón, y por paradójico que parezca, el pensamiento europeo filosófico, científico, incluso el teológico, se aproximó más al pensamiento árabe y usó de él en su desarrollo más que el español. Por esta razón, también, muchas ideas y corrientes culturales, producto de influencias árabes, musulmanas o judías, toman vuelo en España de regreso ya de Europa, cuando el uso y el tiempo les habían puesto el sello de ortodoxia tradicional. Pero, entonces, no llegan al mismo tiempo ni les da vida el mismo espíritu. Ningún ejemplo de esto habla más fuerte que el escolasticismo parisino, osado y curioso, a veces de peligrosa aproximación al adversario, y verdadero movimiento de una teología de vanguardia, que pierde al llegar a España, siglos más tarde, sus características más notables para convertirse en arma de la ortodoxia tradicional e instrumento teológico de la Contrarreforma.

Ésta es una de las causas principales de lo que Curtius ha llamado «belatedness» de España [29], pero que, más que retraso en sus desarrollos, debería entenderse como una aversión a cualquier cambio que represente alejamiento de unas formas de creencia y de vida, convertidas ya en esenciales a la conciencia cristiana de nación española [30]. Por esta razón, fueron también con frecuencia los judíos hispanos, conversos o no, quienes, al sentirse con menor compromiso a mantener la tradición cristiana medieval y más libres para ofrecer una continuación de la cultura hispano-árabe y judía, estaban a la vez en comunión con el pensamiento europeo, pero no con el hispano. En España, así, durante siglos, el verdadero lazo de unión con el pensamiento europeo va a estar representado por valdenses, iluminados, alumbrados, judaizantes, erasmistas, protestantes, en una palabra, por los heterodoxos.

---

[29] Ernst Robert Curtius, *European Literature and the Latin Middle Ages*, Nueva York, 1963, pp. 294 ss.

[30] Ramón Menéndez Pidal, «Caracteres primordiales de la literatura española», en *Historia general de las literaturas hispánicas*, ob. cit., I, pp. LIII ss., habla, con frase más afortunada que acertada, de *frutos tardíos*. Son tardíos tan solo si se los compara con los que Europa ofrece, cuyos cambios España no comparte. No son tardíos en la Península, donde son frutos lógicos de un espíritu que perdura con peculiar vitalidad.

No fue el Islam, sino lo que el Cristianismo ortodoxo medieval, de signo monástico y ascético, hizo de los valores intelectuales del Islam lo que engendra las singularidades que caracterizan a los españoles y separan a España de Europa.

OTROS TÍTULOS PUBLICADOS